河北省地质调查院
河北省矿产资源潜力评价成果系列丛书

河北省矿产资源潜力评价综合信息集成

HEBEISHENG KUANGCHAN ZIYUAN QIANLI PINGJIA ZONGHE XINXI JICHENG

李晓敏　王庆民　董劲松　郝俊景　李晶　著

中国地质大学出版社
ZHONGGUO DIZHI DAXUE CHUBANSHE

图书在版编目(CIP)数据

河北省矿产资源潜力评价综合信息集成/李晓敏等著. —武汉:中国地质大学出版社,2015.8
ISBN 978-7-5625-3699-4

Ⅰ. ①河…
Ⅱ. ①李…
Ⅲ. ①矿产资源-资源潜力-资源评价-研究-河北省
Ⅳ. ①F426.1

中国版本图书馆 CIP 数据核字(2015)第 182245 号

河北省矿产资源潜力评价综合信息集成	李晓敏　王庆民　董劲松　郝俊景　李晶 著	
责任编辑:舒立霞	选题策划:毕克成	责任校对:代 莹
出版发行:中国地质大学出版社(武汉市洪山区鲁磨路 388 号)		邮政编码:430074
电　　话:(027)67883511	传真:67883580	E-mail:cbb @ cug.edu.cn
经　　销:全国新华书店		http://www.cugp.cug.edu.cn
开本:880 毫米×1 230 毫米 1/16	字数:356 千字	印张:11
版次:2015 年 8 月第 1 版	印次:2015 年 8 月第 1 次印刷	
印刷:武汉市籍缘印刷厂	印数:1—1 000 册	
ISBN 978-7-5625-3699-4		定价:268.00 元

如有印装质量问题请与印刷厂联系调换

总 序

按照全国统一部署和要求,2007—2013年,河北省完成了20种矿产的资源潜力评价工作,提交了30份成果报告、1003张图件、2615个数据库。该项目河北省财政和中央财政分别投入资金2950万元和1930万元人民币,省内组织了7个地勘单位,先后278人参与调查研究工作。为了向社会展示这一重大调查项目的概貌,特从30份成果报告中选择"成矿地质背景、成矿规律、重力、磁法、化探、遥感、自然重砂、矿产预测、信息集成"9个专题,以"河北省矿产资源潜力评价成果系列丛书"的形式公开出版,便于全社会资源共享。

该套丛书的编写经过了单矿种研究、多矿种综合研究、深化提高3个阶段。2007—2012年6月为单矿种研究阶段:各专题同时对一个矿种的矿床展开多视角的编图与研究,提取成矿信息,建立成矿模式和综合信息预测模型、预测资源潜力,并从各专业优势出发研究区域成矿特征。该阶段各专题研究成果,以章、节的形式分散于煤炭、铁、铜、铝、铅锌、锰、镍、钨、金、银、铬、钼、磷、硫、萤石、菱镁矿、重晶石、石灰岩、碎云母19份单矿种(组)潜力评价成果报告中。2012年7月—2013年6月为多矿种综合研究阶段:各专题主要是将分散于单矿种成果报告中各自的研究成果进行汇总,并从专业的角度进一步研究全省区域成矿规律,形成了各有侧重的9个专题研究报告,构成了本套丛书的初稿。2013年7月—2014年7月为深化提高阶段:先是在2013年底之前为了编写总体成果报告,各专题均进行了不同程度的深化研究;然后是与出版社签订出版协议之后,各专题成员对原报告章、节及内容进行了较大幅度的修改与完善。

这套丛书属于"原生态"成果,其看点是一个"新"字。各专题对新中国成立以来形成的地质资料进行了收集整理,从新的角度,用新的方法,全方位地对成矿地质作用进行研究,得出了新认识。比如:地质背景专题以1∶5万地质资料为基础,系统编制全省1∶25万幅建造构造图,进而编制全省1∶50万沉积岩、火山岩、侵入岩、变质岩、大型构造5个专题底图,从单个地质体的属性分析,到岩石系列的归纳组合,再到地质建造与地质构造环境的综合判断,最后编制出带有地壳演化属性的全省大地构造相图,与传统的大地构造单元划分相比有明显的"创新"。

同样,成矿规律专题以新编制大地构造相图为基础,综合各学者关于地球发展演化的认识,确定了河北省的三大构造域、五种地质构造环境的构造格架,进而建立了河北省经历了三大成矿域、五种成矿构造环境下的区域成矿谱系,并将全省重要矿产的类型矿床准确地放进区域成矿谱系中,这在河北省的成矿规律研究历史中尚属首次。

再比如,化探资料应用研究专题,以1:20万化探资料为基础,编制了全省39个元素地球化学图,并用衬值法编制了全省39个元素的异常图,圈出了高背景、低背景中的相对高异常,细化了传统地球化学研究方法,提升了化探信息的灵敏度。同样,重力、磁法、遥感、自然重砂资料应用研究,也都有各自的创新点,矿产预测和信息集成更是首次进行。

该套丛书存在的主要问题是各专题使用的地质构造单元、成矿带名称不统一。由于各专题汇总研究是同时进行的,成矿地质背景和成矿规律专题研究的新进展是最后完成的,因此,没有硬性要求各专题统一使用新构造单元、新成矿区带划分方案,只要求各专题突出自己的专业特点和创新点,尽量向社会提交可读的内容。另外,编制这套丛书的人员均是在地质一线从事具体工作的技术人员,在理论水平、学术研究水平及表达能力方面均存在一定差距,尽管经过了多次修改与完善,可能仍存在不少错误与遗漏,欢迎各位读者提出修改意见和建议。

本套丛书的编写贯穿于全国矿产资源潜力评价项目实施的全过程,对参与项目推动及管理、组织和实施的各级行政领导,对指导项目进行的全国所有专家学者、省内监理评审专家,在此表示感谢!对参与本套丛书编写的所有技术人员,尤其是各专题负责人表示感谢!河北省地质调查院裴晓东等院领导一直关心和支持本套丛书的出版,在此一并表示感谢!

河北省地质调查院

2015年4月30日

前　言

全国矿产资源潜力评价是国土资源部在矿产资源领域部署的一项重要的国情调查工作,其目的是通过系统总结基础地质调查和矿产勘查工作成果与资料,全面掌握矿产资源现状,应用现代矿产资源预测评价的理论方法和GIS评价技术,科学评价未查明的矿产资源潜力,建立真实准确的矿产资源数据库,满足矿产资源规划、管理、保护和合理利用的需要,为科学部署矿产勘查工作提供依据。

搞好矿产资源潜力评价工作,是全面落实科学发展观、促进经济社会可持续发展的客观要求;是编制国民经济中长期发展规划、研究制定国家矿产资源战略、加强宏观调控的重要依据;是科学规划、合理部署,努力实现找矿重大新突破,缓解资源瓶颈的基础工作;是发展和推广利用成矿新理论、勘查新技术新方法,促进科研与调查密切结合的重要措施。

河北省矿产资源潜力评价项目是全国总体项目的重要组成部分,河北省矿产资源潜力评价综合信息集成是河北省矿产资源潜力评价项目的9个专题之一。该计划项目于2006年6月启动,2013年10月结束。

综合信息集成专题主要内容是在全面完成省内各类基础地学数据库更新与维护的基础上,充分利用各专业基础地学数据库最新成果,应用地质数据库成图技术及GIS评价技术手段,严格按照全国矿产资源潜力评价数据模型及专业技术要求,编制地质背景、成矿规律、矿产预测、重力应用、磁测应用、化探应用、遥感应用、重砂应用等相关专题的成果图库,为各专题及河北省20种矿产(包括煤炭、铁、铜、铝、铅、锌、锰、钨、锡、金、银、铬、钼、磷、硫、萤石、菱镁矿、重晶石、石灰岩、碎云母)潜力评价工作提供技术支持,完成全部专题图库及成果的汇总建库等,为更好地利用矿产资源潜力评价成果提供信息专业技术支撑。

本书详细叙述了河北省现有的各类基础地学数据库概况及本次潜力评价工作的更新维护状况,利用各类GIS软件支撑矿产资源潜力评价各专题完成相关图件及属性库的建设具体情况,以及矿产资源潜力评价成果集成数据库建设方法、流程、内容,同时对矿产资源潜力评价成果应用与服务进行了总结、建议和展望。

综合信息集成专题汇总的成果包括河北省矿产资源潜力评价所有9个专题报告及附表、图库、基础地学数据库、集成数据库等内容,其中专题报告9个,附表2册,基础地学数据库12个,各类图库2228个,集成数据库1个,涵盖了河北省矿产资源潜力评价全过程成果,是根据标准及模型建立起来的一套以数据库技术为主要手段的标准化、规范化的综合性集成成果。可提供潜力评价成果延伸应用的资料研究技术服务,也可为河北省矿产资源规划编制、成矿地质条件研究、成矿规律研究、矿产找矿研究、矿产战略研究等方面提供辅助。

综合信息集成专题主要由河北省地质调查院负责建设,参与单位有河北省区域地质调查研究所、河北省地球物理勘查院、河北省遥感中心、河北省石家庄综合地质大队、河北省第三地质大队等各专题组。同时河北省国土资源厅、天津地质调查中心、全国矿产资源潜力评价项目办等项目有关主管部门均在专题建设过程中给予了大力指导和帮助。

著　者

2014 年 6 月

目 录

第一章　项目概述 ·· (1)

　第一节　项目背景 ·· (1)

　第二节　省级项目情况 ·· (1)

　第三节　专题基本情况 ·· (2)

　第四节　专题组织实施情况 ·· (2)

　　一、专题人员组织 ·· (2)

　　二、专题实施过程 ·· (4)

第二章　主要成果 ·· (5)

　第一节　基础地学数据库应用 ·· (5)

　第二节　基础地学数据库更新维护 ·· (5)

　第三节　专题图件数据库建设成果 ·· (6)

　第四节　资料性汇总成果 ·· (7)

　第五节　资料性成果集成建库成果 ·· (8)

第三章　相关地学数据库现状 ·· (12)

　第一节　1∶50万数字地质图空间数据库 ·· (13)

　　一、总体情况 ·· (13)

　　二、河北省情况 ·· (13)

　　三、管理系统概况 ·· (15)

　第二节　1∶20万数字地质图空间数据库 ·· (16)

　　一、总体情况 ·· (16)

　　二、河北省情况 ·· (16)

　　三、管理系统概况 ·· (19)

　第三节　1∶5万区域地质图空间数据库 ·· (21)

　　一、总体情况 ·· (21)

　　二、河北省情况 ·· (21)

　第四节　区域重力数据库 ·· (24)

　　一、总体情况 ·· (24)

二、河北省情况 …………………………………………………………………………… (24)
　　三、管理系统概况 ………………………………………………………………………… (24)

第五节　航磁数据库 …………………………………………………………………………… (27)
　　一、总体情况 ……………………………………………………………………………… (27)
　　二、河北省情况 …………………………………………………………………………… (28)
　　三、管理系统概况 ………………………………………………………………………… (30)

第六节　1∶20万区域地球化学数据库 ……………………………………………………… (31)
　　一、总体情况 ……………………………………………………………………………… (31)
　　二、河北省情况 …………………………………………………………………………… (31)
　　三、管理系统概况 ………………………………………………………………………… (33)

第七节　1∶25万遥感影像图数据库 ………………………………………………………… (35)
　　一、总体情况 ……………………………………………………………………………… (35)
　　二、河北省情况 …………………………………………………………………………… (35)
　　三、管理系统概况 ………………………………………………………………………… (37)

第八节　1∶20万自然重砂数据库 …………………………………………………………… (37)
　　一、总体情况 ……………………………………………………………………………… (37)
　　二、河北省情况 …………………………………………………………………………… (38)
　　三、管理系统概况 ………………………………………………………………………… (40)

第九节　矿产地数据库 ………………………………………………………………………… (41)
　　一、总体情况 ……………………………………………………………………………… (41)
　　二、河北省情况 …………………………………………………………………………… (41)
　　三、管理系统概况 ………………………………………………………………………… (42)

第十节　地质工作程度数据库 ………………………………………………………………… (45)
　　一、总体情况 ……………………………………………………………………………… (45)
　　二、河北省情况 …………………………………………………………………………… (45)
　　三、管理系统概况 ………………………………………………………………………… (47)

第十一节　二轮区划数据库 …………………………………………………………………… (50)
　　一、总体情况 ……………………………………………………………………………… (50)
　　二、河北省情况 …………………………………………………………………………… (50)
　　三、管理系统概况 ………………………………………………………………………… (50)

第十二节　1∶25万地理底图数据库 ………………………………………………………… (52)
　　一、总体情况 ……………………………………………………………………………… (52)
　　二、河北省情况 …………………………………………………………………………… (52)
　　三、管理系统概况 ………………………………………………………………………… (52)

第四章 相关地学数据库更新与维护 (53)

第一节 1:20万数字地质图空间数据库 (53)
- 一、工作任务 (53)
- 二、工作方法及流程 (53)
- 三、完成工作情况 (55)

第二节 区域重力数据库 (56)
- 一、工作任务 (56)
- 二、工作方法及流程 (56)
- 三、完成工作情况 (57)

第三节 航磁数据库 (59)
- 一、工作任务 (59)
- 二、工作方法及流程 (59)
- 三、完成工作情况 (59)

第四节 1:20万区域地球化学数据库 (60)
- 一、工作任务 (60)
- 二、工作方法及流程 (60)
- 三、完成工作情况 (61)

第五节 1:25万遥感影像图数据库 (63)
- 一、工作任务 (63)
- 二、工作方法及流程 (63)
- 三、完成工作情况 (65)

第六节 1:20万自然重砂数据库 (65)
- 一、工作任务 (65)
- 二、工作方法及流程 (66)
- 三、完成工作情况 (66)

第七节 矿产地数据库 (67)
- 一、工作任务 (67)
- 二、工作方法及流程 (67)
- 三、完成工作情况 (68)

第八节 地质工作程度数据库 (76)
- 一、工作任务 (76)
- 二、工作方法及流程 (76)
- 三、工作完成情况 (78)

第九节 工作标准及方法综述 (80)

一、引用标准综述 ………………………………………………………………………………… (80)
　　二、工作方法及流程综述 ………………………………………………………………………… (81)
　第十节　质量监控方法 ……………………………………………………………………………… (82)
　　一、加强专题管理 ………………………………………………………………………………… (82)
　　二、落实专题负责管理负责制 …………………………………………………………………… (82)
　　三、落实专题负责综合管理职能 ………………………………………………………………… (82)
　　四、落实专题组内部管理职责 …………………………………………………………………… (82)
　　五、专题组人员组织及管理要求 ………………………………………………………………… (82)
　　六、加强项目进度管理 …………………………………………………………………………… (83)
　　七、加强项目质量管理、建立专题质量管理制度 ……………………………………………… (83)
　第十一节　数据质量评述 …………………………………………………………………………… (83)
　第十二节　问题说明 ………………………………………………………………………………… (83)

第五章　专题属性数据库建设支撑 …………………………………………………………………… (84)
　第一节　综合信息集成专题总体支撑情况 ………………………………………………………… (84)
　第二节　基础地质数据库数据支撑情况 …………………………………………………………… (85)
　第三节　属性数据库建设软件支撑情况 …………………………………………………………… (85)
　　一、GeoMAG 软件 ………………………………………………………………………………… (85)
　　二、GeoTOK 软件 ………………………………………………………………………………… (87)
　　三、MapGIS 软件 ………………………………………………………………………………… (87)
　　四、元数据采集器 ………………………………………………………………………………… (87)
　第四节　数据模型支撑情况 ………………………………………………………………………… (89)
　　一、数据模型内容 ………………………………………………………………………………… (89)
　　二、数据模型的支撑作用 ………………………………………………………………………… (90)
　第五节　对各专题数据库建设的支撑情况 ………………………………………………………… (91)
　　一、地质背景专题 ………………………………………………………………………………… (91)
　　二、成矿规律与成矿预测专题 …………………………………………………………………… (94)
　　三、物探(磁测、重力)、化探、自然重砂、遥感专题 ………………………………………… (97)
　第六节　专题数据库质量检查情况 ………………………………………………………………… (99)
　　一、数据库质量控制原则 ………………………………………………………………………… (99)
　　二、数据库质量要求 ……………………………………………………………………………… (99)
　　三、数据库质量评述 ……………………………………………………………………………… (109)

第六章　矿产资源潜力评价成果集成数据库建设 …………………………………………………… (110)
　第一节　集成数据库工作内容及流程 ……………………………………………………………… (110)

第二节 资料性成果汇总 ··· (111)
 一、汇总成果内容 ··· (111)
 二、资料性汇总要求 ··· (111)
 三、资料性汇总流程 ··· (112)
 四、资料性汇总成果 ··· (117)

第三节 集成数据库要求及内容 ··· (117)
 一、基础地质数据库数据资源 ·· (118)
 二、矿产资源潜力评价成果数据资源 ··· (118)

第四节 集成数据库软硬件环境部署 ··· (119)
 一、硬件准备 ··· (119)
 二、软件准备 ··· (119)
 三、系统安装 ··· (119)
 四、网络环境 ··· (120)
 五、数据库系统部署 ·· (121)

第五节 集成数据库组织方案 ·· (121)
 一、数据库系统选用 ·· (121)
 二、矿产资源潜力评价成果分类 ··· (121)
 三、数据库分组与注册 ··· (123)
 四、用户配置 ··· (125)

第六节 数据集成入库方案 ·· (126)
 一、数据转换 ··· (126)
 二、数据导入 ··· (126)
 三、数据备份 ··· (128)

第七节 集成数据库查询方案 ·· (129)
 一、基本查询方案 ··· (129)
 二、查询方案命名 ··· (130)
 三、集成数据库查询功能操作 ·· (132)
 四、导出原始图件 ··· (151)
 五、导出经纬图件 ··· (151)

第八节 集成数据库成果与质量 ··· (153)
 一、集成数据库主要成果 ··· (153)
 二、集成数据库质量 ·· (154)

第九节 编写集成数据库使用说明 ·· (155)

第七章　成果应用与服务简介 (156)

第一节　基础地质数据库应用与服务 (156)

第二节　矿产资源潜力评价成果资料应用情况 (157)

一、成果资料应用于河北省"十二五"地质勘查规划项目情况 (157)

二、成果资料在河北省找矿突破战略行动实施方案项目的应用情况 (157)

三、河北省2011—2014年矿产勘查立项指南方面的应用 (158)

四、矿权设置方案等其他方面的应用 (158)

第八章　结　语 (159)

第一节　主要成果 (159)

一、基础地质数据库维护成果 (160)

二、专题属性数据库建设主要成果 (160)

三、资料性成果集成建库主要成果 (160)

第二节　存在问题和建议 (161)

一、存在问题 (161)

二、建议 (161)

主要参考文献 (163)

第一章 项目概述

本章主要介绍了省级矿产资源潜力评价项目来源及河北省矿产资源潜力评价综合信息集成专题的基本情况,详述了专题目标任务以及组织实施情况。

第一节 项目背景

为了全面贯彻落实《国务院关于加强地质工作的决定》中提出的"积极开展矿产远景调查和综合研究,科学评估区域矿产资源潜力,为科学部署矿产资源勘查提供依据"的要求和精神,国土资源部以"资[2006]039-01号"文下达了"全国矿产资源潜力评价"项目,全面部署了全国矿产资源潜力评价工作。

"全国矿产资源潜力评价"项目性质为国土资源大调查综合研究项目,由中国地质调查局承担,并设立"全国矿产资源潜力评价项目办公室"(简称"全国项目办")。项目参加单位由全国15个相关地质研究、行业单位、院校,以及31个省市(自治区)地质调查院共同组成。

第二节 省级项目情况

河北省矿产资源潜力评价工作,由河北省国土资源厅直接领导,统一安排和部署全省矿产资源潜力评价工作,成立了省级矿产资源潜力评价办公室,结合河北省实际情况进一步明确了评价矿种范围,确定了省级项目承担单位和项目参加单位。

省级项目名称:河北省矿产资源潜力评价
所属计划项目:全国矿产资源潜力评价
实施单位:中国地质调查局
归口管理部室:资源评价部
工作性质:资源评价
承担单位:河北省地质调查院
参加单位:河北省煤田地质勘查院、河北省区域地质矿产调查研究所、河北省地球物理勘查院、河北省遥感中心、河北省石家庄综合地质大队、河北省第三地质大队
工作起止时间:2007—2013年

总体目标任务:根据全国矿产资源潜力评价总体要求,结合河北省实际情况,全面开展河北省重要矿产资源潜力预测评价,在现有工作程度的基础上基本摸清省内重要矿产资源"家底",为河北省矿产资源保障能力和勘查部署决策提供依据,为全国矿产资源潜力评价提供基础资料。

(1)在现有地质工作程度的基础上,全面总结河北省基础地质调查和矿产勘查工作成果和资料,充分应用现代矿产资源预测评价理论方法和GIS评价技术,开展河北省煤炭、铁、铜、铝、铅、锌、锰、钨、锡、金、银、铬、钼、磷、硫、萤石、菱镁矿、重晶石、石灰岩、碎云母20个矿种资源潜力预测评价,估算其资源潜力及其空间分布,为研究制订国家和河北省矿产资源战略与国民经济中长期规划提供科学依据。

(2)以成矿地质理论为指导,深入开展河北省范围内的区域成矿规律研究;充分利用地质、物探、化探、遥感和矿产勘查等综合成矿信息,圈出成矿远景区和找矿靶区,逐个评价其成矿远景区资源潜力,并进行

分类排序;编制河北省成矿规律与预测图,为科学合理地规划和部署矿产勘查工作提供依据。

(3)建立并不断完善河北省重要矿产资源潜力预测相关数据库,特别是成矿远景区的地学空间数据库,为今后开展矿产勘查的规划部署研究奠定坚实的信息基础。

第三节 专题基本情况

根据省级矿产资源潜力评价总体设计要求,河北省矿产资源潜力评价项目共设立9个子专题的研究项目,包括成矿地质背景专题、成矿规律专题、矿产预测专题、化探资料应用专题、重力资料应用专题、磁法资料应用专题、重砂资料应用专题、遥感资料应用专题、综合信息集成专题。

本专题是河北省矿产资源潜力评价9个子专题之一。

专题名称:河北省矿产资源潜力评价综合信息集成

专题性质:信息建设及综合

承担单位:河北省地质调查院

工作起止时间:2007—2013年

该专题的总体目标任务为:

(1)在现有河北省地质调查信息工作的基础上,对河北省已建设完成的基础数据库,包括1∶50万数字地质图空间数据库、1∶20万数字地质图空间数据库、矿产地数据库、区域重力数据库、航磁数据库、遥感影像数据库、区域地球化学数据库、1∶20万自然重砂数据库、工作程度数据库、二轮区划数据库、地理底图数据库等基础信息数据库工作及内容进行系统研究总结、整理分析,完成河北省基础地学数据库的维护补充完善工作。

(2)在现有地质工作的基础上,充分利用我国基础地质调查和矿产勘查工作成果与资料,充分应用现代矿产资源预测评价的理论方法和GIS评价技术,开展河北省重要矿产资源潜力评价与综合,基本摸清矿产资源潜力及其空间分布。

(3)组织相关软件学习培训,配合其他专题组开展工作,为各专题的研究工作提供GIS和计算机技术支持,为编制图件、综合地质信息预测提供技术支撑。

(4)配合各专业专题,按照《矿产资源潜力评价数据模型》具体要求,建立包括省级基础编图,煤炭、铁、铜、铝、铅、锌、锰、钨、锡、金、银、铬、钼、磷、硫、萤石、菱镁矿、重晶石、石灰岩、碎云母等矿种的潜力评价成果数据库。检查、验收河北省重要矿产资源潜力预测评价基础图件空间数据库、预测评价综合信息数据库和预测评价成果数据库。

(5)组织潜力评价预测数据库成果的汇总与汇交。

(6)建立河北省矿产资源潜力评价集成数据库。

第四节 专题组织实施情况

一、专题人员组织

河北省矿产资源潜力评价综合信息集成专题由河北省地质调查院承担并组织实施。参加单位包括:河北省煤田地质勘查院、河北省区域地质矿产调查研究所、河北省地球物理勘查院、河北省遥感中心、河北省石家庄综合地质大队、河北省第三地质大队。

其中河北省地质调查院负责专题实施过程中的日常管理工作,主要是专题内工作进度调度,专题间关系协调;进行数据库建设有关技术标准贯彻与指导等;完成基础地学数据库维护及省级基础编图、成矿预测成矿规律的成果数据库建设;负责各成果数据库的检查、汇交和集成建库工作。

河北省区域地质矿产调查研究所,负责完成全省成矿地质背景研究,完成各预测矿种区域矿产预测底图、河北省大地构造相图等成果数据库建设工作。负责完成全省地质背景与自然重砂综合研究与汇总。

河北省地球物理勘查院,负责完成全省综合性重力、航磁、化探综合信息研究分析与成果数据库建设。

河北省遥感中心,负责完成全省遥感影像分析和汇总,遥感专题成果数据库建设。

河北省第三地质大队,负责完成全省锰矿资源潜力评价成果汇总。

项目实施过程中,按专业及专题任务进行具体分工,如表1-1、表1-2。

表1-1 河北省矿产资源潜力评价综合信息集成专题人员组成一览表

序号	姓名	性别	年龄	工作单位	职称/职务	承担的工作
1	李晓敏	女	31	河北省地质调查院	工程师	专题负责人
2	王庆民	男	42	河北省地质调查院	高级工程师	技术指导
3	李晶	男	31	河北省地质调查院	工程师	信息集成
4	郝俊景	女	36	河北省地质调查院	工程师	汇总入库
5	韩腾飞	女	26	河北省地质调查院	助理工程师	数据库维护
6	宋立军	男	42	河北省地质调查院	高级工程师	成矿规律专题数据库负责人
7	徐焱焱	女	28	河北省区域地质矿产调查研究所	工程师	背景专题数据库负责人
8	师淑娟	女	35	河北省地球物理勘查院	高级工程师	化探专题数据库负责人
9	张亚东	女	43	河北省地球物理勘查院	高级工程师	物探专题数据库负责人
10	范素英	女	48	河北省遥感中心	高级工程师	遥感专题数据库负责人
11	张大可	男	59	河北省区域地质矿产调查研究所	高级工程师	重砂专题数据库负责人
12	邓佳	女	35	河北省第三地质大队	工程师	锰矿数据库负责人
13	卢静	女	32	河北省石家庄综合地质大队	工程师	石灰岩碎云母数据库负责人

注:表中年龄和职称/职务等内容反映的是2013年项目结束时的状况。

表1-2 河北省矿产资源潜力评价综合信息集成专题任务主要人员分工表

序号	任务分工	人员
1	基础地学数据库更新维护	李晓敏、王庆民、李晶、郝俊景、韩腾飞、徐焱焱、张大可、刘俊长、郑国庆、宫进忠、师淑娟
2	成矿地质背景成果图件空间数据库	张德生、徐焱焱
3	重、磁综合信息预测评价成果图件空间数据库	刘俊长、张亚东
4	地球化学综合信息预测评价成果图件空间数据库	宫进忠、师淑娟、王轶珂
5	自然重砂综合信息预测评价成果图件空间数据库	张大可、田粉英
6	遥感综合信息预测评价成果图件空间数据库	郑国庆、范素英
7	黑色、有色、贵金属成矿规律研究及预测评价成果图件空间数据库	宋立军、马奎羽
8	煤炭成矿规律研究及预测评价成果图件空间数据库	张新生
9	非金属成矿规律研究及预测评价成果图件空间数据库	王琴廷、卢静
10	矿产资源潜力评价成果汇总集成	李晓敏、郝俊景、李晶

二、专题实施过程

2007年,河北省地质调查院成立综合信息集成专题项目组,对主要人员进行了技术培训,完成了《河北省矿产资源潜力评价综合信息集成总体设计》,同时从全国项目办收集了河北省1∶50万数字地质图空间数据库、1∶20万数字地质图空间数据库、矿产地数据库、区域重力数据库、航磁数据库、遥感影像数据库、区域地球化学数据库、1∶20万自然重砂数据库、工作程度数据库、二轮区划数据库、地理底图数据库等基础地学数据库资料,为开展河北省矿产资源潜力评价工作及本专题工作奠定了基础资料支撑。

2008年,进入了项目实施的实质性阶段,内容主要包括继续搜集资料、编写年度总工作方案和分专题设计、参加各类技术要求及软件培训会议、编制各类基础性图件。2008年底前,完成了河北省地质工作程度数据库、矿产地数据库、区域地球化学数据库、区域重力数据库、航磁数据库、自然重砂数据库、遥感影像数据库等相关地质数据库更新维护工作。

2009年,在全国项目办统一技术领导下,密切配合各专题图库建设工作,通过建库技术指导、数据模型应用、GeoMAG软件使用、属性挂接检查、元数据建设、基础地理图层统一等一系列图库建设工作,严格规范河北省专题图库建设,在完成了基础编图任务和铁矿、铝土矿预测工作的基础上,完成并提交验收了河北省基础编图,铁矿、铝土矿预测成果数据库。

2010年,在天津地质调查中心、全国项目办完成对河北省基础编图、铁铝单矿种预测成果数据库复核验收的基础上,配合各专题开展了河北省煤炭、铜、铅、锌、金、磷、钼等矿种预测图库建设工作,同时完成了1∶20万地质图空间数据库的维护工作。

2011年,在完成上年度各预测矿种成果图库检查复核验收的基础上,配合各专题进行了银、钼、锰、镍、钨、铬、硫、萤石、菱镁矿、重晶石、石灰岩11个矿种的有关图库建设工作。

2012年,继续开展2011年度预测矿种成果数据库建设,配合全国项目办圆满完成了2011年度河北省预测矿种的成果数据库检查、复核、验收工作,按照《省级矿产资源潜力评价综合信息集成专题汇总技术要求》完成了省级基础地质及煤炭、铁、铝、铜、金、铅、锌、磷、银、钼、锰、镍、钨、铬、硫、萤石、菱镁矿、重晶石、石灰岩、碎云母20个单矿种的资料性成果汇总工作。

2013年,在通过验收的省级图件及单矿种(组)潜力评价成果的基础上,使用正式发布的建库软件系统GeoPEX,开展并完成了各预测矿种(组)潜力评价成果的综合与汇总,根据《省级矿产资源潜力评价综合信息集成专题汇总技术要求》开展了成果资料汇交等相关工作,完成了河北省矿产资源潜力评价成果图件汇总数据库,编制了工作总结报告,由全国项目办验收通过,圆满完成了省级矿产资源潜力评价信息集成工作。

第二章 主要成果

本章重点对河北省矿产资源潜力评价综合信息集成专题最终完成提交的成果根据工作内容进行了分类叙述。

河北省矿产资源潜力评价综合信息集成专题，历经6年多的辛苦工作，在省级矿产资源潜力评价项目实施过程中，全面配合其他专题工作，开展GIS技术支持及数据库建设技术支撑。主要体现在基础数据库更新维护成果、潜力评价各专题成果编图及属性数据库建设成果、综合信息集成数据库成果等方面。

第一节 基础地学数据库应用

根据矿产资源潜力评价工作及数据库综合信息集成的需要，对河北省已建立的12个各类基础地学数据库进行系统梳理，数据库涵盖基础地质、矿产地质、地球物理、地球化学、遥感等绝大多数地质专业领域，数据范围分布全省，是一次地质信息技术领域的综合性集群应用，大大提高了矿产潜力评价工作效率和应用水平（表2-1）。

表2-1 河北省矿产资源潜力评价基础地学数据库一览表

序号	专业	数据库名称	维护情况	维护单位	备注
1	区调	1:50万数字地质图空间数据库	未开展	河北省区域地质矿产研究所	全面应用
2		1:20万区域地质图空间数据库	已完成		全面应用
3		1:20万自然重砂数据库	已完成		全面应用
4		1:5万数字地质图空间数据库	正开展		全面应用
5	物化探	区域重力数据库	已完成	河北省地球物理勘查院	全面应用
6		航磁数据库	已完成		全面应用
7		区域地球化学数据库	已完成		全面应用
8	地质矿产	矿产地数据库	已完成	河北省地质调查院	全面应用
9		工作程度数据库	已完成		全面应用
10		二轮区划数据库	未开展		全面应用
11	遥感	遥感影像数据库	已完成	河北省遥感中心	全面应用
12	地理	1:25万地理底图数据库	未开展		全面应用

第二节 基础地学数据库更新维护

河北省基础地学数据库维护是根据矿产资源潜力评价项目总体任务要求，在综合信息集成专题及《数据库维护工作技术要求》的基础上，开展的一项重要工作。在本次工作中，共完成了1:20万区域地质图空间数据库、1:20万自然重砂数据库、区域重力数据库、航磁数据库、区域地球化学数据库、矿产地数据库、地质工作程度数据库、遥感影像数据库8个基础地学数据库的更新维护工作。维护完善了基础地学数据库，保持了数据库的数据现势性和应用活力，更好地为河北省矿产资源潜力评价项目提供了基础服务和最新的数据支持。

河北省矿产资源潜力评价基础地学数据库更新维护情况见表2-2。

表2-2 河北省矿产资源潜力评价基础地学数据库更新维护情况一览表

序号	数据库名称	工作内容	维护工作量
1	1:20万区域地质图空间数据库	补充地形地理、统一图示图例、统一系统库	26幅
2	1:20万自然重砂数据库	对原库进行整理、检查	入库样品47 258个，样品鉴定个数163 682个
3	区域重力数据库	一是对重力数据进行五统一，进行基点改算和正常场改算；二是收集补充全省资料	1:100万重力数据2680条，1:20万重力数据24 615条。合计新增记录19 134条
4	航磁数据库	一是对全国项目办下发的航磁1:10万～1:5万比例尺的数据资料进行数据处理和编图工作，在使用中进行相应的检查；二是对收集到的冶金系统的航空磁测原始资料进行扫描、矢量化、网格化及相应数据处理	数据文件内容包括网格数据及剖面数据两种。数据格式为航磁数据库内部建库格式，数据后缀为XYZ。其中网格数据间隔为2km×2km，剖面数据包括22条。数据量合计204m
5	区域地球化学数据库	2008年对1:20万及1:5万水系沉积物化探数据库均进行更新维护	经过2008年及2009年维护工作，数据库现共有1:20万数据26 085条，1:5万数据7912条
6	矿产地数据库	一是对原数据库1025条记录进行检查修正，对部分矿产地的探明储量、矿床规模进行补充改正；二是收集、整理河北省2007年底以前有关地质工作成果资料补充入库	原矿产地数据库共维护更新记录1025条，其中删除重复数据150条，更新原内容39条。新补充入库矿产地461条记录
7	地质工作程度数据库	一是对原数据库进行核检，将原数据库内的ID号按照指南统一编制，部分环境地质图层变更为矿勘水文地质图层；二是收集2000年以来地质工作资料补充入库	维护数据库包括地质数据记录3412个，矿产地数据记录1403个。其中原库修改ID号3412条，环境类图层变更为水文类图层18个。收集新入库资料518份，新增工作程度属性记录527条，新增矿产地属性记录388条
8	遥感影像数据库	未有新影像数据维护，只对原数据进行影像校正	已完成14景ETM遥感数据库维护，主要内容是进行影像校正、数据融合处理；完成全省29幅1:25万标准分幅TM影像图校正和编图

第三节 专题图件数据库建设成果

本次工作充分发挥地质信息技术专长，在全国项目办统一技术领导下，密切配合河北省各专题图库建设工作，为河北省矿产资源潜力评价成矿地质背景、成矿规律及矿产预测、重力资料应用、磁法资料应用、化探资料应用、重砂资料应用、遥感资料应用等各专业专题提供了数据库建设技术培训、GIS软件培训，在建库过程中提供数据模型应用、GeoMAG软件进行编图和建库工作指导、数据规范检查、属性挂接检查、元数据库建设等技术服务支持，使综合信息集成专题组与各专业专题组紧密结合起来，共同完成各类专业图件数据库的建设，工作中统一了建库要求及质量要求，顺利完成了河北省矿产资源潜力评价项目各专题数据库建设成果。同时配合全国项目办对省内各专题提交的各类数据库进行了检查、修改、复核、验收，保证了提交数据库的成果质量。

通过工作，完成了河北省省级基础编图、大地构造相图、国家要求矿种（铁、铝、铜、金、铅锌、磷、铬铁、菱镁、硫铁、锰、钼、镍、钨、银、萤石、重晶石）、省级自增矿种（石灰岩、碎云母）及煤炭的各专业图件属性数据库建设。编图成果见表2-3。

表2-3 河北省矿产资源潜力评价编图图件统计表 (单位:张)

专业 矿种	地质背景	规律预测	重力	磁测	化探	遥感	自然重砂	累计
省级基础	32	0	4	7	129	119	26	317
铁	12	71	20	33	0	28	0	164
铝	6	28	9	12	0	12	0	67
铜	2	23	6	8	42	16	14	111
金	6	56	15	20	104	35	14	250
铅锌	3	50	12	16	86	23	27	217
磷	4	37	12	16	0	24	4	97
钼	5	44	15	20	65	21	20	190
银	10	85	30	40	192	51	27	435
锰	6	33	12	16	51	15	4	137
铬	2	21	6	8	22	10	2	71
钨	3	26	9	12	45	20	3	118
镍	1	14	3	4	11	4	0	37
菱镁矿	1	14	3	4	2	8	0	32
重晶石	2	21	6	8	30	12	2	81
硫铁矿	10	64	21	28		32	6	161
萤石	6	51	18	24	24	28	6	157
石灰岩	38	86	24	32	0	32	0	212
碎云母	0	11	0	0	0	0	0	11
合计(不含煤)	149	735	225	308	803	490	155	2865
煤炭								267

第四节 资料性汇总成果

对河北省已完成的矿产资源潜力评价各专业所有过渡性及最终成果资料,按全国矿产资源潜力评价项目办汇总技术要求完成了资料性成果汇总。信息集成专题组在充分全面收集成矿地质背景专题组、成矿规律与矿产预测专题组、重力资料应用专题组、磁测资料应用专题组、化探资料应用专题组、重砂资料应用专题组、遥感资料应用专题组所完成的图件及相关数据库资料的基础上,按全国矿产资源潜力评价项目办2010年35号文要求完成资料性汇总工作。

文档内容除了包含矿产资源潜力评价成果数据库,还包括各专业汇总组规定需要提交的资料、各种过渡性图件、图片文件、数据表格文件、文字报告以及各种资料卡片扫描件。

所有文档按照分类建立目录结构,并存放,是项目完整、全面的资料集合。汇总资料时先按省级分类,即"河北省"作为一级目录名,再按基础地质图件及属性库、单矿种潜力评价图库作为二级目录名,然后按专业分类作为三级目录名,专业分类目录下再按图库类型分类作为四级目录名,之后再按资料类型(投影坐标图件、经纬坐标图件、元数据文件、编图说明书、其他)作为五级目录名,其中五级目录中的投影坐标图件、经纬坐标图件下还需具体图件目录作为六级目录名。

第五节 资料性成果集成建库成果

河北省综合信息集成专题组对河北省完成的各专题数据库按总项目办要求,运用 GeoPEX 软件对各专题数据库进行了集成汇总工作,形成了河北省矿产资源潜力评价综合信息集成数据库,为河北省矿产资源潜力评价数据库资料集中统一应用、成果转化提供了方便。应用 GIS 技术集成所有数据,建立动态矿产资源预测评价综合数据库和矿产区域评价系统,实现地质空间数据的有效存储、管理,实现矿产预测智能化、经常化。

河北省矿产资源潜力评价集成汇总成果按照是否属于全国矿产资源潜力评价数据模型规定和省级汇总综合研究成果的划分原则,分为三部分:第一部分为属于全国矿产资源潜力评价数据模型规定成果(包括规定要提交的图件及其属性库、遥感影像、编图说明书、图件元数据、文档报告、数据表格以及相关内容清单等);第二部分为不属于全国矿产资源潜力评价数据模型规定但属于各专业需要提交成果(包括各专业汇总组规定需要提交的资料、各种过渡性图件、图片文件、数据表格文件、文字报告以及各种资料卡片扫描件等);第三部分为属于省级项目组汇总综合研究成果(包括省级各专题按相关专题省级汇总技术要求规定需要提交的图件及其属性库、遥感影像、编图说明书、图件元数据、文档报告、数据表格以及相关内容清单等)。

矿产资源潜力评价集成汇总方法依据《省级矿产资源潜力评价资料性成果集成建库实施技术指南》执行,依省级矿产资源潜力评价资料性成果集成汇总软件 GeoPEX 软件为平台,依据 MS SQL SERVER 2008 为基础数据库平台,采用 C/S 模式进行数据的集成汇总。

河北省矿产资源潜力评价成果集成数据库共汇总入库 19 个矿种(组)2615 张图件,因煤炭编图建库规范的独立性,其图件数量不在汇总库统计之内,是独立提交的成果。煤炭潜力评价成果编图完成各类成果性图件 267 张,其中,省级成果性图件 22 张,省级分析性图件 28 张,矿区级图件 217 张。通过汇总建库建立了系统完整的综合性集成数据库。

集成数据库成果包括省级潜力评价基础编图成果图库(GEOPEXDB000.mdf)、铁矿种(组)潜力评价成果图库(GEOPEXDB001.mdf)、锰矿种(组)潜力评价成果图库(GEOPEXDB002.mdf)、铬矿种(组)潜力评价成果图库(GEOPEXDB003.mdf)、铜矿种(组)潜力评价成果图库(GEOPEXDB004.mdf)、铅矿种(组)潜力评价成果图库(GEOPEXDB005.mdf)、锌矿种(组)潜力评价成果图库(GEOPEXDB006.mdf)、钼矿种(组)潜力评价成果图库(GEOPEXDB010.mdf)、金矿种(组)潜力评价成果图库(GEOPEXDB011.mdf)、银矿种(组)潜力评价成果图库(GEOPEXDB012.mdf)、铝土矿种(组)潜力评价成果图库(GEOPEXDB016.mdf)、菱镁矿种(组)潜力评价成果图库(GEOPEXDB017.mdf)、磷矿种(组)潜力评价成果图库(GEOPEXDB018.mdf)、硫矿种(组)潜力评价成果图库(GEOPEXDB019.mdf)、萤石矿种潜力评价成果图库(GEOPEXDB022.mdf)、重晶石矿种(组)潜力评价成果图库(GEOPEXDB023.mdf)、石灰岩矿种(组)潜力评价成果图库(GEOPEXDB100.mdf)、云母矿种(组)潜力评价成果图库(GEOPEXDB101.mdf)。

河北省省级项目组本次潜力评价的矿种(组)清单见表 2-4;省级基础及各单矿种汇总建库(个)、数据库存储空间(GB)情况,按专题按矿种统计如表 2-5、表 2-6 所示。

表 2-4 河北省潜力评价的矿种(组)清单

序号	预测矿种(组)	属于全国项目办规定矿种(组)或省项目办自增矿种(组)
1	铁矿	全国项目办规定矿种(组)
2	锰	全国项目办规定矿种(组)
3	铬	全国项目办规定矿种(组)
4	铜矿	全国项目办规定矿种(组)
5	铅锌矿	全国项目办规定矿组(组)
6	镍	全国项目办规定矿种(组)
7	钨	全国项目办规定矿种(组)
8	钼	全国项目办规定矿种(组)
9	金矿	全国项目办规定矿种(组)
10	银	全国项目办规定矿种(组)
11	铝土矿	全国项目办规定矿种(组)
12	菱镁矿	全国项目办规定矿种(组)
13	磷矿	全国项目办规定矿种(组)
14	硫	全国项目办规定矿种(组)
15	萤石矿	全国项目办规定矿种(组)
16	重晶石	全国项目办规定矿种(组)
17	煤炭	全国项目办规定矿种(组)
18	石灰岩	省级自增矿种(组)
19	碎云母	省级自增矿种(组)
合计	全国项目办规定矿种(组)总数18个(铅锌共生矿种分开计),省级自增矿种(组)2个	

表 2-5 河北省矿产资源潜力评价数据库建设成果及汇总入库图件统计表 (单位:个)

专业\矿种	地质背景	规律预测	重力	磁测	化探	遥感	自然重砂	累计	遥感影像	累计汇总库
省级基础	26	0	4	7	102	89	24	252	30	282
铁	12	57	20	33	0	21	0	143	7	150
铝	6	20	9	12	0	9	0	56	3	59
铜	2	17	6	8	40	12	14	99	4	103
金	6	44	15	20	100	26	14	225	9	234
铅锌	3	38	12	16	80	17	27	193	6	199
磷	4	27	12	16		18	4	81	6	87
钼	5	32	15	20	60	15	20	167	6	173
银	10	63	30	40	172	37	27	379	14	393
锰	6	23	12	16	47	11	4	119	4	123
铬	2	15	6	8	20	7	2	60	3	63
钨	3	18	9	12	42	15	3	102	5	107
镍	1	10	3	4	10	3	0	31	1	32

续表 2-5

专业\矿种	地质背景	规律预测	重力	磁测	化探	遥感	自然重砂	累计	遥感影像	累计汇总库
菱镁矿	1	10	3	4	2	6	0	26	2	28
重晶石	2	15	6	8	28	9	2	70	3	73
硫铁矿	10	46	21	28	0	24	6	135	8	143
萤石	6	37	18	24	24	21	6	136	7	143
石灰岩	38	86	24	32	0	24		204	8	212
碎云母	0	11	0	0	0	0	0	11		11
合计(不含煤)	143	569	225	308	727	364	153	2489	126	2615
煤炭										267

表 2-6 河北省矿产资源潜力评价数据库成果存储大小统计表 （单位:GB）

专业\矿种	地质背景	规律预测	重力	磁测	化探	遥感	自然重砂	累计
省级基础	1.02	0	1.00	4.33	8.81	12.3	1.60	29.06
铁	0.44	5.60	1.03	4.93	0	8.42	0	20.42
铝	0.04	1.47	0.13	0.35	0	1.34	0	3.33
铜	0.29	1.24	0.35	2.23	0.60	2.46	0.82	7.99
金	0.50	0.73	0.41	5.02	1.26	6.83	0.52	15.27
铅锌	0.07	2.04	0.40	4.76	0.61	6	0.97	14.85
磷	0.10	1	0.10	4.33	0	2.12	0.50	8.15
钼	0.40	0.85	0.63	1.70	0.60	4.18	0.69	9.05
银	0.50	0.15	0.34	1.22	1.50	5.26	0.41	9.38
锰	0.26	0.64	0.57	1.57	0.63	3.61	0.17	7.45
铬	0.06	0.93	0.47	0.54	0.20	0.99	0.05	3.24
钨	0.11	1.67	0.48	0.86	0.27	1.45	0.09	4.93
镍	0.04	0.92	0.44	0.36	0.10	0.73	0	2.59
菱镁矿	0.02	0.97	0.44	0.36	0.01	0.84	0	2.64
重晶石	0.04	1.15	0.46	0.41	0.16	1.07	0.06	3.35
硫铁矿	0.38	2.73	0.64	1.40	0	4.83	0.17	10.15
萤石	0.39	3	0.60	1.85	0.17	5.53	0.21	11.75
石灰岩	0.31	0.39	0.26	1.37	0	5.96	0	8.29
碎云母	0.51	0	0	0	0	0	0	0.51
煤炭								4.08
合计	5.48	25.48	8.75	37.59	14.92	73.92	6.26	176.48

河北省省级矿产资源潜力评价基础编图图库、铁铝等20个矿种潜力评价图库1套,图库共计2615个(不含煤),数据量达309GB,545 792个文件;河北省矿产资源潜力评价资料性成果汇总集成数据库1套,数据量达128GB;河北省矿产资源潜力评价信息集成专题报告1份、河北省矿产资源潜力评价资料性成果汇总集成数据库使用说明书1份。

培养了一批利用GIS信息化手段全程开展矿产资源潜力评价工作的复合性专业技术人员,大大提高了技术人员工作素质,特别是新理论、新方法的应用,为今后开展其他有关工作奠定了人才基础。

第三章 相关地学数据库现状

本章着重介绍了河北省截至2007年，在本次矿产资源潜力评价工作过程中使用的12个基础地学数据库情况，对各类基础地学数据库及其管理系统进行了系统详细的现状用途分析。

自1999年国土资源部启动开展"数字国土工程"以来，在国土资源部、中国地质调查局统一工作部署、统一技术领导下，我国对几十年来积累的大量地质工作成果资料进行了分类系统的数字化和数据库建设，基本建立起了国家基础地学数据库体系。多年来建设的国家基础地学数据库主要包括：1：500万、1：250万、1：50万、1：25万、1：20万、1：5万数字地质图空间数据库，全国矿产地数据库，全国重砂数据库，全国同位素地质测年数据库，全国1：20万~1：50万区域地球化学数据库，全国1：20万~1：100万区域重力调查数据库，全国1：5万~1：100万航空磁测数据库、全国航空电磁数据库，全国航空放射性数据库，全国地质工作程度数据库，全国矿产储量数据库，全国地层数据库等。通过系列地学数据库的建设，现代信息技术在地质成果资料上得到广泛的应用，国土资源数字化信息初步满足了国土资源管理和调查评价的需要，基本形成国土资源信息社会化服务体系。

河北省作为全国地学数据库资源的重要组成部分，经过多年的地学信息数据库建设积累，建成了一批高质量的地学数据库，省级基础地学数据库体系日臻完善。同时通过国土资源信息化建设解决了地学数据保存分散、保存方法落后、查询困难、利用率低等长期存在的问题，为河北省国土资源信息化建设做出了贡献。

截至2007年，河北省矿产资源潜力评价涉及的基础地学数据库应用主要包括：①1：50万数字地质图空间数据库；②1：20万数字地质图空间数据库；③1：5万数字地质图空间数据库；④区域重力数据库；⑤航磁数据库；⑥1：20万区域地球化学数据库；⑦1：25万遥感影像图数据库；⑧1：20万自然重砂数据库；⑨矿产地数据库；⑩地质工作程度数据库；⑪全国二轮区划数据库；⑫1：25万地理底图数据库。各地学数据库简要情况见表3-1。

表3-1 河北省矿产资源潜力评价基础地学数据库情况统计表

序号	数据库名称	数据格式与内容
1	1：50万数字地质图空间数据库	为MapGIS格式，数据包含在应用系统中
2	1：20万数字地质图空间数据库	数据为MapGIS、Coverage与GeoDatabase格式，单独应用系统
3	1：5万地质图空间数据库	数据为MapGIS、Coverage与GeoDatabase格式，无应用系统
4	区域重力数据库	Access格式，RGIS(2006)应用系统
5	航磁数据库	数据均为XYZ格式，管理系统(RGIS 2.0)
6	1：20万区域地球化学数据库	数据格式为Access，多元地学空间数据管理与分析系统(GeoExpl)
7	1：25万遥感影像图数据库	22幅，ETM原始卫星数据及影像校正数据
8	1：20万自然重砂数据库	数据格式为MapGIS与Access，应用系统与数据分离
9	矿产地数据库	Access格式，有应用系统
10	地质工作程度数据库	数据格式两种，分别为MapGIS与Shape格式，数据包含在各自两种格式的应用系统中
11	全国二轮区划数据库	包括全国二轮区划数据库管理系统。中国地质科学院矿产资源研究所区划室建设
12	1：25万地理底图数据库	MapGIS格式

各类地学数据库,由中国地质调查局于2007年按省分发给省级矿产资源潜力评价项目,各省在对数据库进行充分梳理、更新、维护、完善的基础上,作为省级矿产资源潜力评价工作的数据应用基础。

第一节 1∶50万数字地质图空间数据库

一、总体情况

全国1∶50万数字地质图空间数据库,历时3年,于2000年完成,全国有27个省(区)先后900人次参加1∶50万数字地质图空间数据库建设工作,2005年对数据库进行了全面更新。数据库数据总量约1.0G。该库以20世纪80年代后期出版的各省(市、区)1∶20万区域地质志附图为基础资料,使用了全国岩石地层单位清理成果,补充使用了80年代中期至1996年(个别省用到1997年)的1∶5万区域地质调查资料2464幅,1∶20万区域地质调查资料552幅,科研专题成果资料174项。

1∶50万数字地质图空间数据库是采用现代地质学、地层学、岩石学等新理论以及新的地质编图概念和方法,按GIS应用的要求完成的我国第一个全国性的数字地质图空间数据库。数据库由数字地质图库和地理底图库构成,是地学领域覆盖全国的大型地质数据库。该库是以国产软件MapGIS作为输入数据、矢量化、编辑、建库及运行基础平台。图上表示了岩石地层单位534个,花岗岩谱系单位1802个,侵入体时代加岩性单位1780个,全国性断层174条,省(区)内重要断层558条,一般断层数万条,同位素年龄资料1545个,钻孔资料382个。以上内容都分别以面元、线元、点元数据表示,都建立了相应的属性库。数据库可提供水系、境界、地层、火山岩、侵入岩、断层、构造、钻孔、同位素年龄等相关信息。

二、河北省情况

河北省1∶50万地质图空间数据库于1999年由河北省地质矿产勘查开发局下属单位河北省区域调查研究所为主要参加单位完成,资料截止日期为1998年。项目依据《中华人民共和国1∶50万数字地质图数据库地质编图设计书》(1998.12)开展工作。

数据库用图是在河北省区域地质志附图的基础上,收集利用河北省域内33幅1∶5万区调新资料,吸收科研成果资料2项进行编制。地质图表示了岩石地层单位210个,花岗岩谱系单位及侵入体时间加岩性单位87个,跨省区断裂4条,省内重要断层7条,同位素年龄数据60个,岩芯钻孔数据57个,较好地反映了河北省近期区域地质研究程度和水平。地理底图由国家基础地理中心统一编制,地层单位名称、编码与代号采用全国地层多重划分对比研究等。

数据库包括安装系统1个,安装文件30个,数据量273M,为全国范围1∶50万安装盘,与MapGIS 6.7配合安装使用。安装后数据量达1G以上,地质图层文件116个(全国),地理图层若干。

该数据库除图形内容、属性库外,还有色标库、线型库、花纹库、符号库、图例库等。

自1999年河北省1∶50万数字化地质图空间数据库建成后,一直未进行过维护更新编图工作。只是由中国地质调查局于2005年对1∶50万地质图空间数据库管理系统进行了软件更新及数据版本升级维护工作。

该数据库数据基础可靠,质量较好,补充近年来完成的区域地质调查工作后可为矿产资源评价项目提供计算机编图服务。

河北省1∶50万数字地质图空间数据库现状情况见表3-2。

表 3-2　河北省 1∶50 万数字地质图空间数据库现状情况表

序号	现状大类	现状子类	填写现状内容
1	数据库基本情况	数据库名称	1∶50 万数字地质图空间数据库
		数据库主要内容	数据库用图是在河北省区域地质志附图的基础上,收集利用河北省省域内 33 幅 1∶5 万区调新资料,吸收科研成果资料 2 项进行编制。地层单位名称、编码与代号采用全国地层多重划分对比研究
		数据库类型/形式(真正数据库、一般文件集合、数据库+一般文件集合的混合形式或其他形式)	MapGIS 空间属性数据库(真正数据库)
		数据库主要格式	MapGIS 及 ArcInfo
		数据库建库标准	《中华人民共和国 1∶50 万数字地质图数据库地质编图设计书》(1998 年 12 月)
		采用元数据标准	全国矿产资源潜力评价元数据采集使用说明
		数据量	1 幅
		若为空间数据,其覆盖范围、比例尺、坐标参数(大地坐标系统、高程基准、地图椭球参数、地图投影类型)	投影平面直角北京 54 坐标系,高斯-克吕格投影;覆盖范围:经度 113°00′—120°00′,纬度 36°00′—43°00′
		数据密级(公开、秘密、机密、绝密)	秘密
		数据库数据覆盖专业名称(若覆盖多种专业,则全部列出)	基础地质、区调、矿产
		数据库建设起止时间、负责人及主要技术人员	1997—1999 年完成,河北省(包括天津、北京)项目负责人:谷永昌;主要技术人员:康子林、肖文遥、章百明、徐鹏彪、王惠显
		数据库维护历史记录、负责人及主要技术人员	未维护
		数据库更新方式(突击式、日常式、从未更新)	从未更新
		数据库数据或原始资料源头	1∶5 万及 1∶20 万资料修编完成的 1∶50 万地质图作为数据库原始资料
		数据库管理具体单位(即归口管理单位)	河北省地质调查院
		数据库存放具体单位(即物理存放单位)	河北省地质调查院
		数据库的用户群(若有多种用户群,按重要层次列出)	河北省地质矿产勘查开发局、各有关地勘单位
		数据库应用状况描述	用于地质工作部署、矿政管理、地质项目立项等
		数据库存在的主要问题描述	
		数据库其他情况描述	数据集成到了全国 1∶50 万地图数据库管理系统中
2	数据库管理系统运行环境	数据库运行的硬件环境(服务器设备、网络设备、其他设备)	数据库系统运行于单机计算机中
		数据库运行的操作系统(包括操作系统名称、版本)	Windows XP SP3
		使用的数据库系统(包括数据库系统名称、版本)	全国 1∶50 万数字地质图空间数据库管理系统
		与其他相关应用系统的关系	系统在 MapGIS 6.7 软件下进行的二次开发,计算机上必须可运行 MapGIS 6.7
3	数据库管理系统体系结构	数据库管理系统的体系结构图(框图表示)	见图 3-1、图 3-2　1∶50 万地质图数据库管理系统体系结构图及管理界面图
		数据库管理系统的高层流程图(高层数据流图、高层控制流图)	
4	数据库管理系统功能	数据库管理系统的主要功能描述(逐一描述)	(1)系统可按行政区、图幅、任意区域等进行检索;(2)可通过地理内容、地质要素进行检索
5	数据库概念模型	数据库概念模型(用 E-R 图描述)	

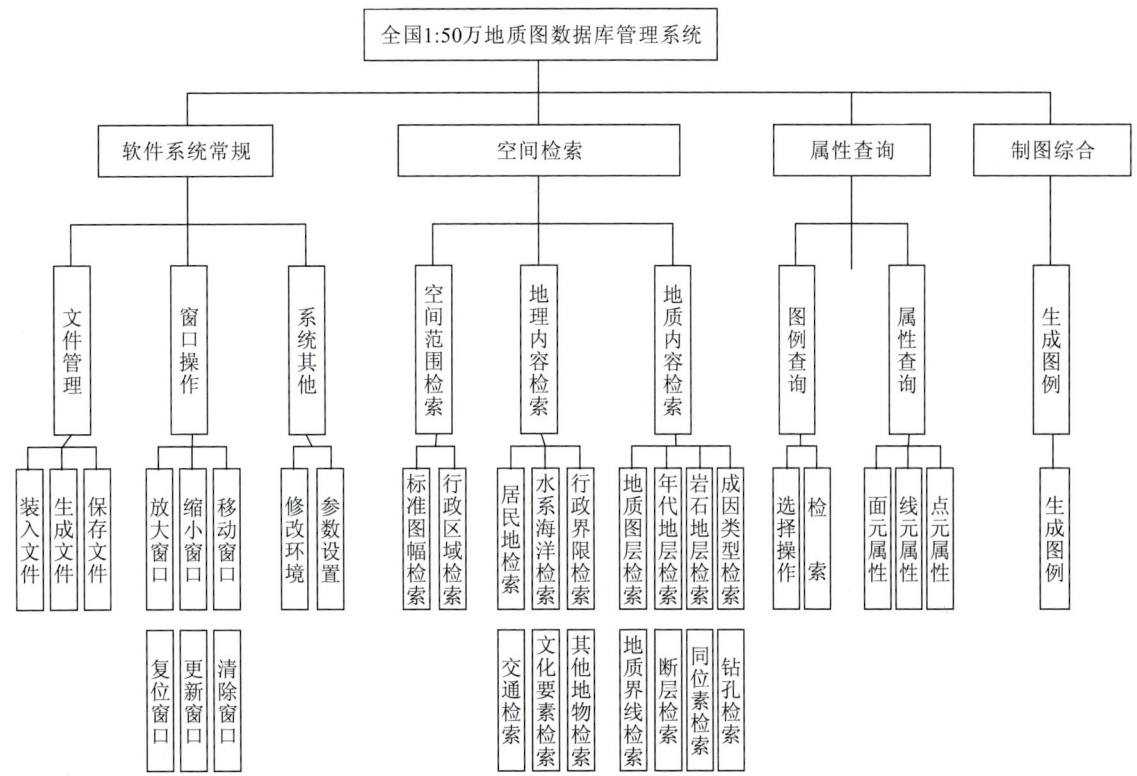

图 3-1　1∶50 万数字地质图空间数据库管理系统体系结构图

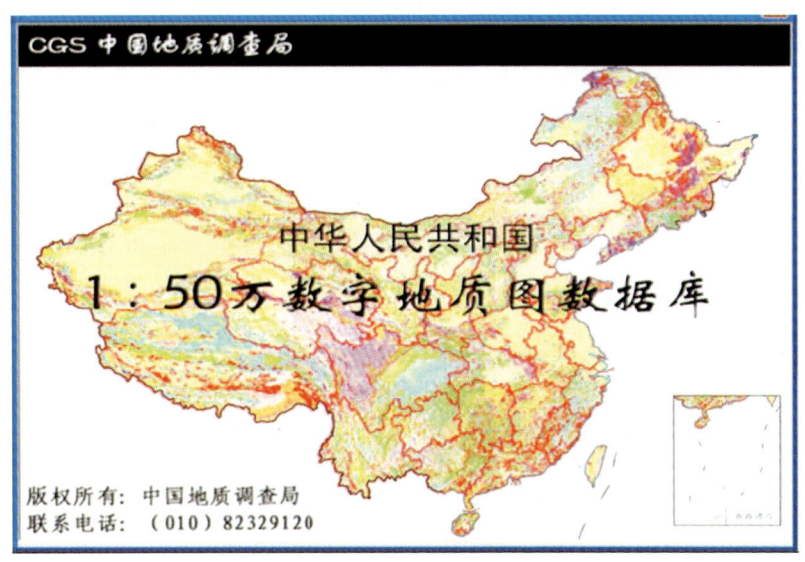

图 3-2　1∶50 万数字地质图空间数据库管理系统界面

三、管理系统概况

中国地质调查局为了更好地开发利用该数据库,2005 年在原管理系统的基础上,更新开发了新版全国 1∶50 万地质图空间数据库管理系统。数据库管理系统包括安装系统 1 个,安装文件 30 个,数据量 273MB,为全国范围 1∶50 万安装盘,与 MapGIS 6.7 配合安装使用。安装后数据量达 1G 以上,地质图层文件 116 个(全国),地理图层若干。

本系统对硬件设备要求较高,以满足大量频繁的空间数据和表数据的检索、显示等操作处理要求,操作系统建议采用 MS Windows XP 或 MS Windows 7 以上,内存 2G 以上。计算机安装最低要求为:CPU 为 2GHz,双核以上,内存 2G 以上,同时要求安装了 MapGIS 6.7 及以上版本软件。

该管理系统提供按空间范围检索、地质要素检索、图例检索、地理内容检索、属性显示、生成图形文件等检索方式，并按国家标准规定的任意投影方式自动编图。能按照用户的需要检索出任意省、地区、县、全省版图内的1∶100万、1∶50万、1∶25万、1∶20万、1∶10万、1∶5万6种比例尺的任意标准图幅，全省版图内的任意多边形圈定的范围内的图件。

1∶50万数字地质图空间数据库可作为编制各种同比例尺专题图件的基础地质信息库，也可作为编制更小比例尺地质图的基础地质信息库，从而为区内各种小比例尺地质图及相应专题图编制的现代化提供了有力的支持，还可广泛地用于地质矿产调查、管理、规划与经济建设工作。

第二节　1∶20万数字地质图空间数据库

一、总体情况

全国1∶20万数字地质图空间数据库建设工作自1997年开始，到2002年完成。由原地质矿产部地质调查局立项，1999年后由发展研究中心负责，各省（区、市）地勘局参加。1∶20万数字地质图空间数据库是一个全国性的、大型的基础地学空间数据库。采集、处理了1163幅地质图信息，覆盖全国71%的陆地面积。依据原地质矿产部编制的分幅1∶20万区域地质图或矿产图数字化而成，原始资料时间跨度从20世纪50年代中期到90年代初期。

2002年由中国地质调查局发展研究中心对全国各省的地质图数据库综合处理入库引用的标准为《DZ/T 0001—91区域地质调查总则（1∶50 000）》《数字地质图空间数据库建设工作指南2.0》《DZ/T 0179—1997地质图用色标准及用色原则》，建成了全国1∶20万数字地质图空间数据库，并建立了数据库数据管理系统。

数据库提交的数据包括MapGIS、ArcInfo图层文件以及E00多种格式，空间数据坐标系统包括毫米单位高斯投影和以度、秒为单位的无投影地理坐标系以及元数据、图示图例库等。

数据库包含光栅地质图、矢量化地质图、基于GIS的数字地质图和基于GIS的数字地质图空间数据库4种产品。1∶20万数字地质图空间数据库含有扫描栅格文件、校正点文件、校正点控制文件、全要素图形数据及输出工程文件、图外整饰文件等。矢量化图件数据分地理、地质和图饰三大类图层。地理图层包含了水系数据，境界、居民地和交通等数据还需用户使用国家基础地理信息中心的1∶25万地形数据库；地质图层主要包含地层、火山岩、侵入岩、断层、构造、钻孔等相关信息；图饰图层主要用于数字化地质图输出，不含属性。全库数据量达到80G，有效地质实体总数超过500万个。采用了经典与面积对象技术的数据模型，具备开放式数据库特点。

个别省在2002年和2003年地学数据库维护项目中，对河北省1∶20万数字地质图空间数据库进行了维护工作。

1∶20万地质图是最广泛应用的地质工作用图，在基础地质调查、矿产资源调查评价与勘查、地下水资源调查评价与勘查、地质灾害调查评价、地质环境调查评价、农业地质调查评价、工程勘察等方面具有重要的使用价值。

数据库成果已在地矿勘查、地质调查及公众服务诸多领域得到了广泛应用。国家政府决策、政府规划、地质调查、全国重要成矿带矿产资源评价项目，各省的矿产资源规划项目，1∶25万区域地质调查，全国矿产资源潜力评价，商业性矿产资源勘查项目，三峡等地质灾害防治工作，铁道部铁路路线规划，省级部门的对外合作等领域都利用了本数据库成果。

二、河北省情况

河北省1∶20万地质图空间数据库项目始于1996年，完成于2002年。工作范围覆盖全省已完成区域地质调查项目的全部26个图幅，并提交全部有关数据。

河北省1∶20万地质图没有套改的图幅和空白区,所有图幅均为原汁原味的图幅。2003年、2004年河北省区域地质调查研究所对1∶20万数据库进行过维护修改完善。数据格式包括MapGIS及ArcInfo两种,分目录存放,按照建库标准进行命名。数据库内容符合中国地质调查局建库要求,数据库空间坐标基础为投影平面直角坐标系统,投影方式为高斯-克吕格投影,带号20,大地坐标系按北京54坐标,高程基准沿用原始图件,多为黄海高程基准。

由于该数据库是我国第一次进行地质图空间数据库的建设,没有统一建库标准,期间中国地质调查局执行标准和技术要求发生过3次重大的调整,1997年任务执行《数字化地质图图层及属性文件格式(1.0版)》及有关文件要求,1998—2000年任务(含1997年任务的整理),在数据处理过程中,执行中国地质调查局《空间数据库工作指南(1.0版)》,按地调局任务要求,资料均以1∶20万区调成果为准。1997—2000年所建的图幅,采用数字化仪采集数据完成,误差校正控制点为9个,图层命名与分层按"指南1.0版"图层名称划分,未按图层分项名称划分,上标、下标分别用♯+、♯-表示。编码间用","号隔开。对于第四纪堆积物、石英脉、角岩化、褐铁矿化和性质不明断层的补充代码,严格按"标准"中的编码原则和顺序进行,补充了"标准"中缺少部分代码的不足。2001年技术要求是《地质图空间数据库建设工作指南(2.0版)》和其他相关标准,严格遵守和保持图幅内各类数据的独立性和原始性,确保原始资料的真实可靠,同时对原图明显错漏进行改正并予以记录。未进行地质单位的套改,除对个别错漏现象进行修正外,不做任何修改,即保持地质图的原汁原味。

该数据库历时时间长,且工作指南进行了多次修改,前后建库的要求格式不同,需按最新建库标准进行维护后方可为矿产资源评价服务。同时由于1∶20万地质图在20世纪60—80年代由不同人员在不同年代完成,致使图幅之间无法接边处理,给整体使用带来不便。

河北省1∶20万数字地质图空间数据库完成后,2003年河北省区域地质调查研究所对其进行了系统的维护工作,2004年度根据中国地质调查局对河北省1∶20万地质图空间数据库复核意见,对原数据进行了修改、完善工作。

河北省1∶20万数字地质图空间数据库26个图幅情况见表3-3,地质图空间数据库完成图幅分布情况见图3-3,数据库现状情况见表3-4。

表3-3 河北省1∶20万数字地质图空间数据库图幅情况一览表

序号	图幅编号	图幅名称	序号	图幅编号	图幅名称
1	K-50-(16)	棋盘山	14	K-50-(35)	青龙
2	K-50-(19)	康保	15	K-50-(36)	山海关
3	K-50-(20)	沽源	16	J-50-(1)	广灵
4	K-50-(21)	上黄旗	17	J-50-(2)	涞水
5	K-50-(22)	围场	18	J-50-(4)	宝坻
6	K-50-(25)	张家口	19	J-50-(5)	唐山
7	K-50-(26)	龙关	20	J-50-(6)	秦皇岛
8	K-50-(27)	丰宁	21	J-50-(7)	阜平
9	K-50-(28)	承德	22	J-50-(8)	保定
10	K-50-(29)	平泉	23	J-50-(13)	石家庄
11	K-50-(31)	天镇	24	J-50-(19)	高邑
12	K-50-(32)	宣化	25	J-50-(25)	邢台
13	K-50-(34)	兴隆	26	J-50-(31)	邯郸

表 3-4　1∶20 万数字地质图空间数据库现状情况表

序号	现状大类	现状子类	填写现状内容
1	数据库基本情况	数据库名称	河北省 1∶20 万数字地质图空间数据库
		数据库主要内容	包含河北省 26 幅 1∶20 万区域地质图数据库。每幅地质图按地质、地理和整饰内容进行图层划分
		数据库类型/形式（真正数据库、一般文件集合、数据库＋一般文件集合的混合形式或其他形式）	数据库＋一般文件集合的混合形式
		数据库主要格式	MapGIS 及 ArcInfo
		数据库建库标准	《1∶20 万地质图空间数据库建设工作指南(2.0 版)》
		采用元数据标准	《地质信息元数据标准》(DD 2006—05)
		数据量	26 幅
		若为空间数据,其覆盖范围、比例尺、坐标参数（大地坐标系统、高程基准、地图椭球参数、地图投影类型）	覆盖范围:覆盖河北省域内所有基岩区,经度 113°00′—120°00′,纬度 36°00′—43°00′。坐标参数:两套坐标参数,①投影平面直角,北京 54/克拉索夫斯基,投影类型为高斯-克吕格,②地理坐标系,北京 54/克拉索夫斯基
		数据密级（公开、秘密、机密、绝密）	秘密
		数据库数据覆盖专业名称（若覆盖多种专业,则全部列出）	基础地质
		数据库建设起止时间、负责人及主要技术人员	始于 1996 年,完成于 2002 年,负责人:张大可
		数据库维护历史记录、负责人及主要技术人员	2003 年、2004 年进行过维护,负责人:张大可
		数据库更新方式（突击式、日常式、从未更新）	日常式
		数据库数据或原始资料源头	河北省 1∶20 万地质图及区域地质调查报告
		数据库管理具体单位（即归口管理单位）	河北省地质调查院
		数据库存放具体单位（即物理存放单位）	河北省区域地质调查研究所
		数据库的用户群（若有多种用户群,按重要层次列出）	河北省地质矿产勘查开发局、地勘单位
		数据库应用状况描述	用于地质工作部署、矿政管理、地质项目立项等
		数据库存在的主要问题描述	图幅无法接边
		数据库其他情况描述	由于地质图空间数据库中包含有地理内容,其使用范围受限制,还无法向全社会提供公开服务。按标准图幅分幅管理
2	数据库管理系统运行环境	数据库运行的硬件环境（服务器设备、网络设备、其他设备）	数据库系统运行于单机计算机中,CPU 1.0GHz,1GB 内存,显示器分辨率为 1024×768
		数据库运行的操作系统（包括操作系统名称、版本）	Windows XP SP3
		使用的数据库系统（包括数据库系统名称、版本）	使用 ArcSDE 8.1,SQL Server 2000 SP2 及以上数据库
		与其他相关应用系统的关系	需要 ArcInfo 8.1 或 ArcEditor 8.1 及以上软件支撑
3	数据库管理系统体系结构	数据库管理系统的体系结构图（框图表示）	图 3-4
		数据库管理系统的高层流程图（高层数据流图、高层控制流图）	图 3-5
4	数据库管理系统功能	数据库管理系统的主要功能描述（逐一描述）	数据管理、图形浏览、空间查询、属性查询、查询元数据、帮助系统等
5	数据库概念模型	数据库概念模型（用 E-R 图描述）	无

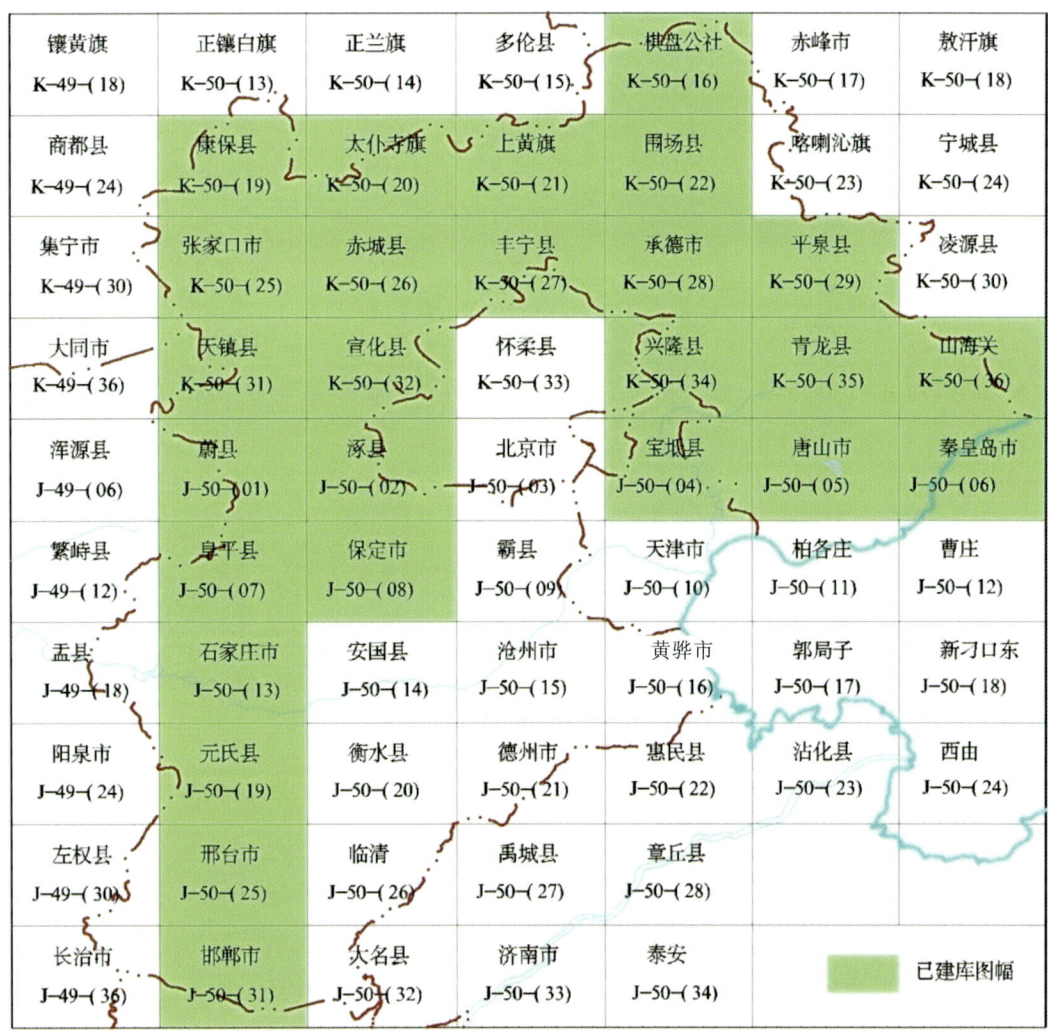

图 3-3　河北省 1∶20 万数字地质图空间数据库完成图幅分布情况示意图

三、管理系统概况

2002 年中国地质调查局发展研究中心在 ArcSDE 数据库建立的基础上,开发了 1∶20 万地质图空间数据库管理系统,该系统仅在数据综合阶段在其内部运行,未下发给省级地质调查院使用。该管理系统计算机网络环境,采用微软公司 Windows 系列的网络操作系统,选用 TCP/IP 网络协议,网络带宽为 100M 的星型拓扑结构的局域网。全国 1∶20 万数字地质图空间数据库产品发布网络拟采用光纤连接的千兆网。操作系统为 Windows 2000,1G 以上内存,客户端 ArcInfo 8.1 或 ArcEditor 8.1 及以上。

全国 1∶20 万数字地质图空间数据库管理系统采用 C/S 体系结构(图 3-5)。系统开发综合利用 GIS 技术、关系数据库管理系统(RDBMS)技术和计算机网络技术,采用 VBA 定制 ArcMap 的方法来实现系统功能。

1∶20 万数字地质图空间数据库管理系统可实现对 1∶20 万数字地质图空间数据库的数据管理、图形浏览、空间查询、属性查询、查询元数据及数据输出等功能,可以为地、物、化、遥多源信息综合和提取、基础地质调查、矿产资源评价检索出所需的 1∶20 万地质图数据。系统功能结构见图 3-4。

数据管理模块对 ArcSDE 数据库数据进行管理以及提供输入外部数据的接口,其基本功能包括添加数据、添加图层、删除图层、保存图层、图幅浏览、代码转换以及退出系统。

图形浏览功能模块是 GIS 软件图形显示的基本功能,其主要功能包括有放大、缩小、全屏显示、漫游、属性信息。

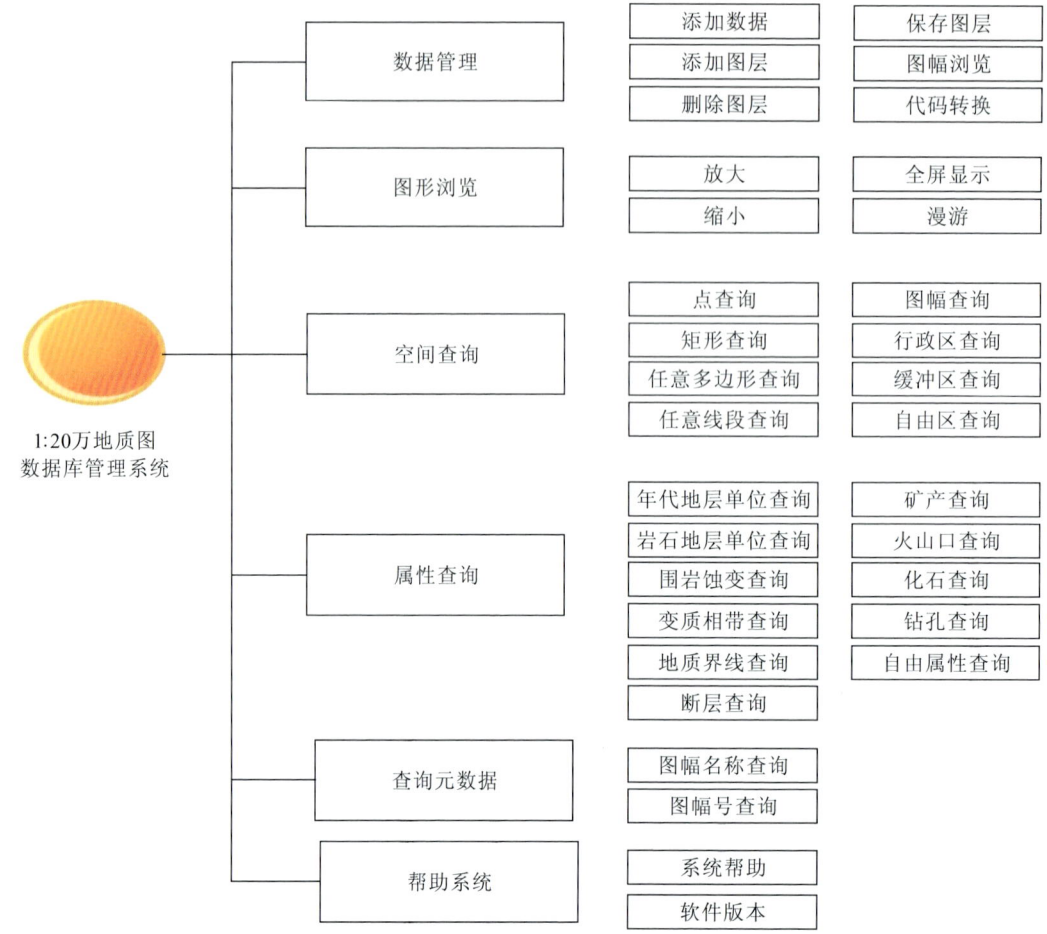

图 3-4　1∶20 万数字地质图空间数据库管理系统功能模块结构图

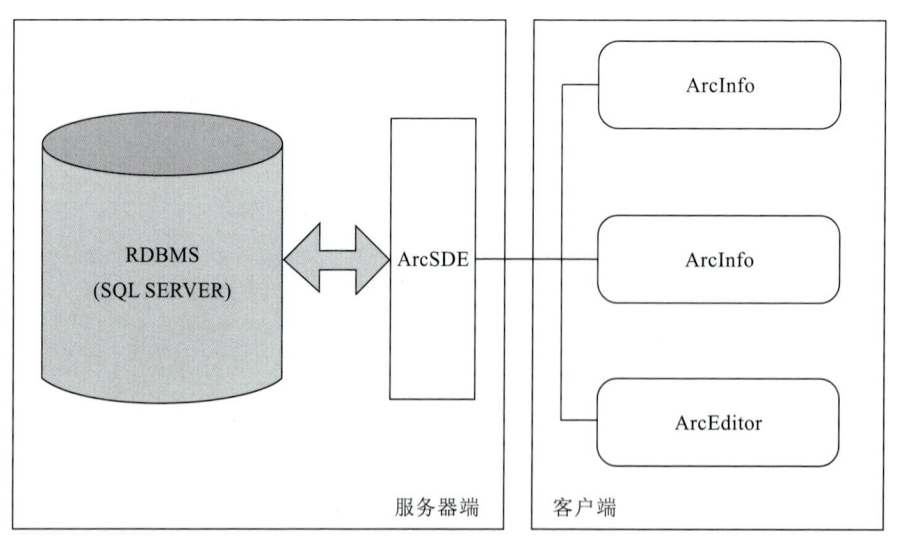

图 3-5　1∶20 万数字地质图空间数据库管理系统结构图

空间查询功能模块对图形要素的空间信息进行查询操作,系统根据用户定义的空间位置或范围来查询符合条件的空间要素,查询结果可以直接进行图形显示和以 ShapeFile 文件输出。包括点查询、矩形查询、任意多边形查询、任意线段查询、图幅查询、行政区查询、缓冲区查询、自由区查询。

属性查询功能根据用户给定的空间要素的属性条件进行查询检索,查询结果也可以直接进行图形显示和转存为 ShapeFile 文件输出。包括年代地层单位查询、岩石地层单位查询、围岩蚀变查询、变质相带查询、地质界线查询、断层查询、矿产查询、火山口查询、化石查询、钻孔查询和自由属性查询。

查询元数据功能提供对图幅名称以及图幅号两种方式的单幅1：20万地质图查询元数据功能；查询结果显示单幅地质图的基本标识信息、空间参考信息、数据采集信息以及该幅地质图的相关图层信息。

帮助系统能帮助用户正确使用全国1：20万数字地质图空间数据库管理系统以及提供给用户其他系统信息。

第三节 1：5万区域地质图空间数据库

一、总体情况

1：5万区域地质图空间数据库的建设是从2000年开始，由中国地质调查局立项，发展研究中心负责，各大区中心、各省（区、市）地质调查院、地勘（矿）局（厅）或地质调查信息工作部门参加。该项目是数字国土工程的重要项目之一，主要任务是针对20世纪60年代以来我国系统开展的1：5万区域地质调查工作所获取的海量基础地质成果资料，应用现代计算机技术、空间数据管理技术和信息共享技术，进行全面系统的数字化、汇总、建库和管理。

截至2012年，我国已经完成1：5万区域地质调查工作图幅约4600幅。从1999年度试点工作到2010年持续10多年的数据库建设工作，已经完成2719个标准图幅1：5万区域地质图空间数据库建设工作，数据量达850G，其中宁夏回族自治区、黑龙江省、海南省、西藏自治区回溯性1：5万区域地质图空间数据库建设工作已全部完成。通过数据库建设抢救了全国范围内1：5万区域地质调查成果资料，充实了我国基础地学数据库，实现了区域地质图信息化建设的目标。

全国1：5万区域地质图空间数据库建设，其目的在于一方面向社会各界提供易于使用的区域地质调查数字化成果及工作程度信息，以便于相关行业及工作对基础性地质资料和信息的充分利用，使区域地质调查资料更好地为国民经济发展和建设规划提供基础素材；另一方面向国家基础地学数据库提供基础数据源，完善国家基础数据库的建设，逐步实现数据信息资源共享的社会化服务，为国家有关部门和机构的战略决策以及相关企业发展服务。

二、河北省情况

河北省自1973年开展1：5万区域地质调查工作，截至2007年已完成（通过验收）199个图幅的地质填图工作，其中67个图幅已建立空间数据库（表3-5）。河北省1：5万区域地质图空间数据库现状情况见表3-6。

表3-5 河北省截至2007年已建1：5万地质图空间数据库情况表

序号	图幅名称	图幅编号	序号	图幅名称	图幅编号
1	骆驼场	K50E013010	35	滦河	K50E019015
2	万胜永	K50E014010	36	龙头山	K50E013015
3	司各庄	J50E005004	37	围场县	K50E013016
4	东团堡	J50E003004	38	皮匠营子	K50E014015
5	王安镇	J50E004004	39	四合永	K50E014016
6	紫荆关	J50E004005	40	茅荆坝底	K50E015017

续表 3-5

序号	图幅名称	图幅编号	序号	图幅名称	图幅编号
7	白涧	J50E003006	41	七家北半幅	K50E016017
8	龙门	J50E003005	42	榆关镇	J50E001022
9	三屯营	K50E023017	43	龙关	K50E020007
10	东荒峪	K50E023018	44	雕鄂堡	K50E020008
11	蓝旗营	K50E022017	45	后城	K50E020009
12	石人沟	K50E018013	46	乌良台	K50E019001
13	波罗诺	K50E018014	47	土木路	K50E018001
14	红旗	K50E018015	48	城子	K50E013013
15	山海关	K50E024023	49	半截塔	K50E013014
16	秦皇岛市	J50E001023	50	马道	K50E014013
17	留守营镇	J50E002022	51	郭家屯	K50E015013
18	下板城	K50E021019	52	北头营	K50E016013
19	峪儿崖	K50E022019	53	凤山	K50E017013
20	太平寨	K50E023019	54	太平庄	K50E017014
21	新拨	K50E011015	55	隆化县	K50E017015
22	于家店	K50E011016	56	韩麻营	K50E017016
23	棋盘山	K50E012015	57	大庙	K50E018016
24	朝阳湾	K50E012016	58	三沟	K50E018017
25	大巫岚	K50E022021	59	承德市	K50E019016
26	双山子	K50E023021	60	御甲营	K50E019017
27	森吉图	K50E013011	61	崇礼	K50E019006
28	大河西	K50E014011	62	菜村岗	J50E005003
29	达子营	K50E015011	63	赵川	K50E020006
30	上黄旗	K50E016011	64	常峪口	K50E020005
31	窄岭	K50E018012	65	前所	K50E024024
32	虎什哈	K50E019012	66	老龙头	J50E001024
33	小白旗	K50E019013	67	单庄	J50E002023
34	滦平县	K50E019014			

表 3－6　河北省 1∶5 万区域地质图空间数据库现状情况表

序号	现状大类	现状子类	填写现状内容
1	数据库基本情况	数据库名称	河北省 1∶5 万区域地质图空间数据库
		数据库主要内容	传统 1∶5 万地质图空间数据库和数字填图提交的 1∶5 万数字地质图
		数据库类型/形式（真正数据库、一般文件集合、数据库＋一般文件集合的混合形式或其他形式）	数据库＋一般文件集合的混合形式
		数据库主要格式	MapGIS
		数据库建库标准	《地质图空间数据库建设工作指南（2.0 版）》
		采用元数据标准	《地质信息元数据标准》（DD 2006—05）
		数据量	67 幅
		若为空间数据，其覆盖范围、比例尺、坐标参数（大地坐标系统、高程基准、地图椭球参数、地图投影类型）	覆盖河北省部分范围。提供北京 54、西安 80、经纬度等投影坐标系统，高程基准沿用原始图件，多为黄海高程基准
		数据密级（公开、秘密、机密、绝密）	机密
		数据库数据覆盖专业名称（若覆盖多种专业，则全部列出）	基础地质、GIS、矿产
		数据库建设起止时间、负责人及主要技术人员	2000—2007 年，项目负责人：苏灵芬
		数据库维护历史记录、负责人及主要技术人员	无
		数据库更新方式（突击式、日常式、从未更新）	无
		数据库数据或原始资料源头	1∶5 万区域地质调查成果、1∶5 万数字填图调查成果
		数据库管理具体单位（即归口管理单位）	河北省地质调查院
		数据库存放具体单位（即物理存放单位）	河北省区域地质调查研究所
		数据库的用户群（若有多种用户群，按重要层次列出）	各专业地质人员
		数据库应用状况描述	反映最新区域地质调查程度，应用普遍
		数据库存在的主要问题描述	
		数据库其他情况描述	
2	数据库管理系统运行环境	数据库运行的硬件环境（服务器设备、网络设备、其他设备）	微软 Windows 操作系统
		数据库运行的操作系统（包括操作系统名称、版本）	中地公司 MapGIS 6.7
		使用的数据库系统（包括数据库系统名称、版本）	无
		与其他相关应用系统的关系	无
3	数据库管理系统体系结构	数据库管理系统的体系结构图（框图表示）	无
		数据库管理系统的高层流程图（高层数据流图、高层控制流图）	无
4	数据库管理系统功能	数据库管理系统的主要功能描述（逐一描述）	无
5	数据库概念模型	数据库概念模型（用 E-R 图描述）	无

第四节 区域重力数据库

一、总体情况

2002年中国地质调查局建立的全国区域重力数据库，全面收集了原地质矿产部系统完成的区域重力调查数据，并全面按照《区域重力调查规范》的"五统一技术要求"[统一重力基本网(1985)、统一坐标系(北京54)和国家高程基准(1985)、统一正常重力场公式、统一地改半径、统一中间层密度]要求进行了数据整理、录入与100％质量检查。

项目组全面收集、整理了截至2001年我国原地质矿产部系统完成的1∶20万、1∶50万和1∶100万区域重力调查数据，共计255个1∶20万图幅的1∶20万数据、84个1∶50万图幅的1∶50万数据、27个1∶100万图幅的1∶100万数据；收集、整理了1999年以来"国土资源大调查"专项部署完成的青藏高原6个1∶100万图幅和遍布全国的78个1∶20万图幅的区域重力调查成果数据；及时将相关成果数据进行检查和整理入库。共计96.68万多个区域重力测量点数据，总数据量236.5MB。全国区域重力数据库包括重力基点网数据表、高程数据表、重力工区参数信息表、工区范围表、重力数据表等内容。

数据库制订和实施了严格的《区域重力数据库入库质量控制办法》，使入库数据的错误率小于万分之一。逐点检查了全国1km×1km节点高程数据库的数据，根据发现问题重新整理和全面录入了441个1∶10万图幅的高程数据；根据重力地形改正工作需求，收集与整理了我国西南地区及边境以外30km范围的1km×1km节点高程数据，通过空间无缝拼接形成了覆盖全国陆域和境外30km范围的1km×1km节点高程数据库。该高程数据库可以满足我国境内任一重力测点进行远区地形改正的需要，为对我国境内重力测量的地形改正工作提供了可靠的高程数据支持，且具有更广泛的重要实用价值。

全国区域重力数据库于2003年提交使用，该数据库建成以后，由中国地质调查局发展研究中心每年根据中国地质调查局对区域重力调查工作检查、验收进度，进行数据库数据更新、维护和提供利用。2004—2005年对全国区域重力数据库进行了维护和完善，2004年整理入库了完成验收的23幅1∶20万图幅及3幅1∶100万图幅区域重力调查成果数据约2万多个点。维护工作主要由中国地质调查局发展研究中心承担。

二、河北省情况

按全国统一要求，截至2007年，河北省优先在山区开展1∶20万的区域重力调查工作，工作精度较高，共完成27幅（棋盘山幅由地质矿产部第二综合物探大队完成），其中准平原地段3幅，河北省1∶20万区域重力调查工作程度见图3-6。

河北省地质调查院于2007年8月自中国地质调查局收集取得河北省域范围内1∶100万及1∶20万重力数据库文件。文件格式为Access 2000格式。1∶100万共包括河北省2680条重力数据，包括点经纬坐标、高程值、布格重力值等字段项。1∶20万共包括24 615条数据。字段与1∶100万相同。另外有管理系统一套。该数据库数据质量可靠，资料来源全面，数据较新，进行补充维护后可作为矿产资源评价的基础数据。

河北省区域重力数据库现状情况见表3-7。

三、管理系统概况

2006年，中国地质调查局发展研究中心在全国区域重力数据汇集和整理、数据库的建设和更新前提下，在"区域重磁数据库系统完善与推广"项目中，对原有过时的旧版本系统进行了改建，开发完成了适合我国基层地质单位技术特点的集数据可视化管理、数据整理、预处理和处理功能于一体的系统软件《区域重磁数据库信息系统 RGIS 2.0》。

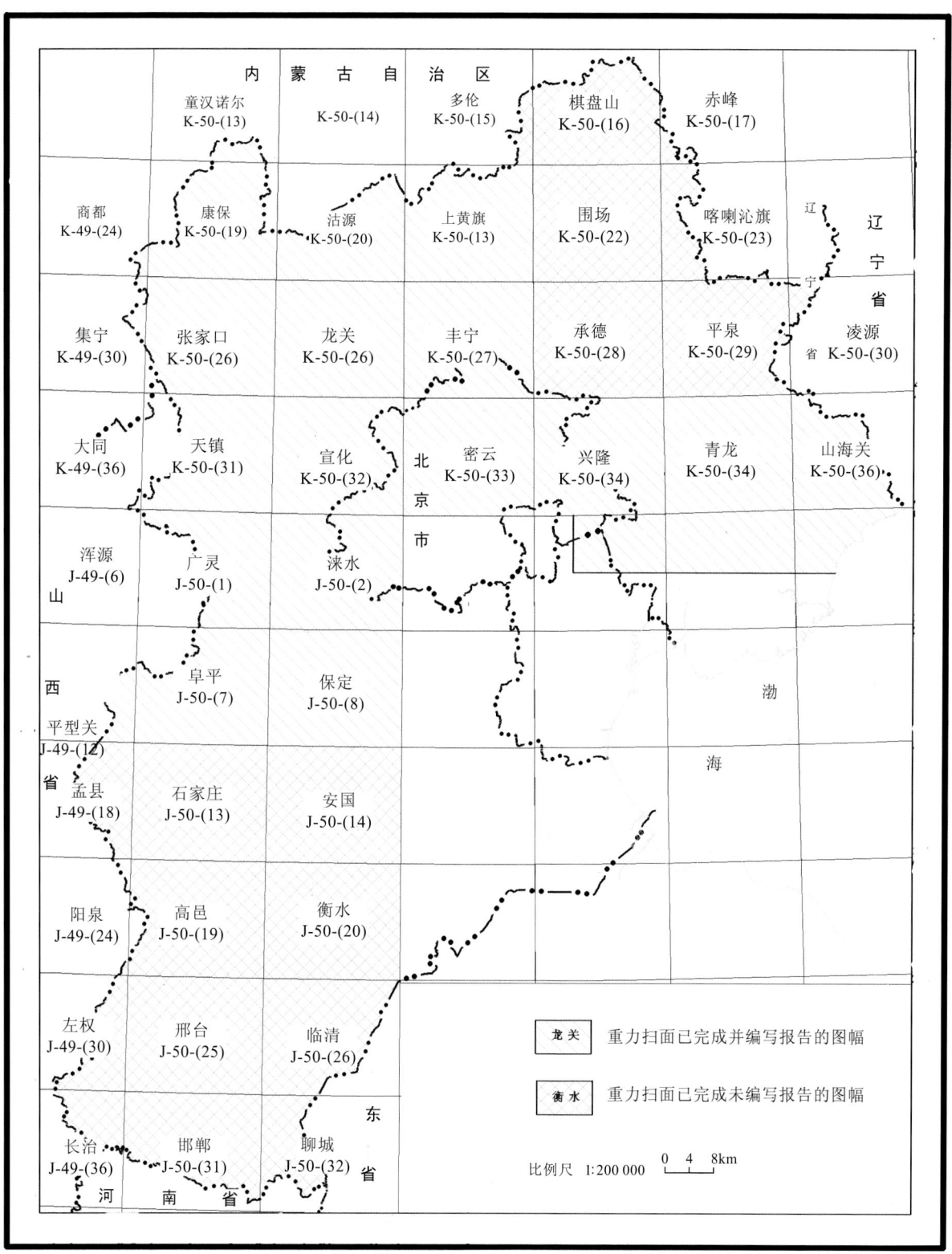

图 3-6 河北省 1∶20 万区域重力调查工作程度图

表 3-7 河北省区域重力数据库现状情况表

序号	现状大类	现状子类	填写现状内容
1	数据库基本情况	数据库名称	河北省区域重力数据库
		数据库主要内容	1:100万、1:20万区域重力数据资料
		数据库类型/形式(真正数据库、一般文件集合、数据库+一般文件集合的混合形式或其他形式)	关系型数据库
		数据库主要格式	MS Access 格式
		数据库建库标准	《区域重力数据库建设工作指南》
		采用元数据标准	《地质信息元数据标准》(DD 2006—05)
		数据量	1:100万包括2680条重力数据,1:20万共包括24 615条数据
		若为空间数据,其覆盖范围、比例尺、坐标参数(大地坐标系统、高程基准、地图椭球参数、地图投影类型)	覆盖河北省大部分区域,比例尺1:100万、1:20万,地理坐标系统
		数据密级(公开、秘密、机密、绝密)	绝密
		数据库数据覆盖专业名称(若覆盖多种专业,则全部列出)	重力专业
		数据库建设起止时间、负责人及主要技术人员	数据库建设起止时间:2000—2003年。由中国地质调查局发展研究中心及陕西第二物探大队完成
		数据库维护历史记录、负责人及主要技术人员	未维护
		数据库更新方式(突击式、日常式、从未更新)	从未更新
		数据库数据或原始资料源头	河北省范围实测数据
		数据库管理具体单位(即归口管理单位)	河北省地质调查院
		数据库存放具体单位(即物理存放单位)	河北省地质调查院,河北省地球物理勘查院
		数据库的用户群(若有多种用户群,按重要层次列出)	从事地质矿产勘查工作、地球物理勘查工作的行业部门
		数据库应用状况描述	用于地质工作部署、矿政管理、地质项目等
		数据库存在的主要问题描述	
		数据库其他情况描述	数据库还无法向全社会提供公开服务
2	数据库管理系统运行环境	数据库运行的硬件环境(服务器设备、网络设备、其他设备)	CPU 1.0GHz,1GB 内存,显示器分辨率为1024×768
		数据库运行的操作系统(包括操作系统名称、版本)	MS Windows XP 或 Windows 7
		使用的数据库系统(包括数据库系统名称、版本)	MS Access 2000
		与其他相关应用系统的关系	可提取高程用于地形图的绘制
3	数据库管理系统体系结构	数据库管理系统的体系结构图(框图表示)	无
		数据库管理系统的高层流程图(高层数据流图、高层控制流图)	无
4	数据库管理系统功能	数据库管理系统的主要功能描述(逐一描述)	具有数据入库、数据查询、专题图制作、数据输出及数据库维护等功能
5	数据库概念模型	数据概念模型(用E-R图描述)	无

该软件系统可作为重力数据处理规范软件使用,主要使用对象是从事重磁数据管理人员、数据加工处理及解释人员等。主要用于数据管理、数据提取、数据处理和处理成果数据的存储。

全国区域重磁数据库管理软件系统(RGIS 2.0系统),基于《区域重力调查规范》(DZ/T 0082—2006)、微机Windows 2000/XP操作系统,采用MapGIS和MapInfo二次开发技术和Visual C++、Visual Basic、Fortran等混合语言编程技术,研发了集重磁电数据可视化管理、数据预处理、处理和正反演解释与GIS图表图形图像制作及空间分析等功能为一体的具有MapGIS和MapInfo两种GIS平台版本的RGIS系统软件。具有"数据质量检查、重力数据整理、数据入库与管理、数据预处理、数据处理、规范与专题制图、GIS数据导入转出"七大项功能,具有自主版权、功能齐全的基于Windows平台与GIS技术的重力数据可视化管理、规范化整理、大数据量处理的软件系统。主要功能特点包括:

(1)数据库可视化管理与维护。主要包括重力、航磁与地磁数据库管理与维护,可以管理地质图、矿产、化探等数据,显示所有测点数据的空间位置及属性,或者可视化地检索与提取数据。

(2)重力数据规范化整理。实现了野外实测重力数据的各项整理,包括测点重力值(含固体潮)计算、3项外部改正(高度改正、中间层改正、正常重力场改正)、地形改正、布格异常计算、均衡异常计算和自由空间异常计算等。

(3)磁测数据预处理。主要包括磁力仪噪声试验、观测误差计算、磁测数据日变改正、正常场改正、高度改正、地磁要素计算等。

(4)数据处理。主要包括重磁数据坐标转换、网格化、网格文件计算、测量空区填补与复原、网格数据扩边以及利用数据库数据和平面数据切取剖面数据等。系统集成了正则化滤波、补偿圆滑滤波、滑动平均、趋势分析方法模块,用于重磁异常的滤波处理和重磁异常的分离。系统的回归分析和相关分析模块,用于研究重磁场及相关物理量之间的相互关系。系统提供了中高纬度磁异常化极、低纬度化极和变纬度化极计算功能。空间域转换处理模块包括向上延拓、向下延拓、水平一阶导数、水平二阶导数、垂向一阶导数、垂向二阶导数计算,以及基于等效源理论的曲化平功能模块。频率域转换处理模块包括向上延拓、向下延拓、水平方向导数(一阶及二阶导数)、垂向导数(一阶及二阶导数)、任意方向任意阶导数、水平总梯度、解析信号计算功能模块。

(5)重、磁、电方法正反演解释。重磁方面,RGIS系统研发集成了2.5维单重、单磁或重磁剖面联合反演、三维密度界面和磁性界面反演、三维重磁异常人机交互正反演、三维重磁异常自动反演和单点、剖面或三维磁源深度计算等正反演解释模块。电法和电磁法方面,RGIS系统提供了一维电阻率极化率测深正反演,二维电阻率极化率剖面和测深人机交互正反演,二维电阻率极化率剖面和测深自动反演、二维MT反演,一维TEM正反演,2.5维TEM正反演,二维电阻率地形改正等模块。

(6)图件制作。系统具备地质图空间数据及其他空间点位数据的导入、注册与可视化管理功能。可以通过GIS交换格式导入与管理地质图、磁测数据、化探数据、矿产地数据等,实现与重力数据类似的其他专业空间数据网格化、数据处理、等值线图绘制以及不同应用目的、不同展示效果,如彩色灰度阴影图、彩色三维图、统计图等。可以完成布格重力异常图、测点分布图、实际材料图、磁异常等值线图及平剖图、重磁解释成果图及多专业叠合的综合图件制作。

第五节 航磁数据库

一、总体情况

航磁数据库由中国国土资源航空物探遥感中心于2002年开始建设,主要是中国国土资源航空遥感中心及省航测队的航磁模拟资料数字化和建库(省级航磁数据库)。全国已完成航磁数据整理,数据库目前可提供全国2km×2km的网格数据,对局部地区可以提供1km×1km的网格数据。全国航磁数据库汇集了航空磁测数据和相关信息,主要内容包括坐标数据参数、磁力值、航磁工区参数信息等。航磁工区参数包括磁测工作区有关工作单位、时间、设备、飞行高度、测量精度等信息。

二、河北省情况

河北省航磁工作程度已覆盖了河北省全部范围,见图3-7。

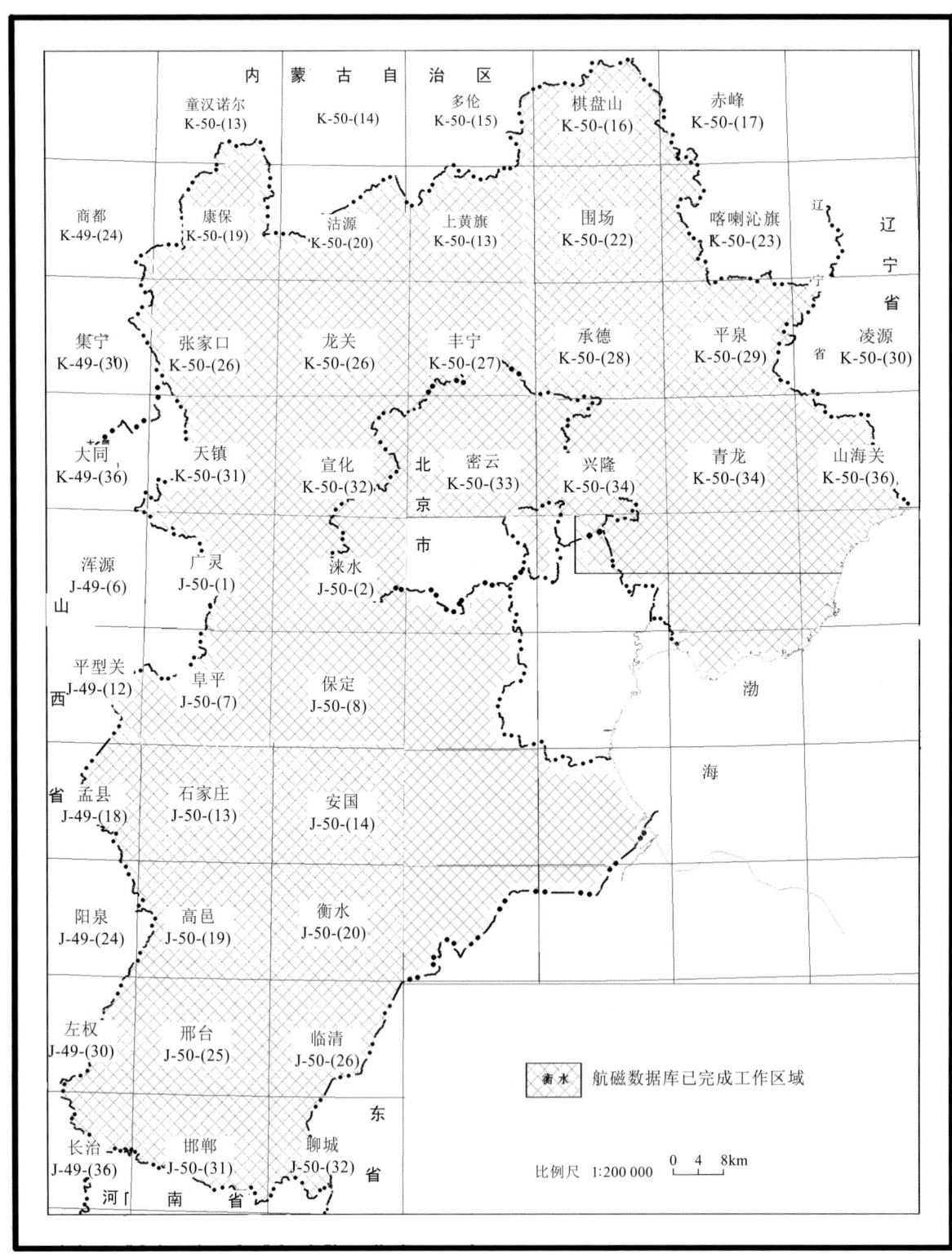

图3-7 河北省航磁工作程度图

河北省地质调查院于 2007 年 8 月自国土资源部航遥中心收集省域内航磁数据库。数据库共包括河北省全省范围（包含北京天津）航磁数据。数据文件内容包括网格数据及剖面数据两种。数据格式为航磁数据库内部建库格式，数据后缀为 XYZ，其中网格数据间隔为 2km×2km，剖面数据包括 22 条。数据量合计 204m。河北省航磁数据库现状情况见表 3-8。

表 3-8 河北省航磁数据库现状情况表

序号	现状大类	现状子类	填写现状内容
1	数据库基本情况	数据库名称	河北省航磁数据库
		数据库主要内容	2km×2km 的网格数据，对局部地区可以提供 1km×1km 的网格数据
		数据库类型/形式（真正数据库、一般文件集合、数据库＋一般文件集合的混合形式或其他形式）	其他形式
		数据库主要格式	XYZ 格式
		数据库建库标准	《航空磁测技术规范》(DZ/T 0142—94)《航磁数据库建库指南》
		采用元数据标准	《地质信息元数据标准》(DD 2006—05)
		数据量	剖面数据 22 条
		若为空间数据，其覆盖范围、比例尺、坐标参数（大地坐标系统、高程基准、地图椭球参数、地图投影类型）	覆盖河北省全区，地理坐标系统，国家 85 高程基准
		数据库密级（公开、秘密、机密、绝密）	秘密
		数据库数据覆盖专业名称（若覆盖多种专业，则全部列出）	物探专业
		数据库建设起止时间、负责人及主要技术人员	由中国航空物探遥感中心提供数据表
		数据库维护历史记录、负责人及主要技术人员	未维护
		数据库更新方式（突击式、日常式、从未更新）	从未更新
		数据库数据或原始资料源头	实测数据
		数据库管理具体单位（即归口管理单位）	河北省地质调查院
		数据库存放具体单位（即物理存放单位）	河北省地质调查院、河北省地球物理勘查院
		数据库的用户群（若有多种用户群，按重要层次列出）	河北省地质矿产勘查开发局、物探勘查应用单位
		数据库应用状况描述	间接或直接利用该数据库
		数据库存在的主要问题描述	
		数据库其他情况描述	只有数据表及说明，需专用软件进行分析
2	数据库管理系统运行环境	数据库运行的硬件环境（服务器设备、网络设备、其他设备）	CPU 1.0GHz，1GB 内存，显示器分辨率为 1024×768
		数据库运行的操作系统（包括操作系统名称、版本）	MS Windows XP
		使用的数据库系统（包括数据库系统名称、版本）	Access 97、MS Excel 2000
		与其他相关应用系统的关系	
3	数据库管理系统体系结构	数据库管理系统的体系结构图（框图表示）	图 3-8
		数据库管理系统的高层流程图（高层数据流图、高层控制流图）	图 3-9
4	数据库管理系统功能	数据库管理系统的主要功能描述（逐一描述）	可实现数据管理检索查询：任意图元、标准图幅、屏幕方式、键盘输入、坐标文件输入及全区等检索。实现各类常规数据处理与分析
5	数据库概念模型	数据库概念模型（用 E-R 图描述）	图 3-10

该数据库数据质量可靠,资料来源全面,数据较新,进行补充维护后可作为矿产资源评价的基础数据。

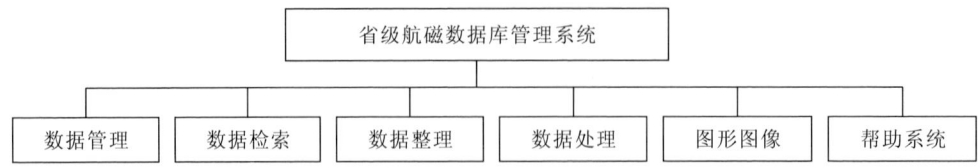

图 3-8 航磁数据库管理系统结构示意图

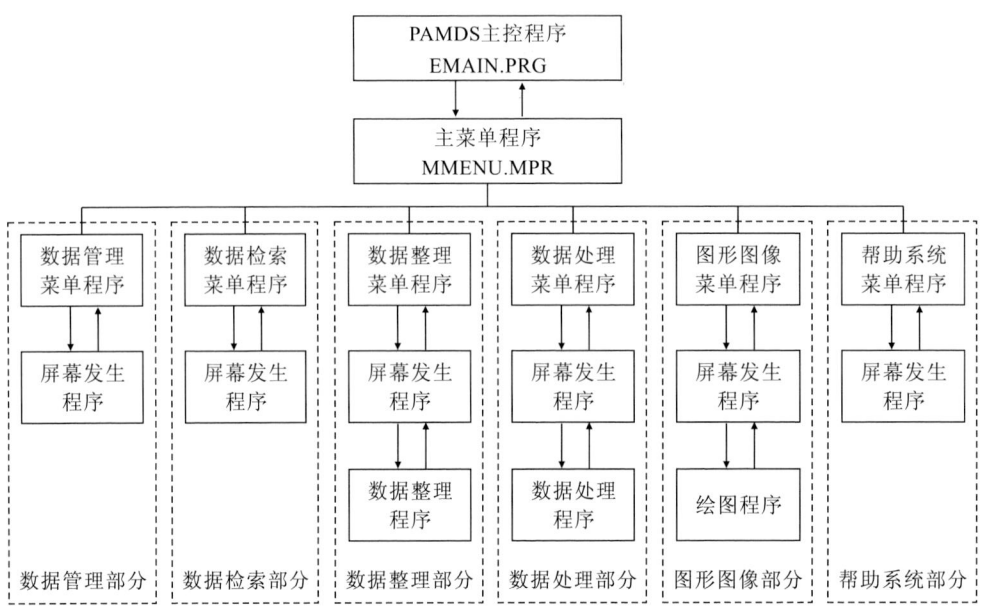

图 3-9 航磁数据库管理系统高级流程图

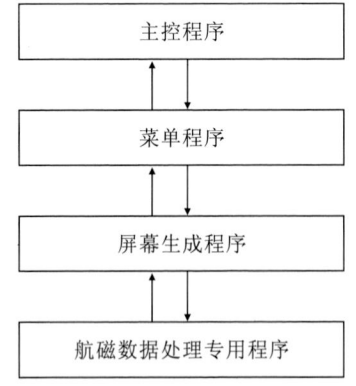

图 3-10 航磁数据库概念模型 $E-R$ 图

三、管理系统概况

与区域重力数据库使用的全国区域重磁数据库管理软件系统(RGIS 2.0)一致。

第六节 1∶20万区域地球化学数据库

一、总体情况

全国区域地球化学数据库建设，在中国地质调查局、各省（区、市）国土资源厅（局）、地勘局、地调院及有关单位的大力支持下，历时4年，于2005年按计划圆满完成了任务。项目首次汇集了全国28个省（区、市）的1∶20万和1∶50万区域化探39种元素和氧化物的测试数据，共计数据点142万个，近5540万个数据，涉及1∶20万图幅1299个，1∶50万图幅18个。

项目开展过程中，针对全国650万余平方千米海量地球化学数据中存在的省、图幅、分析单位和年代及方法技术等存在系统偏差，采用多元地学数据管理与分析系统GeoExpl进行处理，形成了一套完整的全国区域地球化学数据汇集、整理、建库、系列编图的方法技术和流程。

研制开发了基于客户/服务器、GIS和大型数据库（MS SQL Sever）的全国区域地球化学数据管理信息系统，首次将汇集的数据建立了全国区域地球化学数据库，总数据量近1GB。采用以原始分析数据为数据源，编制了39种元素及氧化物的全国地球化学系列图（1∶500万）及图集（1∶1200万）。编制的地球化学图，充分展示了我国不同地质背景反映的地球化学规律，对矿产资源调查评价宏观决策、全国基础地质研究、地质环境评价以及地球化学数据的公益性社会化服务具有重要意义。

二、河北省情况

河北省区域地球化学数据库是在中国地质调查局统一领导下，在河北省20世纪80年代完成的1∶20万区域化探扫面的基础上，由河北省地球物理勘查院负责建设，自2001年开始，于2005年完成并提交中国地质调查局汇总。本次工作共包括河北省域内1∶20万图幅26幅，分布情况见图3-11。

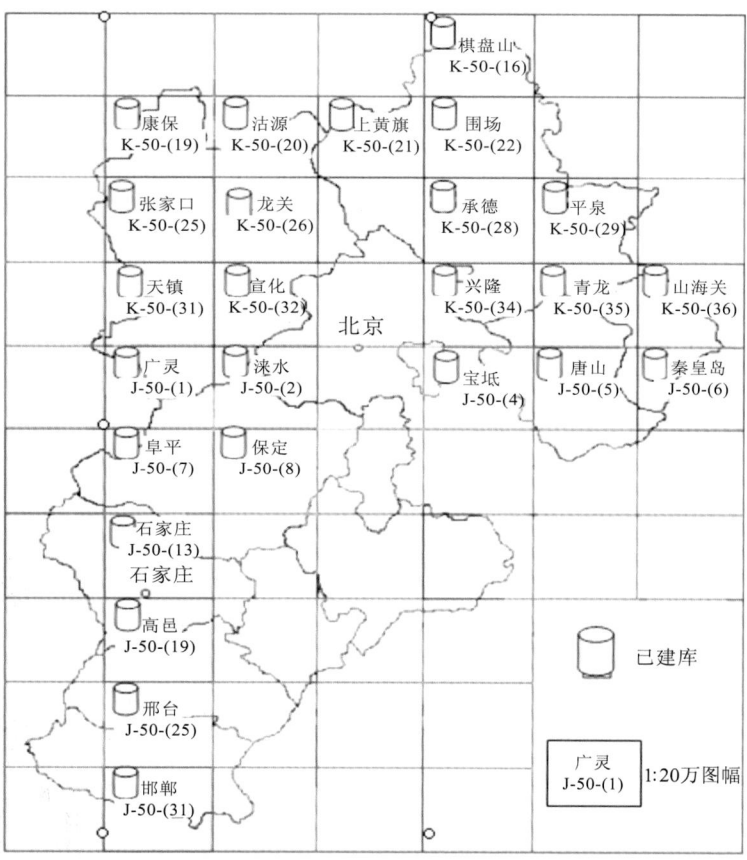

图3-11 河北省区域地球化学数据库完成图幅情况

2007年8月,河北省地质调查院自中国地质调查局收集到河北省域内所有区域地球化学数据库数据(包含部分邻省接边数据)。本次收集的河北省区域地球化学数据库汇集了2002年以前,全省1:20万35幅水系沉积物样品数据,共包括39个元素化学测试数据,记录26 087条。按新的工作指南进行补充维护后可作为矿产资源评价的基础数据。河北省1:20万区域地球化学数据库现状情况见表3-9。

表3-9 河北省1:20万区域地球化学数据库现状情况表

序号	现状大类	现状子类	填写现状内容
1	数据库基本情况	数据库名称	河北省1:20万区域地球化学数据库
		数据库主要内容	数据内容包含:纬度、经度、图幅编号、样品号、分析序号、地层编号、各元素项等
		数据库类型/形式(真正数据库、一般文件集合、数据库+一般文件集合的混合形式或其他形式)	真正数据库
		数据库主要格式	MS Access 97格式
		数据库建库标准	
		采用元数据标准	《地质信息元数据标准》(DD 2006—05)
		数据量	35幅,26 087条记录
		若为空间数据,其覆盖范围、比例尺、坐标参数(大地坐标系统、高程基准、地图椭球参数、地图投影类型)	覆盖范围包括河北省全境,比例尺1:20万,投影平面直角、地理坐标系统2套数据
		数据密级(公开、秘密、机密、绝密)	秘密
		数据库数据覆盖专业名称(若覆盖多种专业,则全部列出)	地球化学专业
		数据库建设起止时间、负责人及主要技术人员	2001—2004年,河北省负责人:董杰
		数据库维护历史记录、负责人及主要技术人员	
		数据库更新方式(突击式、日常式、从未更新)	从未更新
		数据库数据或原始资料源头	根据河北省1:20万区域地球化学成果报告分析表
		数据库管理具体单位(即归口管理单位)	河北省地质调查院
		数据库存放具体单位(即物理存放单位)	河北省地质调查院、河北省地球物理勘查院
		数据库的用户群(若有多种用户群,按重要层次列出)	河北省地质矿产勘查开发局、各地质勘查单位
		数据库应用状况描述	主要为地质立项及找矿勘查提供信息,并为基础地质、区域地质、地球化学、成矿规律与成矿预测、环境地质与环境保护等科学领域提供基础地球化学资料
		数据库存在的主要问题描述	数据库中未包括后期新开展的化探资料
		数据库其他情况描述	化探数据库还无法向全社会提供公开服务
2	数据库管理系统运行环境	数据库运行的硬件环境(服务器设备、网络设备、其他设备)	CPU 1.0GHz,1GB内存,显示器分辨率为1024×768
		数据库运行的操作系统(包括操作系统名称、版本)	MS Windows XP或Windows 7
		使用的数据库系统(包括数据库系统名称、版本)	Ms Access 2003、区域地球化学管理系统GeoMDIS 2008
		与其他相关应用系统的关系	
3	数据库管理系统体系结构	数据库管理系统的体系结构图(框图表示)	图3-12
		数据库管理系统的高层流程图(高层数据流图、高层控制流图)	
4	数据库管理系统功能	数据库管理系统的主要功能描述(逐一描述)	基础数据库管理、图形数据库管理、数据检索、数据处理分析、二维空间分析、剖面数据分析、用户地图编辑、浏览与表达、帮助系统
5	数据库概念模型	数据库概念模型(用E-R图描述)	图3-13仅有一个关系型数据库二维表,主要列出采样点位经纬度、39项元素(氧化物)分析测试值

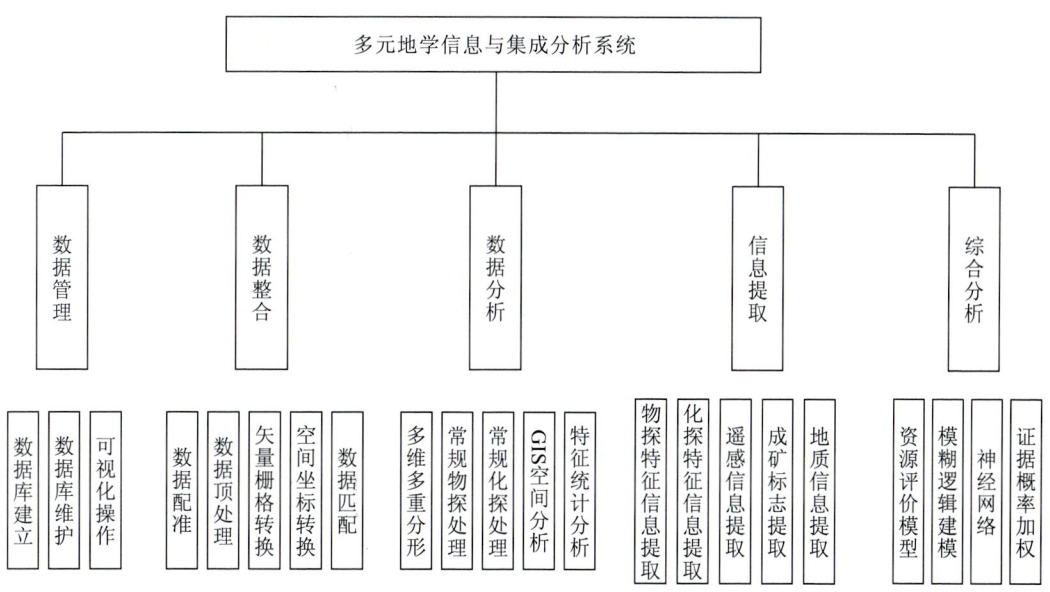

图 3-12　多元地学信息集成分析系统体系结构图

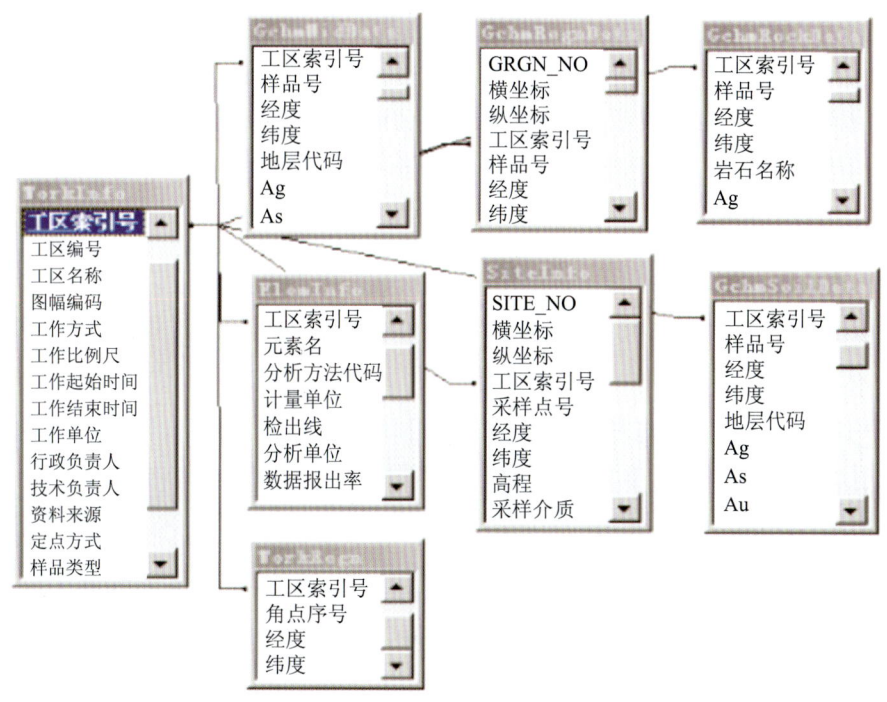

图 3-13　区域地球化学数据库概念模型图

三、管理系统概况

GeoMDIS 数据入库平台是中国地质调查局推广的区域地球化学数据管理信息系统 GeoMDIS，现最新版本为 GeoMDIS 多目标版，该系统是中国地质调查局发展研究中心研制开发的具有自主版权的基于 GIS 的应用型软件系统，是以区域地球化学空间数据管理为基础，开发的一套专业软件系统。GeoMDIS 采用了以 GIS 构件为基础的开发模式，是在 Windows 操作平台下，结合可视化编程语言和面向对象的数据管理结构，集区域地理、地质、区域地球化学、多目标地球化学等信息的管理、处理、分析、转换、成图等为一体的专业化软件系统。该系统是单机版,操作系统采用 MS Windows XP 以上,内存 2G 以上。安装计算机最低要求为:CPU 为 2GHz,双核以上,内存 2G 以上。可导出 Access 数据库及表,主要有样品号、数据点坐标及元素分析值等。

GeoExpl:区域地球化学数据库管理系统经过建立、演化,逐渐与数据处理等应用功能统一到多元地学空间数据管理与分析系统(GeoExpl)框架内。"多元地学空间数据管理与分析系统 GeoExpl"是为适应计算机技术和 GIS 技术飞速发展以及地质调查的需要而产生的,其以中国地质调查局 2003 年"物化遥综合解释系统完善与推广"项目为依托,由发展研究中心研制承担,在"物化探(遥感)综合基础信息系统(PCR/GIS)"的基础上扩充开发完善,于 2005 年正式推出,面向全国地勘单位推广使用。实现了大量勘查数据的计算机化管理,数据处理和多元地学数据的综合分析及综合应用,提高了我国资源勘查中勘查技术资料的综合解释能力,推动了我国地学数据分析与处理的信息化、科学化和现代化建设。

"多元地学空间数据管理与分析系统(GeoExpl)"集地质、矿产、地球化学、地球物理等多源地学数据的综合管理、处理、分析以及综合评价等为一体,功能强大齐全,操作方便,是国内首屈一指的具有独特的专业化特点的 GIS 软件。该软件被授予计算机软件著作权 1 项,登记号 2005SR04101。系统界面见图 3-14,功能特点包括:

(1)基于 GIS 图形数据与专题数据库及属性数据的一体化管理。有利于迅速高效地检索、浏览、存储和处理数据,实现数据操作的可视化。

(2)管理区域性重力、航磁、地面磁法、地球化学数据及相关的数据资料等,同时可对与综合应用有关的矿产地数据信息进行管理,用户可便捷扩充数据库结构,增加不同类型的地学数据库。

(3)任意图层多模式检索查询与投影。实现了任意图元、标准图幅、屏幕方式(矩形、多边形、折线、点域)、键盘输入、坐标文件输入及全省等检索、投影一体化操作(提供 16 种常用地理坐标的变换)。

(4)工程化的系统管理模式,实现了以空间区域特点的地学数据库和应用工作区的管理特点。

(5)涵盖物探和化探各类常规数据处理与分析,包括多元统计,异常分析,重、磁延拓,位场转换,模拟等。

(6)常规的 GIS 空间分析功能及综合预测空间分析功能,实现利用地、物、化探及矿产等数据的矿产资源、环境等多目标的综合预测分析。

(7)地图制作与输出:网格(离散)数据等值线、平剖图、剖面图、剖析图、符号图、统计图及图饰图例制作等。

图 3-14　多元地学空间数据管理与分析系统 GeoExpl 主界面

第七节 1∶25万遥感影像图数据库

一、总体情况

遥感影像图数据库由中国国土资源航空物探遥感中心于2002年承担建设,于2005年完成并提供使用。数据由陆地卫星ETM图像制成,时间跨度5年。地理信息采自1∶5万~1∶10万地形图,三色合成、色彩鲜艳、地学信息丰富,图件按国家标准1∶25万分幅编制,基本上能满足本次工作需要。此外,主要对重点地区进一步补充其他卫星遥感和航空遥感数据,弥补原有数据的不足,可为多学科、多专业提供地质和资源等信息支持。

二、河北省情况

河北省自中国国土资源航空遥感中心收集到本数据库。数据包括:14景ETM卫星原始数据,数据时相为1999—2003年。河北省所有1∶25万图幅ETM影像图校正数据22幅,影像格式分别为TIFF及BMP格式,数据量8.76G。

1∶25万标准分幅遥感影像图由中国国土资源航空物探遥感中心编制,影像图采用1∶10万地形图对TM数据进行校正,统一使用7、4、1波段组合,1954年北京坐标系,1956年黄海高程系。数据库文件包内各文件格式见表3-10。

表3-10 1∶25万标准分幅影像数据库文件格式说明

数据项名称	说明
AutoCAD DWG 文件	1∶25万标准分幅遥感影像图工程文件
PCIDSK 文件	影像数据工程文件
TIFF	原始影像数据和标准分幅遥感影像图
BMP	校正影像数据
txt	数据库信息说明

河北省1∶25万ETM影像图数据库图幅情况见表3-11。河北省1∶25万遥感影像数据库现状情况见表3-12。

表3-11 河北省1∶25万ETM影像图数据库图幅情况一览表

序号	图幅号	序号	图幅号	序号	图幅号	序号	图幅号
1	J49c002004	7	J50c001004	13	J50c004001	19	K50c004001
2	J49c003004	8	J50c002001	14	K50c002003	20	K50c004002
3	J49c004004	9	J50c002002	15	K50c003001	21	K50c004003
4	J50c001001	10	J50c002003	16	K50c003002	22	K50c004004
5	J50c001002	11	J50c003001	17	K50c003003		
6	J50c001003	12	J50c003002	18	K50c003004		

表 3-12 1∶25 万遥感影像图数据库现状情况表

序号	现状大类	现状子类	填写现状内容
1	数据库基本情况	数据库名称	1∶25 万遥感影像图数据库
		数据库主要内容	29 幅 1∶25 万遥感影像图
		数据库类型/形式(真正数据库、一般文件集合、数据库＋一般文件集合的混合形式或其他形式)	一般文件集合
		数据库主要格式	AutoCAD、TIFF 格式
		数据库建库标准	遥感影像处理相关技术标准
		采用元数据标准	无
		数据量	覆盖河北全省 22 幅的 1∶25 万遥感影像图及 14 景 ETM 数据
		若为空间数据,其覆盖范围、比例尺、坐标参数(大地坐标系统、高程基准、地图椭球参数、地图投影类型)	覆盖河北省省域范围,1∶25 万,1954 年北京坐标系,1956 年黄海高程系,克拉索夫斯基椭球,高斯-克吕格投影
		数据密级(公开、秘密、机密、绝密)	秘密
		数据库数据覆盖专业名称(若覆盖多种专业,则全部列出)	地质矿产、水文工程、环境工程
		数据库建设起止时间、负责人及主要技术人员	2002—2005 年
		数据库维护历史记录、负责人及主要技术人员	未维护
		数据库更新方式(突击式、日常式、从未更新)	从未更新
		数据库数据或原始资料源头	中国航空物探遥感中心
		数据库管理具体单位(即归口管理单位)	河北省地质调查院
		数据库存放具体单位(即物理存放单位)	河北省地质调查院、河北遥感中心
		数据库的用户群(若有多种用户群,按重要层次列出)	河北省地质矿产勘查开发局、遥感调查应用单位
		数据库应用状况描述	应用于需要遥感解译工作内容的各类地质矿产勘查或水文工程环境项目
		数据库存在的主要问题描述	影像图时相较旧
		数据库其他情况描述	
2	数据库管理系统运行环境	数据库运行的硬件环境(服务器设备、网络设备、其他设备)	CPU 1.0GHz,1GB 内存,显示器分辨率为 1024×768
		数据库运行的操作系统(包括操作系统名称、版本)	MS Windows XP 或 Windows 7
		使用的数据库系统(包括数据库系统名称、版本)	无
		与其他相关应用系统的关系	无
3	数据库管理系统体系结构	数据库管理系统的体系结构图(框图表示)	无
		数据库管理系统的高层流程图(高层数据流图、高层控制流图)	无
4	数据库管理系统功能	数据库管理系统的主要功能描述(逐一描述)	文件管理
5	数据库概念模型	数据库概念模型(用 E-R 图描述)	无

三、管理系统概况

遥感影像数据库采用文件集合形式进行存储、管理，不同于其他关系型、空间型数据库。数据直接利用 Windows 文件级别管理方式，无专门管理系统。目前国内外进行遥感数据处理的软件众多，如 ERDAS IMAGINE、ENVI、PCI 等通用遥感影像处理软件。现对国内自主研发的 2 款遥感图像软件作如下介绍。

1. 遥感图像数据处理系统（RSMAP）

2002 年，中国国土资源航空物探遥感中心开发研制出遥感图像处理软件（RSMAP），它是一种数据库管理模式下的图形编辑图像处理综合系统。系统具有矢量图形编辑、图像增强处理、多波段图像处理分析、数据融合、图像数字镶嵌、图像几何校正、图像分类处理、图像三维立体显示、地理制图等图像处理分析功能，能够进行遥感图像地理图幅查询、视反射率图像生成、人工光源遥感图像生成、矿化蚀变遥感异常信息提取、影像地质图制作、标准地理分幅遥感影像图制作等方面图像处理。

2. 遥感信息提取辅助图像处理系统（RSIE）

遥感信息提取辅助图像处理系统（RSIE）是有色金属矿产地质调查中心北京资源勘查技术中心（原遥感中心）于 2004 年自主开发研制的一套用于遥感信息提取和多元数据综合处理的系统。该系统充分总结了国内外遥感地质找矿方法、效果以及有色遥感地质找矿经验，在遥感信息提取的方法技术研究上，解决了一系列技术关键问题，研制了一套将常规的图像处理技术与多元数据分析、模式识别（分类）、图像掩模等技术相结合的"遥感信息多层次分离提取技术"以及多元数据综合处理技术，形成了一套有效的技术方法流程。

第八节 1∶20 万自然重砂数据库

一、总体情况

1∶20 万自然重砂数据库建设是国土资源大调查数字国土工程的一项重要基础性研究工作，主要任务是在已有资料的基础上，收集整理我国 1∶20 万自然重砂测量工作所有原始数据资料，研究确定数据库结构，确定建库技术方法和技术流程，在试点的基础上，完善《自然重砂数据库建设工作指南》，按照统一标准和要求，建立全国 1∶20 万自然重砂数据库，为基础地质研究、矿产资源评价提供信息，为进一步开展该项工作提供技术基础。

该项目由中国地质调查局发展研究中心牵头组织实施，全国 27 个省（区、市）地质调查院参加，历时 6 年，于 2006 年完成。全面系统收集整理了全国 27 个单位 1∶20 万区域地质调查和部分 1∶20 万区域化探测量工作中所采集的自然重砂原始样品分析鉴定资料，资料截止时间为 1999 年。按照统一标准建成了全国 1∶20 万自然重砂数据库，涉及除港、澳、台外的 1053 个 1∶20 万图幅，29 个省（区、市），覆盖全国陆地面积约 71%。入库的自然重砂样品点 1 944 190 个，总计 20 003 868 件自然重砂鉴定数据，总数据量达 9.4GB。

全国 1∶20 万自然重砂数据库提供原地矿系统区域地质调查所形成的自然重砂数据信息，包括图幅基本信息数据文件、样品基本信息数据文件、重砂鉴定结果数据文件、重砂鉴定结果不定量值的表示方法和量化值的数据文件，并分别按全国、省、单图幅建库，分级建立了全国、数据生产单位、1∶20 万单图幅元数据库。

从资料二次开发利用角度，建立了反映重砂异常来源的全国 1∶25 万汇水盆地数据库，每个汇水盆地控制面积 10~25km^2，总数据量为 1.2GB，为自然重砂数据的综合应用、重砂矿物异常寻找矿产资源、研究自然重砂矿物分布与可能物源区关系提供了基础数据，也为诸如地球化学分析数据的合理应用提供了基础资料。形成了完善的《自然重砂数据库建设工作指南》和具有地质调查特点的数据采集、综合处理技术方法及流程;形成了一套比较完善的数据库生产质量管理体系和一系列具体的管理措施与办法。

1:20万自然重砂数据库建设是地质数据库体系的重要组成,自然重砂矿物信息可完全应用于矿产资源潜力评价工作,为相应矿产预测提供了直接找矿信息。

二、河北省情况

1:20万自然重砂数据库(河北)项目自1999年10月启动,由河北省区域地质调查研究所负责建设,数据库主要工作内容是以1:20万自然重砂区域测量工作所取得自然重砂数据为工作基础,按照《1:20万自然重砂数据库建设工作指南》和《数字地质图空间数据库建设工作指南(2.0)版》为标准进行数据库建设。2004年12月完成了河北省1:20万重砂数据采集26个图幅建设工作并提交全国汇总,河北省共采集入库样品个数47 258,样品鉴定个数163 682。河北省自然重砂数据库完成情况见表3－13,数据库现状情况见表3－14。

2007年,河北省地质调查院自中国地质调查局收集包括河北省省域范围数据42幅。数据库格式为Access 2000文件,数据存放为一个1:20万图幅对应一个Access 2000文件。另外包括于2007年3月自验收会议上取得的1:25万汇水盆地数据库(MapGIS格式)一个、元数据一个及其应用管理系统软件。

表3－13　河北省完成自然重砂工作程度一览表

序号	项目名称	比例尺	完成时间(年)	完成单位	原档资料存放	数据及成果报告收集程度	数据建库情况
1	康保	1:20万	1979	区调队	区调所	收集	已建库
2	太仆寺旗	1:20万	1979	区调队	区调所	收集	已建库
3	张家口	1:20万	1967	区调队	区调所	收集	已建库
4	赤城	1:20万	1965	区调队	区调所	收集	已建库
5	天镇	1:20万	1970	区调队	区调所	收集	已建库
6	宣化	1:20万	1971	区调队	区调所	收集	已建库
7	棋盘山	1:20万	1979	区调队	区调所	收集	已建库
8	上黄旗	1:20万	1975	区调队	区调所	收集	已建库
9	围场	1:20万	1977	区调队	区调所	收集	已建库
10	丰宁	1:20万	1973	区调队	区调所	收集	已建库
11	承德	1:20万	1975	区调队	区调所	收集	已建库
12	宝坻	1:20万	1966	区调队	区调所	收集	已建库
13	保定	1:20万	1965	区调队	区调所	收集	已建库
14	石家庄	1:20万	1965	区调队	区调所	收集	已建库
15	平泉	1:20万	1976	区调队	区调所	收集	已建库
16	兴隆	1:20万	1966	区调队	区调所	收集	已建库
17	青龙	1:20万	1970	区调队	区调所	收集	已建库
18	山海关	1:20万	1974	区调队	区调所	收集	已建库
19	秦皇岛	1:20万	1974	区调队	区调所	收集	已建库
20	蔚县	1:20万	1966	区调队	区调所	收集	已建库
21	涿县	1:20万	1966	区调队	区调所	收集	已建库
22	元氏	1:20万	1968	区调队	区调所	收集	已建库
23	邢台	1:20万	1968	区调队	区调所	收集	已建库
24	唐山	1:20万	1977	区调队	区调所	收集	已建库
25	阜平	1:20万	1966	区调队	区调所	收集	已建库
26	邯郸	1:5万	1984	区调队	区调所	收集	已建库

表 3-14 河北省 1∶20 万自然重砂数据库现状情况表

序号	现状大类	现状子类	填写现状内容
1	数据库基本情况	数据库名称	河北省 1∶20 万自然重砂数据库
		数据库主要内容	主要包括样品基本信息数据和重砂鉴定结果数据。包括 1∶20 万图幅基本信息数据、样品基本信息数据、重砂鉴定结果数据、图幅样品鉴定结果不定量值的表示方法和量化值的数据及派生的自然重砂点位属性数据
		数据库类型/形式（真正数据库、一般文件集合、数据库＋一般文件集合的混合形式或其他形式）	真正数据库
		数据库主要格式	MS Access 格式
		数据库建库标准	全国自然重砂数据库工作指南
		采用元数据标准	《地质信息元数据标准》（DD 2006—05）
		数据量	1∶20 万图幅 26 幅，采集入库样品个数 47 258，样品鉴定个数 163 682
		若为空间数据，其覆盖范围、比例尺、坐标参数（大地坐标系统、高程基准、地图椭球参数、地图投影类型）	覆盖河北省大部分地区（平原区除外）；比例尺 1∶20 万，1954 年北京坐标系，1956 年黄海高程系，克拉索夫斯基椭球，高斯-克吕格投影，地理坐标系
		数据密级（公开、秘密、机密、绝密）	秘密
		数据库数据覆盖专业名称（若覆盖多种专业，则全部列出）	自然重砂专业
		数据库建设起止时间、负责人及主要技术人员	2000—2004 年。负责人：张大可；主要技术人员：田粉英
		数据库维护历史记录、负责人及主要技术人员	
		数据库更新方式（突击式、日常式、从未更新）	从未更新
		数据库数据或原始资料源头	根据河北省 1∶20 万区域地球化学成果报告、1∶20 自然重砂成果报告等
		数据库管理具体单位（即归口管理单位）	河北省地质调查院
		数据库存放具体单位（即物理存放单位）	河北省地质调查院、河北省区域地质调查研究所
		数据库的用户群（若有多种用户群，按重要层次列出）	从事地质矿产勘查工作的行业部门
		数据库应用状况描述	用于地质勘查工作、矿产资源潜力评价、项目立项等
		数据库存在的主要问题描述	因所用原始采样图件较老，图形可能存在变形情况，影响到样品坐标精度
		数据库其他情况描述	
2	数据库管理系统运行环境	数据库运行的硬件环境（服务器设备、网络设备、其他设备）	数据库系统运行于单机计算机中
		数据库运行的操作系统（包括操作系统名称、版本）	Microsoft Windows 2000/XP
		使用的数据库系统（包括数据库系统名称、版本）	SQL Server 2000，MS Access 2000
		与其他相关应用系统的关系	利用 Access 软件对数据库进行数据管理，利用 MapGIS 软件和 Arc/Info 软件对系统中的图形数据进行数据管理。图形数据库支撑软件：MapGIS 6.0 以上版本、Arc/Info 8.0 以上版本
3	数据库管理系统体系结构	数据库管理系统的体系结构图（框图表示）	见图 3-15
		数据库管理系统的高层流程图（高层数据流图、高层控制流图）	无
4	数据库管理系统功能	数据库管理系统的主要功能描述（逐一描述）	管理系统提供查询、导出功能，根据统一编号进行查询；可以从数据库中导出点位图、有无图、八卦图的数据
5	数据库概念模型	数据库概念模型（用 E-R 图描述）	见图 3-16

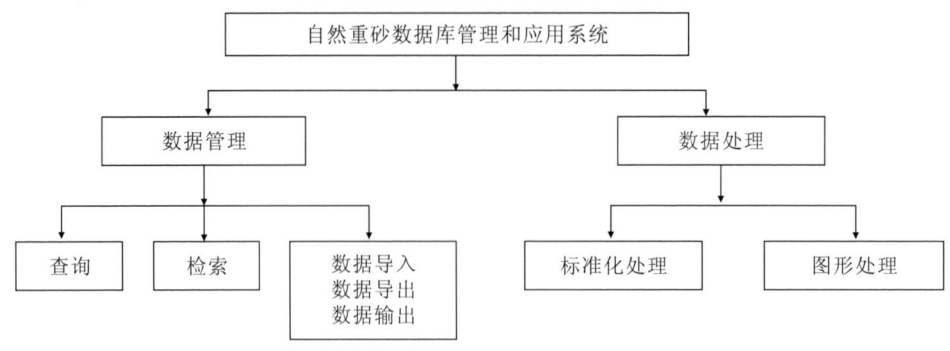

图 3-15 重砂数据库管理系统的体系结构图

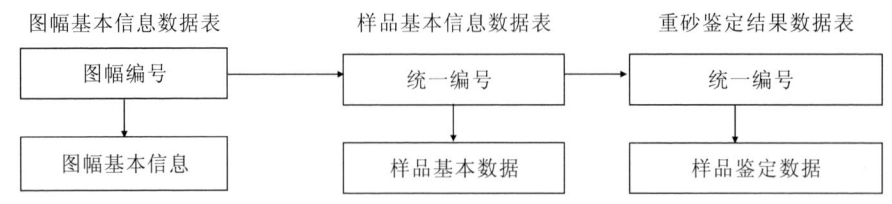

图 3-16 重砂数据库概念模型

三、管理系统概况

自然重砂数据库系统是在全国自然重砂数据库成果的基础上,由中国地质调查局研制的一套用于全国自然重砂数据的管理、查询检索与应用的综合性软件系统,自然重砂数据库系统版本最新为ZSAPS 2.0,数据库系统为 MS Access MDB、MS SQL Server,应用系统与数据库分离。该系统是集重砂、岩石、地理、地质、矿产信息管理、分析、处理、转换、成图为一体的专业软件系统。软件基于 MapGIS 6.X 平台,可运行于 XP 以上等操作平台。

系统的研制和开发,首次实现了自然重砂数据的计算机化管理和应用。系统提供的数据导入、导出、录入、用户管理等功能可以为后续数据库的维护与管理提供有效工具;提供了各种专业图形处理、表达手段,包括数据初始化、数据评估、数据标准化、异常计算、图形处理、异常处理等,方便灵活,易于专业人员操作;系统开发过程中实现了海量离散数据的快速检索,实现了空间数据与非空间数据共存的技术方法,解决了一对多关系表的空间数据属性查询表达问题。

全国自然重砂数据库系统提供按各级行政区划(最小行政区划为县)、各种比例尺标准图幅(1:25万、1:20万、1:5万)、任意范围、缓冲区等多种空间数据查询,可以根据单矿物名、组合矿物、矿物含量值或含量区间值等实现属性查询。在传统重砂应用表达研究的基础上,系统提供各种专业图形处理、表达手段,包括数据统计、数据标准化、异常计算、图形表达、异常处理等,提供等值线图、矿物分布图(可按不同含量级别)、条形图、八卦图等常规重砂矿物异常表示方法。

自然重砂数据库系统主要有以下几个功能模块。

MapGIS 工程管理:可以将各种比例尺的地质图空间数据库、汇水盆地数据库等 MapGIS 格式文件加入应用工程中,并对其进行管理。

数据库管理:主要包括系统用户管理、用户权限管理、矿物代码管理、数据库导入导出。

数据查询:提供多边形、缓冲区、标准图幅、行政区划、键盘输入坐标、用户文件等空间方式及按矿物代码和含量等属性方式查询。

数据处理:对重砂鉴定结果进行统一量化,生成矿物点位图,并按矿物含量进行数据分布检验,按矿物含量成生分级图、八卦图、条形图,结合汇水盆地标识重砂异常。

图形编辑:对生成的图形进行编辑与整饰。

系统配置:对系统运行的一些参数及环境进行配置。

窗口管理:对系统窗口布局进行管理。

第九节 矿产地数据库

一、总体情况

"全国矿产地数据库建设"项目是中国地质调查局下达的国土资源大调查项目。该项目于1999年启动,由发展研究中心负责,各省(区、市)地质调查院参加,2002年各省地质调查院提交成果,2003年和2004年对矿产地数据库进行了维护,分别提交了成果,2004年发展研究中心对全国分省建立的矿产地数据库进行了综合整理。全国原工业部门等有关地勘单位的矿产地数据库建设工作自2001年开始,由发展研究中心负责,中国有色金属矿产地质调查中心、中国冶金地质勘查工程总局、中国核工业地质局、中国煤田地质总局、中国建材工业地质勘查中心、中国明达化工矿业总公司、武警黄金指挥部参加,2003年完成了相关矿种的矿产地数据库数据采集和数据库建设工作。2005年中国地质调查局设立项目,对上述建立了两个矿产地数据库进行综合,建立了完整、权威的全国矿产地数据库。

项目全面收集、整理了我国原行业部门的矿产勘查资料,首次建立了质量可靠的全国矿产地空间数据库。全面系统地收集了我国原工业部门完成的固体矿产,固体能源矿产,化工原料非金属矿产,建筑材料非金属等特大、大、中、小型矿产地和矿点及矿化点资料,资料截止时间为2000年,数据量涵盖全国行业部门完成的192个矿种(组)共计9129个矿产地。在数据库建设过程中,把数据质量视作数据库的生命,数据采集和录入、数据质量检查、数据逻辑机检、全国汇总等各个环节,都制定和采取了严格的措施监控数据质量,保证了数据库的可靠性、准确性、权威性。截至目前更新矿产地数据15 134套,矿产地总数数据达到48 049套。总数据量5GB,其中属性数据量约100MB,另有大量矿区图形数据。属性数据中矿产地基本信息记录数48 049个,矿区地质情况记录数37 215个,矿体特征记录数35 847个,煤层特征记录数4527个,主要采煤层记录数2978个,勘查区(井田)资源量记录数2996个,矿产储量记录数29 347个,选矿试验记录数8060个,开采技术条件记录数16 159个,矿床技术经济评价记录数6441个,矿产勘查工作概况记录数38 374个,另有大量图形数据(3364张图件)。

全国矿产地数据库主要包括矿产地基本情况等11个表的数据,它们分别为:矿产地基本情况、矿区地质情况、矿体特征、煤矿产特征、主要可采煤层特征、勘查区(井田)资源量、矿产储量、选矿试验、开采技术条件、矿床技术经济评价、矿产勘查工作概况。

全国矿产地数据库资料收集齐全、数据规范、技术先进、质量监控措施完备、数据质量可靠,数据库应用系统功能完备、性能稳定、实用性强。为了保证数据的可靠性、准确性、权威性,在建库工作过程中,对数据质量采取严格的质量监控措施,保证了数据库的质量。该成果受到广泛关注,并将成果反馈给冶金、有色、武警、建材等行业系统以及中国地质调查局各大区地质调查中心使用。

全国矿产地数据建库工作的完成,对我国的固体矿产地进行了全面系统的整理和建库,实现了方便快捷的查询检索。该数据库的完成有助于摸清我国资源家底,为进一步做好资源潜力评价和矿产资源预测提供了基础数据。

二、河北省情况

全国矿产地数据库(河北部分)自1999年在中国地质调查局统一领导部署下开始建设,2000年通过评审验收,数据库的建设是根据《全国矿产地数据库建设工作指南》的要求进行的。河北省共填卡和录入全省566处大、中、小型矿产地数据以及92处位于河北省重要成矿区带内的矿点数据;扫描、修整、录入了河北省10个典型矿床经过适当简化的大比例尺矿床地质图和重要剖面图计82张。

河北省矿产地数据库自2000年建成后,在中国地质调查局"地学数据库系统维护与管理"项目统一安排下,2001—2003年期间,每年进行维护,共计进行了3次基本维护工作。编制年度维护设计及维护报告。通过中国地质调查局发展研究中心审查验收。

2001年新增入库矿产地16处,共入库582处大、中、小型矿产地数据。

2002年根据任务书要求,对河北省矿产地数据库进行了例行维护工作,对数据进行了检查修改,未增加新的矿产地内容。

2003年新增入库矿产地49处,矿点5处。由于部分报告处于保护期,因此入库矿产地字段内容缺失较多,入库内容只包含矿产地编号、矿产地名称、矿种、提交报告名称等信息,其他内容只能待保护期之后再作补充,需要继续对其进行维护更新。合计总入库矿产地达631处,矿点97处。

2005年8月—2006年5月,中国地质调查局发展研究中心委托国土资源部实物地质资料中心开展全国矿产地集成维护工作,将地矿系统所建的全国矿产地数据库与全国原工业部门等有关地勘单位所建的矿产地数据库进行综合,建立完整、权威的全国矿产地数据库。

河北省地质调查院于2007年自中国地质调查局收集获得了集成后的河北省矿产地数据库,包括数据库文件(Access 2000格式)一个,应用管理系统一个,附图54张(JPG格式),元数据一个。

数据库文件为Access 2000格式,内容包括地矿系统建立的713个矿产地、矿点数据及行业部门建立的312个矿产地,合计矿产地数量1025个。

应用管理系统为全国矿产地数据库管理系统,利用ESRI MapObjects进行开发,版本1.0,可直接安装使用。

元数据文件为Access 2000格式,包括单位发行情况表、非空间数据表等8张表格。附图中共有54张矿区图,与河北省矿产地报告中所称扫描入库82张附图有出入。

该数据库数据质量可靠,但只收集了2000年前地矿系统发现的各类矿(点)床,需进行补充维护方可为矿产资源评价服务。

河北省矿产地数据库现状情况见表3-15。

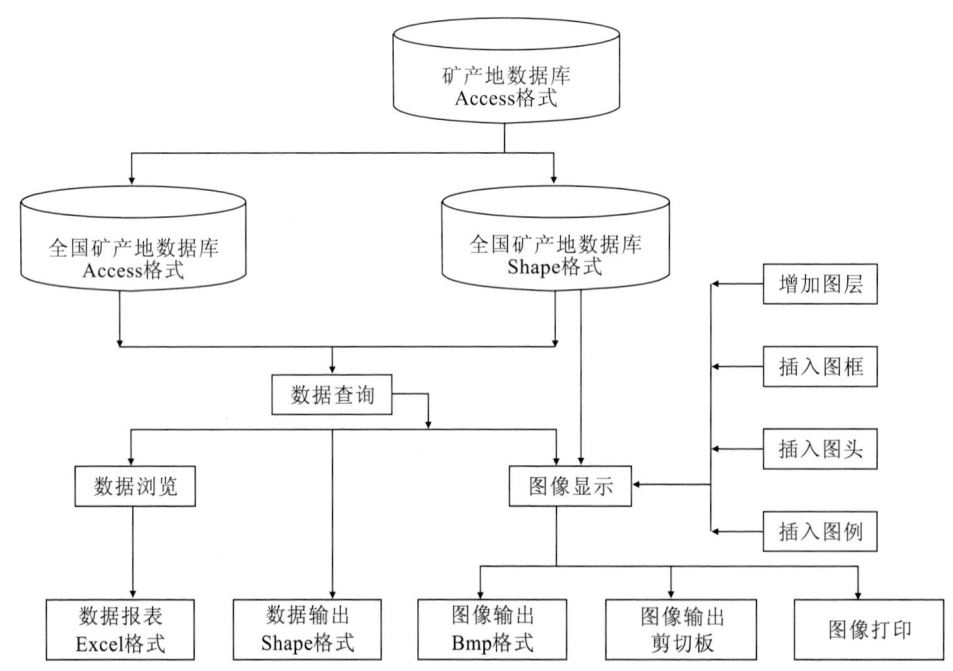

图3-17 矿产地数据库管理系统功能结构

三、管理系统概况

全国矿产地数据库管理系统(KCD 1.0)是由中国地质调查局发展研究中心开发的功能齐全、实用性强的数据库应用系统,全国矿产地数据库管理系统利用MapObjects 2.2和Microsoft Visual Basic 6.0开发,脱离GIS平台,适用于Windows 2000/XP操作系统。技术先进适用、功能齐全、性能稳定。主要包括

表 3-15 河北省矿产地数据库现状情况表

序号	现状大类	现状子类	填写现状内容
1	数据库基本情况	数据库名称	河北省矿产地数据库
		数据库主要内容	每个矿产地的资料分别由"矿产地基本情况、矿区地质情况、矿体特征、煤矿产特征、主要可采煤层特征、勘查区(井田)资源量、矿产储量、选矿试验、开采技术条件、矿床技术经济评价、矿产勘查工作概况"11个表来描述入库。内容包括地矿系统建立的 713 个矿产地、矿点数据及行业部门建立的 312 个矿产地,合计矿产地数量 1025 个
		数据库类型/形式(真正数据库、一般文件集合、数据库＋一般文件集合的混合形式或其他形式)	真正数据库
		数据库主要格式	MS Access 2000
		数据库建库标准	《矿产地数据库建设工作指南》(2001 年 6 月试用版)
		采用元数据标准	《地质信息元数据标准》(DD 2006—05)
		数据量	矿产地 1025 个
		若为空间数据,其覆盖范围、比例尺、坐标参数(大地坐标系统、高程基准、地图椭球参数、地图投影类型)	主要位于河北省域内,覆盖范围:经度 113°00′—120°00′,纬度 36°00′—43°00′。北京 54 坐标系
		数据密级(公开、秘密、机密、绝密)	秘密
		数据库数据覆盖专业名称(若覆盖多种专业,则全部列出)	矿产地质
		数据库建设起止时间、负责人及主要技术人员	1999—2000 年,负责人:劳晓光
		数据库维护历史记录、负责人及主要技术人员	2001—2004 年进行过部分维护。负责人:劳晓光;主要技术人员:王庆民
		数据库更新方式(突击式、日常式、从未更新)	日常式
		数据库数据或原始资料源头	河北省地质资料馆藏的矿产资源勘查报告资料,河北省矿产储量表
		数据库管理具体单位(即归口管理单位)	河北省地质调查院
		数据库存放具体单位(即物理存放单位)	河北省地质调查院
		数据库的用户群(若有多种用户群,按重要层次列出)	河北省地质矿产勘查开发局下属各地勘单位
		数据库应用状况描述	各地质勘查单位的项目立项、设计、施工、成果报告编写工作中
		数据库存在的主要问题描述	由于数据资料截止于 2000 年,数据库中未包括后期新发现的矿产地资料;库中个别矿产地坐标不准确,还存在矿产地重复状况,矿产地储量单位不统一
		数据库其他情况描述	图形属性数据文件以 DBF 文件格式存储;数字化的图件以 MapGIS 格式存储,扫描的图像文件以 TIFF、JPEG 的栅格文件存储
2	数据库管理系统运行环境	数据库运行的硬件环境(服务器设备、网络设备、其他设备)	CPU 1.0GHz,1GB 内存,显示器分辨率为 1024×768 的个人计算机
		数据库运行的操作系统(包括操作系统名称、版本)	Windowsxp,Office 2003,MapGIS 6.7
		使用的数据库系统(包括数据库系统名称、版本)	MS Access 2000
		与其他相关应用系统的关系	系统在 Arcview 软件下进行的二次开发
3	数据库管理系统体系结构	数据库管理系统的体系结构图(框图表示)	图 3-17
		数据库管理系统的高层流程图(高层数据流图、高层控制流图)	
4	数据库管理系统功能	数据库管理系统的主要功能描述(逐一描述)	数据管理、数据查询、检索、编辑维护、空间分析和输出等功能
5	数据库概念模型	数据库概念模型(用 E-R 图描述)	图 3-18

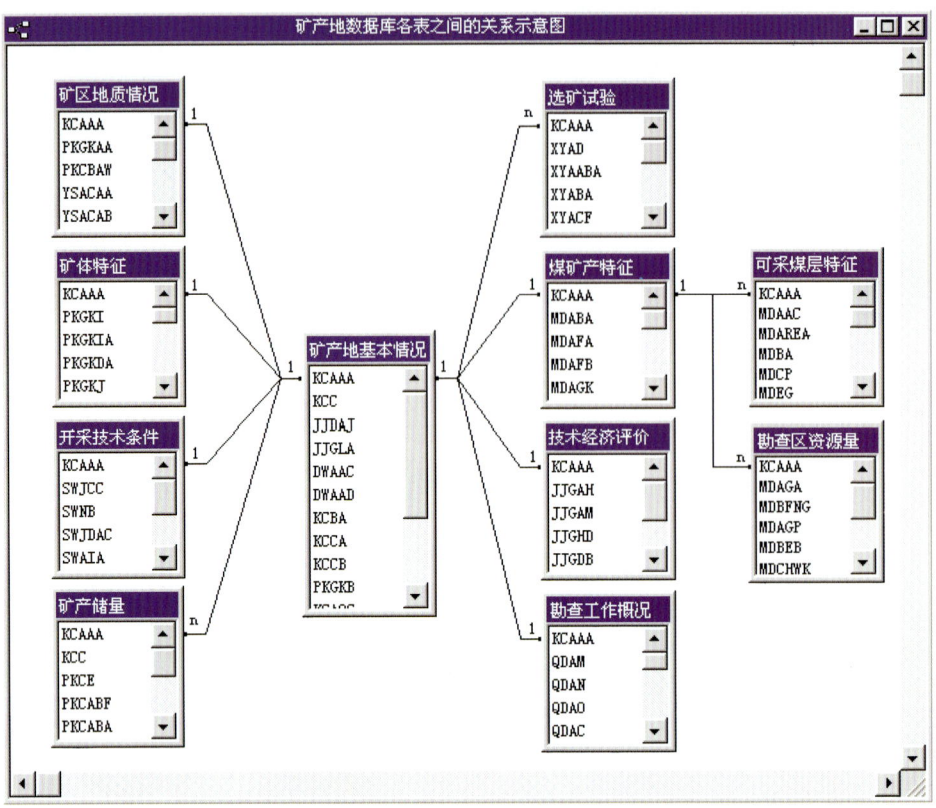

图 3-18　矿产地数据库概念模型图

数据管理、数据查询、数据维护、数据检查、数据输出、空间分析、多媒体演示和系统帮助等模块,是集数据源与应用为一体,空间数据与非空间数据库共存,实现对矿产地数据库进行数据管理、数据查询、检索、编辑维护、空间分析、数据统计、数据输出及图形自动形成等多功能的数据库管理应用系统,极大地提高了数据库的信息服务和应用功能,能够满足管理部门和科研人员对矿产地数据管理和查询的基本需要。系统主界面见图 3-19。

图 3-19　矿产地数据库管理系统主界面图

第十节 地质工作程度数据库

一、总体情况

全国地质工作程度数据库于2001年正式启动,到2004年6月完成,由中国地质调查局发展研究中心承担,组织全国31个省(区、市)、有色、冶金、煤炭、核工业、建材、化工、武警黄金指挥部、中国老科协地矿分会和中国国土资源航空物探遥感中心等40多个省部市级单位参加,共765人次参加数据库建设工作,历时三年半。较全面系统地收集和整理了全国20世纪的地质成果资料,根据《全国地质工作程度数据库建设工作指南》首次建立了目前国内数据最多、包含地质专业种类最全、覆盖范围最大的全国地质工作程度数据库。包括地质工作程度面元矢量数据94 699条,包含区域地质调查、地球物理勘查、地球化学勘查、矿产勘查、水文地质调查、工程地质调查和环境地质调查等8类地质工作;矿产地点元矢量数据56 802条,涵盖有色金属、黑色金属、贵金属、稀有稀土金属、能源、非金属和水气矿产等13个矿种系列;矿区实物工作量关系型数据137 248条,涉及钻探、槽探、坑探等矿区主要实物工作量;数据库总数据量达580MB。数据资料收集时间跨度大(1903—2000年底),涵盖范围广[全国31个省(区、市)]。

全国地质工作程度数据库结构合理、内容适用齐全。为充分表达地质工作程度的空间分布和工作内容,按地质工作的性质和比例尺,建立了132个空间数据图层;按工作简况、项目成果、资料保存等,设置了31项属性数据项;按矿产种类建立了13个矿产地空间数据图层,并设置了反映矿产地的矿种、规模等内容的11项属性数据项。

项目编制了全国地质工作程度图集,包含150张图,直观全面地反映了我国地质工作的主要内容,图面表达清晰,并有简洁的文字说明,方便各层次用户需求。

该数据库的完成对于政府宏观决策,推进地矿行政规范管理、科学部署地质工作、组织实施地质项目、实现地质成果资料共享等具有十分重要的意义。该成果在全国地质行业已得到广泛应用,在国土资源部组织的关于加强地质工作的决定起草工作中,提供了有力支持;在全国矿产资源潜力分析和勘查规划的编写过程中发挥了重要作用。该项目成果为全国矿产资源潜力评价工作、《全国地质勘查工作"十一五"规划》和全国各省地质勘查"十一五"规划编制工作、中国地质调查局组织编制的《地质矿产保障工程总体方案和实施方案》以及"战略性矿产远景调查"专项等提供了大量数据支撑工作。

二、河北省情况

全国地质工作程度数据库(河北部分)于2001年在中国地质调查局发展研究中心统一领导下开始建设,河北省地质调查院负责收集河北省内1949—2000年间,由河北省原属地矿系统的单位在河北省或外省进行和完成的各类地质工作成果资料,也包括保管和保存的其他单位在河北省所做的各项地质工作成果资料,开展数据库建设工作。本次工作共计收集成果资料3243档,填写属性卡片3511张,矿产地卡片1442张,主要工作量在河北省地质资料馆收集完成。于2003年初完成并提交中国地质调查局发展研究中心验收汇总。

2007年,河北省地质调查院自中国地质调查局收集到全国整合后的河北省省域数据,收集的河北省地质工作程度数据库共包括Access 2000格式数据库文件一个,数据库管理系统两个(基于MapGIS及MapObjects)。数据库内容包括地质数据记录3412个,矿产地数据1403个。数据资料截止到2000年底。

全国地质工作程度数据库(河北部分),自2003年完成省级验收,2004年完成全国汇总后,一直未进行过更新维护工作。2001—2006年底开展的地质工作未纳入数据库,急需开展维护工作。

河北省地质工作程度数据库现状情况见表3-16。

表 3–16　河北省地质工作程度数据库现状情况表

序号	现状大类	现状子类	填写现状内容
1	数据库基本情况	数据库名称	河北省地质工作程度数据库
		数据库主要内容	数据库内容区域性基础属性、矿产地属性记录、矿区工作情况等
		数据库类型/形式（真正数据库、一般文件集合、数据库＋一般文件集合的混合形式或其他形式）	真正数据库
		数据库主要格式	MS Access 格式
		数据库建库标准	《全国地质工作程度数据库工作指南》
		采用元数据标准	《地质信息元数据标准》(DD 2006—05)
		数据量	工作程度记录 3412 个，矿产地数据 1403 条
		若为空间数据，其覆盖范围、比例尺、坐标参数（大地坐标系统、高程基准、地图椭球参数、地图投影类型）	覆盖河北省全境，比例尺可根据成图需要来定，地理坐标系统
		数据密级（公开、秘密、机密、绝密）	秘密
		数据库数据覆盖专业名称（若覆盖多种专业，则全部列出）	区调、矿产、物探、化探、遥感、重砂、水工环等所有地质专业
		数据库建设起止时间、负责人及主要技术人员	2001—2003 年。负责人：王庆民
		数据库维护历史记录、负责人及主要技术人员	未进行维护
		数据库更新方式（突击式、日常式、从未更新）	从未更新
		数据库数据或原始资料源头	根据河北省地质资料馆各类地质报告
		数据库管理具体单位（即归口管理单位）	河北省地质调查院
		数据库存放具体单位（即物理存放单位）	河北省地质调查院
		数据库的用户群（若有多种用户群，按重要层次列出）	河北省地质矿产勘查开发局、各地质勘查单位
		数据库应用状况描述	应用于地质工作立项、规划和部署工作中
		数据库存在的主要问题描述	存在勘查单位不统一的问题
		数据库其他情况描述	资料截止到 2000 年，需补充资料
2	数据库管理系统运行环境	数据库运行的硬件环境（服务器设备、网络设备、其他设备）	(1)计算机。最低配置：PIII450 以上 PC 计算机、笔记本计算机；内存：128MB 光盘驱动器，显示器设置成 1024×768 分辨率 16 位以上彩色显示模式。(2)外围设备：A3 打印机
		数据库运行的操作系统（包括操作系统名称、版本）	Windows XP SP3
		使用的数据库系统（包括数据库系统名称、版本）	MS Access 2000
		与其他相关应用系统的关系	软件开发系统：MapObjects 2.2 和 MapGIS 6.X
3	数据库管理系统体系结构	数据库管理系统的体系结构图（框图表示）	图 3–20
		数据库管理系统的高层流程图（高层数据流图、高层控制流图）	图 3–21
4	数据库管理系统功能	数据库管理系统的主要功能描述（逐一描述）	数据管理、数据查询、检索、编辑维护、空间分析和输出等功能
5	数据库概念模型	数据库概念模型（用 E-R 图描述）	图 3–22

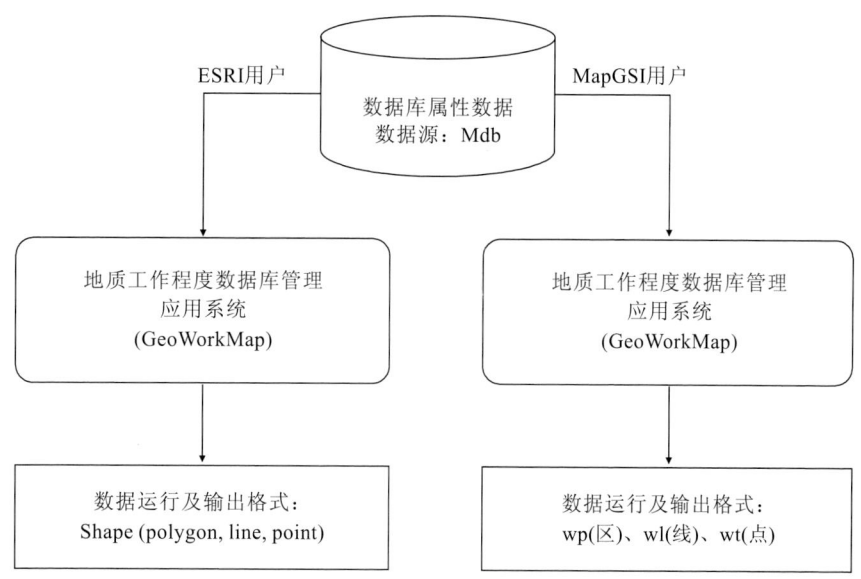

图 3-20 地质工作程度数据库管理系统体系结构图

三、管理系统概况

为方便用户使用，中国地质调查局于数据库建设完毕后，研制和开发了功能齐全、技术先进适用、基于 MapObjects 和 MapGIS 平台的两套全国地质工作程度数据库管理应用系统。对"全国地质调查工作程度数据库"进行系统管理，实现数据的空间剪裁、属性检索、投影变换、图框图例生成、图件编辑输出等功能，以使社会各界方便、高效地使用全国地质工作程度数据库，了解和掌握已有地质工作程度信息，使地质工作规划和部署更具科学依据，避免工作投入的重复和浪费，同时也减轻了地质工作者在申请项目时编制工作程度图的负担。

两种 GIS 平台应用管理系统体系结构相同，均在考虑工作程度动态更新、长期维护的基础上进行综合考虑。下面以 MapGIS 平台开发的系统重点作一介绍。

全国地质工作程度数据库应用系统（GeoWorkMap）是通过 MapGIS 6.XSDK 与 Microsoft Visual C++6.0 开发实现的，系统主体功能流程见图 3-21。

1. 区域性基础地质工作程度的检索

该检索是以地区（全国、省或某一行政区域）为先导的查询、检索方式，其流程为：选定区域（行政区或某一划定区）→选择地质专业种类/地质专业子类/比例尺图层→选择属性检索条件→获得满足条件的图元实体→（查询浏览）→投影变换/图框/图例→编辑/浏览/显示→输出（打印或数据转换和拷贝）。

2. 矿产勘查地质工作程度检索

对矿产勘查地质工作的检索需求主要是通过矿产地图层数据作为引导来完成。在实施查询、检索流程中，先确定所要查的矿产地对象，然后通过选定的矿产地作为引导，查询该矿产地的勘查工作程度数据。具体流程为：选择矿产地→检索与该矿产相关联的矿产勘查工作程度图元实体→投影变换/图框/图例→编辑/浏览/显示→输出（打印或数据转换和拷贝）。

矿产勘查地质工作程度的检索有两种入口形式：一种是系统启动时直接进入；另一种是在区域性地质工作程度图上用鼠标点击矿产点进入。

在系统功能上实现了以下功能。

（1）查询检索。对库内已有数据能设置选择不同专业大类、子类及比例尺的图层或图层组合，进行多种方式的单条件或多条件属性查询、检索与多种形式的空间检索。在空间检索方面，提供了行政界线、标

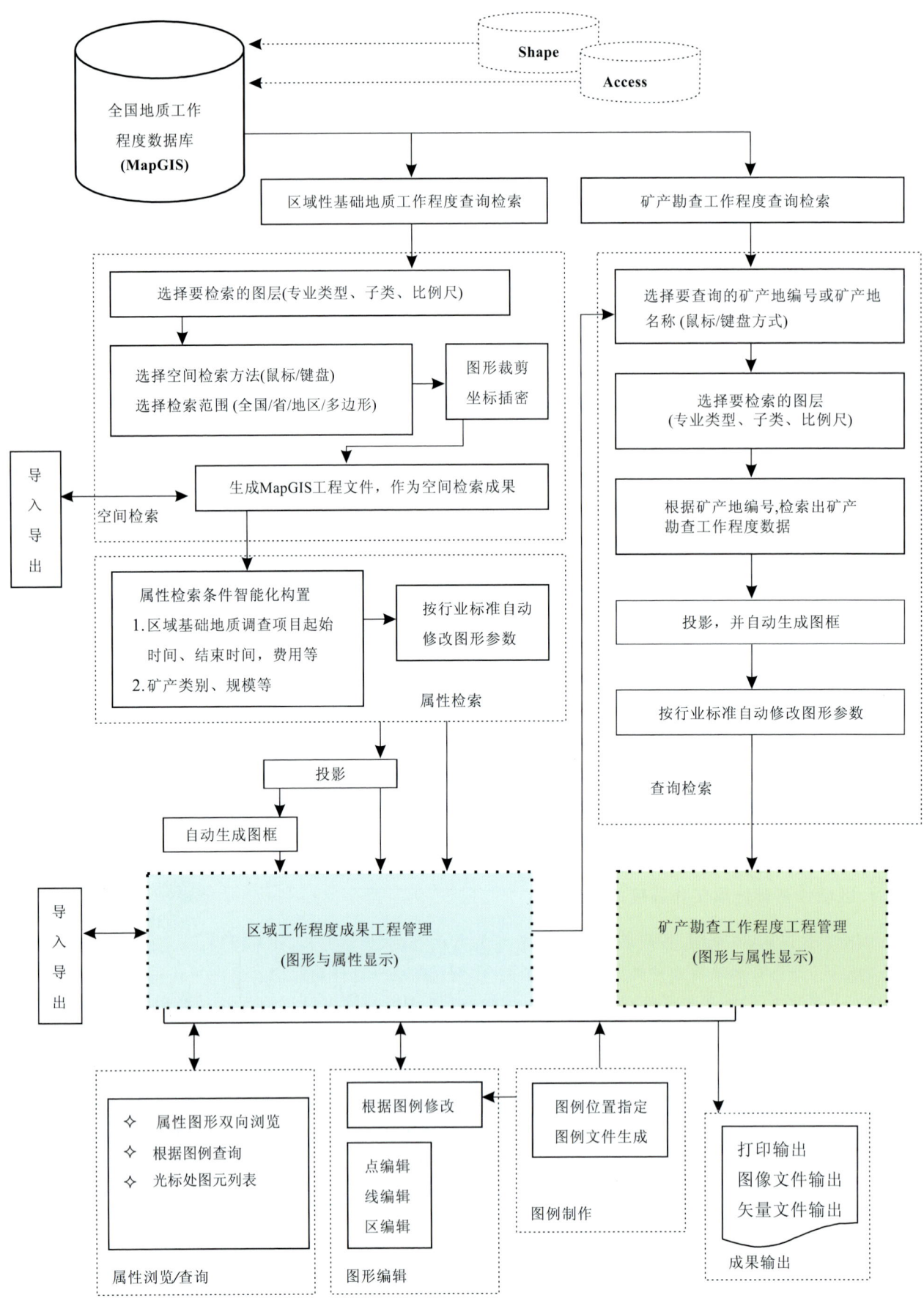

图 3-21 地质工作程度数据库应用系统高层控制流图

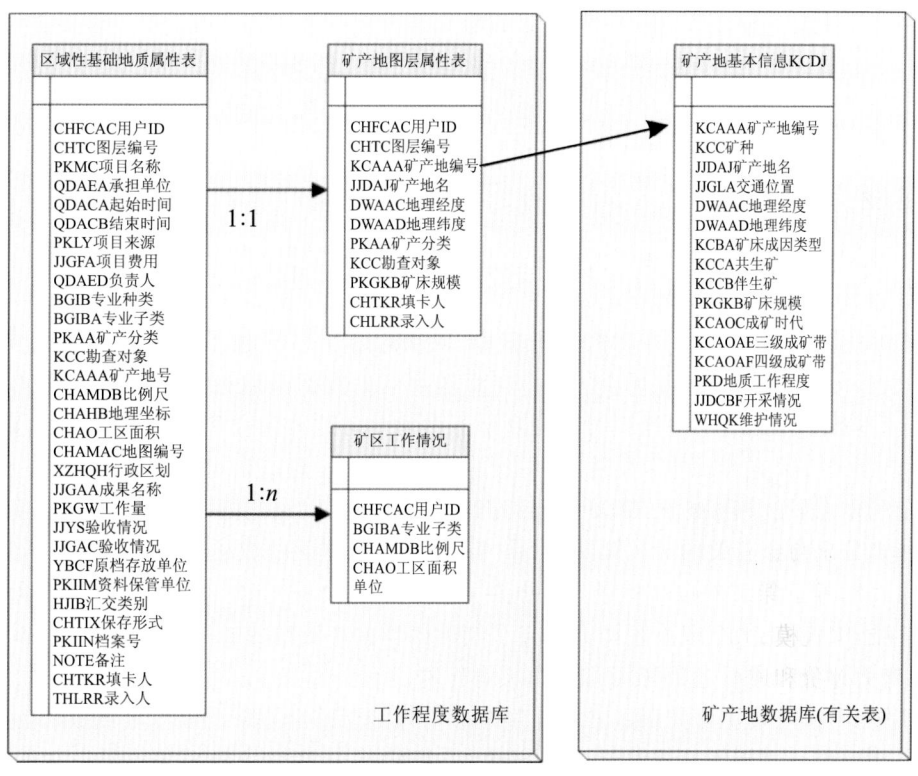

图 3-22　地质工作程度数据库概念模型图

准图幅、任意多边形等方式；在属性检索方面，提供了形式化的属性条件检索机制，增强了定制化功能与直观性；在信息查询方面，除 MapGIS 分层的图形/属性查询浏览外，系统还提供了"根据图例查询相关图元"，以及 MapInfo 风格的光标处所有图元的列表显示。

（2）投影变换。对查询检索出的数据可任意进行投影变换，自动生成相应图框与图例，生成可供输出的 MapGIS 工程文件，能对工程文件进行存取、修改等管理。系统对投影变换与图框生成采用智能化与定制化相结合的灵活机制。若用户有自己定制好的图框（MapGIS 工程文件 * .mpj），则系统可直接调用它，采用与它相一致的投影参数与之套合；系统内置了各省标准的割圆锥投影参数，可供用户调用；此外，系统还具有智能化的投影参数计算机制；对于标准图幅的空间检索，系统自动生成标准的投影方式与图框。

（3）图例生成。系统提供了符合地调行业标准的矿产符号。系统会自动根据矿种及矿床规模修改矿产符号及其大小，对于双矿种与多矿种，除提供了一部分标准的符号外，系统能自动进行实时组合。对于矿产图例，提供了规范的"矿种－规模大小"矩形网格形式的样式。对于区域性基础地质工作与矿产勘查工作程度图例，系统提供了线状表达与面状表达两种方式，并根据图面的情况进行它们两者的取舍组合。可"根据图例统改图元显示参数"功能进行图形图例的快速统改。

（4）图形编辑。提供了强大的与 MapGIS 相一致的点、线、面图形编辑能力，可实现诸如根据属性修改图面显示参数、变动图例位置、自定义图名及其他图件整饰内容；此外，系统提供了"根据图例统改图元显示参数"功能。

（5）图形输出。提供了 MapGIS 工程文件的输出、编辑功能；页面设置、打印机输出、生成 JPEG、GIF、TIFF 图像功能。

（6）MapGIS 格式的工作程度数据库文件的自动生成。系统提供了从 Access 格式数据库→MapGIS 格式文件、从 Shape 格式的数据库→MapGIS 格式文件的两种自动转换功能。在 Access→MapGIS 转换模块具有坐标数据错误检查功能。

第十一节 二轮区划数据库

一、总体情况

从2001年开始,矿产资源研究所区划室通过全面清理和总结历年来全国性区域成矿远景区划和成矿预测成果资料,开展区划成果资料数字化及GIS建库,深入进行建库内容、建库流程、建库标准和系统软件开发研究,于2004年底初步建成二轮区划数据库,成功地应用GIS技术完成空间与属性的数据输入、矢量化、数据检查、编辑与建库,开发了全国1:50万数字区划数据库的运行平台。数据包括安装软件及说明文档一套。本数据库已由中国地质调查局直接下发河北省地质调查院使用,不需要更新补充数据。

由地质矿产部统一部署开展的全国性区划工作包括全国第一轮成矿远景区划、全国铁、铜、金、水泥灰岩总量预测、全国重点矿区和成矿区(带)中、大比例尺成矿预测,以及全国第二轮成矿远景区划。其中铁、铜、金总量预测划分出与金有关的成矿预测区(带)492个,与铜有关的成矿预测区(带)108个,与铁有关的成矿预测区(带)238个。第二轮成矿远景区划共在全国范围内划分出IV级、V级成矿远景区带1468处,找矿靶区1025处,大规模、大范围系统调查研究了我国固体矿产资源成矿远景区分布状况,是进行新一轮全国矿产资源潜力评价和成矿远景区划的重要基础资料。

从2001年开始,矿产资源研究所区划室通过全面清理和总结历年来全国性区域成矿远景区划和成矿预测成果资料,开展区划成果资料数字化及GIS建库,于2004年底初步建成二轮区划数据库。区划数据库中数据按地质要素类别分为不同图层分层存储,涉及不同级别成矿远景区及相关的地、物、化、遥、矿产数据。

区划数据库包含3部分全国性区划预测成果资料数据,即全国铁、铜、金、水泥灰岩总量预测成果资料,全国重点矿区和成矿区(带)中、大比例尺成矿预测成果资料,以及全国第二轮成矿远景区划成果资料。数据分为2个方面:一是区划报告资料;二是预测评价成果图件。实际入库成果图件194幅,报告81份。

区划数据库元数据包括成果图件元数据和资料报告元数据,这两类元数据表采用Access格式建立,表中每条记录代表一份成果图件或一份区划报告。

区划数据库成果图数据要素分为10类,即预测区带(区图元)、矿产分布(点图元)、化探成果(区图元)、重砂成果(区图元)、重力解译(线图元)、航磁解译(线图元)、遥感解译(线图元)、控矿构造(线图元)、工作部署(线图元)、工作程度(线图元)。二轮区划数据及总量预测数据涉及全部10个图层,中大比例尺预测数据无工作程度图层。

二、河北省情况

河北省于2007年,由中国地质调查局收集到全国二轮区划数据库管理系统,系统集全国性数据库与安装文件于一体,包括安装文件1个,二轮区划用户手册1本及安装说明1个。该数据库数据质量可靠,资料来源全面,可作为矿产资源评价的基础数据,为矿产资源潜力评价工作提供技术支撑服务。

三、管理系统概况

项目开发了全国固体矿产资源区划数据库管理系统(qgqhdatabase 1.0),本系统主要侧重于数据检索,图形的输入、编辑和输出等操作由MapGIS完成。

系统是由数据信息检索、中大比例尺浏览、区划数据要素检索、底图信息检索、属性信息、生成图例文件、工程管理7部分构成(图3-23)。其中底图信息检索、属性信息、生成图例文件等应在数据信息检索的基础上进行。

主要功能介绍如下。

(1)工程管理模块。工程管理模块的组成主要包括:新建查询工程、设置查询内容、保存工程文件、打

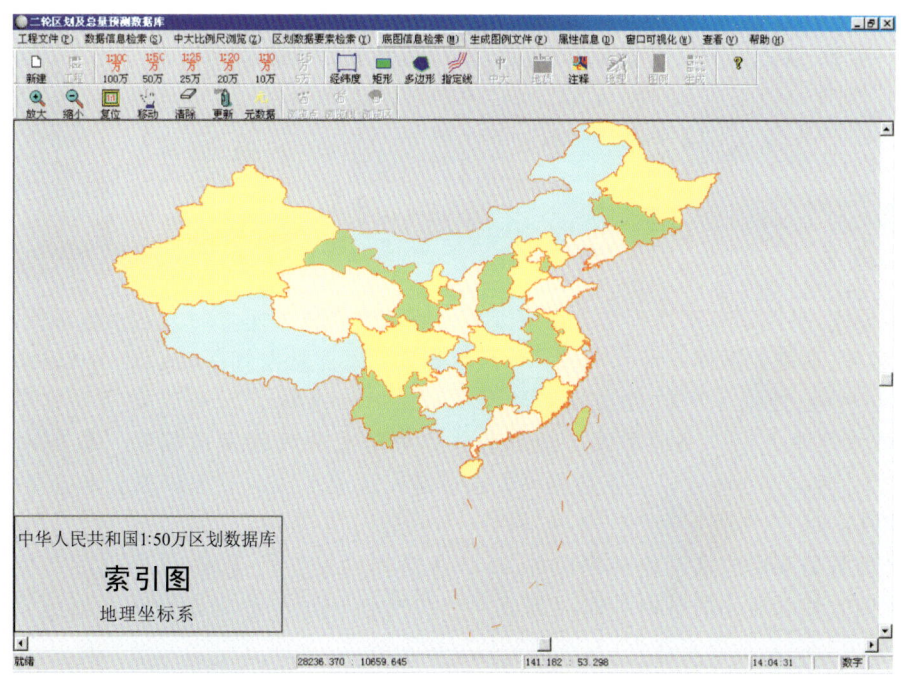

图 3-23 全国固体矿产资源区划数据库管理系统主界面

印工程文件。①新建查询工程:主要是完成新建一个查询工程的作用,将相应的参数设置为初始状态;②设置查询内容:打开一个对话框,由用户选择进行查询的内容——主要是进行中大比例尺数据浏览还是进行二轮区划和总量预测的检索工作;③保存工程文件:将当前查询中的数据专题文件添加到一个新建的 MapGIS 工程文件中;④打印工程文件:进行简单的 MapGIS 工程文件打印功能。

(2)数据信息检索模块。完成与数据信息检索有关的操作,是二轮区划数据检索、总量预测检索的主要操作,主要包括以下几个方面:按照标准图幅的范围进行检索(1:100万图幅、1:50万图幅、1:25万图幅、1:20万图幅、1:10万图幅和1:5万图幅),按照行政区域检索[包括省、地区(市)、县等范围],按照经纬度范围的矩形框范围、按照鼠标确定的矩形框范围、多边形范围检索,或者是根据一条确定的线进行检索等操作。

(3)中大比例尺浏览。提供用户浏览几个省份具有中大比例尺数据的图件信息,主要包括的省份有浙江省、陕西省、山西省、吉林省以及新疆维吾尔自治区等,每个省份都有相应的数据。

(4)区划数据要素检索。区划数据要素检索主要包括两个方面的检索:一是根据属性数据检索,主要有,根据已检索的数据信息在省里检索,在全国范围内检索;二是根据图层检索,主要有,根据已有的图层检索在省里检索,在全国范围内检索等。

①根据已有的属性数据检索:提供用户在检索了数据信息后根据某个特定的属性进行查询,生成新的图层。②根据属性数据在省里检索:提供了用户在一个省份根据不同的图层进行属性信息的查询。③根据属性数据在全国范围内检索:提供了用户在全国范围根据不同的图层进行属性信息的查询。④根据已有的图层检索:目的是根据用户的选择改变用户选择的图层显示顺序。⑤根据已检索图层在省里检索:在选择的一个省份里面浏览用户选择的图层。⑥根据已检索图层在全国范围内检索:在全国范围选择需要进行浏览的图层。

(5)底图信息检索和图例生成。主要用于获取研究范围的地质底图和地理底图的数据信息。包括地质底图检索、生成注释点文件、地理底图检索、选择生成图例的文件、生成图例。

(6)属性信息操作模块。提供用户进行浏览专题数据的属性信息,以及修改属性结构等,同时允许用户交互地添加或者删除 MapGIS 格式的文件。主要包括以下操作:浏览属性、浏览属性结构、关闭 MapGIS 文件、区属性的显示、线属性的显示、点属性的显示、属性输出、元数据浏览等。

(7)图形显示浏览模块。实现图形数据在试图窗口中的显示,供用户检验、编辑。图形显示的主要操作有:窗口放大、缩小、移动、刷新、更新窗口、清除窗口、设置窗口背景等。

第十二节 1∶25万地理底图数据库

一、总体情况

1∶25万数据库,是国家基础地理信息系统3个全国性空间数据库之一。它由地形数据库、数字高程模型(DEM)数据库、地名数据库3部分构成。地形数据库:以矢量方式存储管理1∶25万地形图上的境界、水系、交通、居民地、地貌等要素,数据库管理系统采用Arc/Anfo 7.1版。数字高程模型(DEM):以格网点方式存储和管理1∶25万地形图上地形起伏高程信息和海底深度信息。数据库管理系统采用Arc/Anfo 7.1版。地名数据库:以关系数据库方式存储和管理1∶25万地形图上的各类地名信息,数据库管理系统采用Oracla 7.0版。

1∶25万地理数据采用国家测绘局提供的2002年更新的最新数据库,该数据库是由国家测绘局于1995年组织,在国家基础地理信息中心建立而成的。2002年国家测绘局组织人力对该数据库进行了更新,1∶25万数据更新的基本资料有1∶5万卫星数字影像数据、全国骨干交通网数据、1∶5万地名数据、最新勘界成果,以及一些更新参考资料,如各省测绘局收集的现势资料,1∶1万数据库成果,其他满足1∶25万数据库更新要求的资料、图件、图集等。更新内容涉及主要更新要素,如全部铁路,全部境界,省道及以上等级道路,乡镇及以上等级点状居民地,县级及以上等级真形居民地,五级及以上等级河流,大型工程设施等重要地物。一般更新要素如县乡级道路、行政村级点状居民地、乡镇级真形居民地、六级河流等。现势情况最低达到2000年底,有的资料现势性情况要更好,达到2002年。数据共分为9个类:政区、居民地、铁路、公路、水系、地貌、土地覆盖、其他要素、辅助要素,共31个图层。

山东省国土局信息中心再按照提供的原始Arc/Info数据进行MapGIS单图幅转换,保持所有图层的完整性,属性内容转换前后保持一致;坐标系统、高程基准、地图投影保持原始状况,采用1∶25万单图幅,经纬度坐标(以度为单位)。

二、河北省情况

河北省地质调查院2007年自中国地质调查局收集1∶25万地理底图数据库,下发数据是以度为单位的地理坐标系MapGIS格式数据。河北省共计23幅(表3-17)。该数据库数据质量可靠,资料来源全面,数据较新,进行补充维护后可作为矿产资源评价项目的基础底图。

表3-17 河北省1∶25万地理底图数据库图幅情况一览表

序号	图幅号	序号	图幅号	序号	图幅号	序号	图幅号
1	j49c002004	7	j50c001004	13	j50c004001	19	k50c003004
2	j49c003004	8	j50c002001	14	j50c004002	20	k50c004001
3	j49c004004	9	j50c002002	15	k50c002003	21	k50c004002
4	j50c001001	10	j50c002003	16	k50c003001	22	k50c004003
5	j50c001002	11	j50c003001	17	k50c003002	23	k50c004004
6	j50c001003	12	j50c003002	18	k50c003003		

三、管理系统概况

1∶25万地理底图数据库未建立管理系统。

第四章　相关地学数据库更新与维护

本章节针对河北省矿产潜力评价项目中开展更新维护的8个相关地学数据库情况进行了详细介绍，对各地学数据库维护工作目标任务、工作内容、技术方法、工作流程、完成的工作量、数据质量等各个方面进行系统总结。

根据全国矿产资源潜力评价项目办的统一部署安排及河北省矿产资源潜力评价工作的需要，由河北省矿产资源潜力评价信息集成专题组负责对河北省已有的各类数据库进行全面的数据整理和维护，尽可能全面补充收集各种新的数据资料，最终形成可提取各类找矿信息的、符合各项技术标准的最新基础数据库。

根据各类基础地学数据库的特点，以数据库建设工作指南为基础，以矿产资源潜力评价综合信息集成专题总体设计及《数据库维护工作技术要求》为指导，完成了已有的数据库维护工作，为河北省矿产资源潜力评价工作提供了基础数据及技术支撑。

自2008年开始，河北省相继开展并完成了8个有关的基础地学数据库更新与维护工作。主要包括：1∶20万数字地质图空间数据库、区域重力数据库、航磁数据库、1∶20万区域地球化学数据库、1∶25万遥感影像图数据库、1∶20万自然重砂数据库、矿产地数据库、地质工作程度数据库8个基础地学数据库。

另外，其他基础地学数据库如河北省1∶50万地质图空间数据库因工作量较大，本次未开展维护工作，1∶5万区域地质图空间数据库尚未完成建设，处于回溯性建库阶段，二轮区划数据库和1∶25万地理底图数据库本次均未开展省级维护工作，未维护数据库只有省级项目根据实际情况直接应用。

现将河北省矿产资源潜力评价工作中开展更新维护的8个地学数据库具体情况详述如下。

第一节　1∶20万数字地质图空间数据库

一、工作任务

河北省1∶20万区域地质图数据库维护的工作目标是对河北省1∶20万区域地质图数据库进行图幅地形地理内容的补充，统一图式图例的修正，图廓外的剖面图、柱状图的补充整饰工作；按《全国矿产资源潜力评价数据模型》要求对河北省全部1∶20万地质图数据库按全国项目办要求的系统库进行统一替换，为矿产资源潜力评价提供基础数据。

二、工作方法及流程

根据《全国重要矿产资源潜力评价综合信息集成总体设计》省级维护内容和要求，对中国地质调查局返还河北省已完成的26幅1∶20万地质图空间数据库进行检查和修改。由于河北省在建库时原汁原味按原地质图进行建库，均未进行地层套改及修编工作，因此本次1∶20万数字地质图空间数据库维护按照1∶20万地质图空间数据库维护技术要求，以原地质图为准进行修改，包括对图幅地形地理内容的补充，统一图式图例的修正，图廓外的剖面图、柱状图的补充整饰工作，根据统一的系统库，即使用全国矿产资源潜力评价统一系统库对原地质图进行子图、线型和颜色的换库及修改。此外，对原MapGIS数据用现行的检查软件进行了数据质量检查及修改。

具体工作方法流程见图4-1。

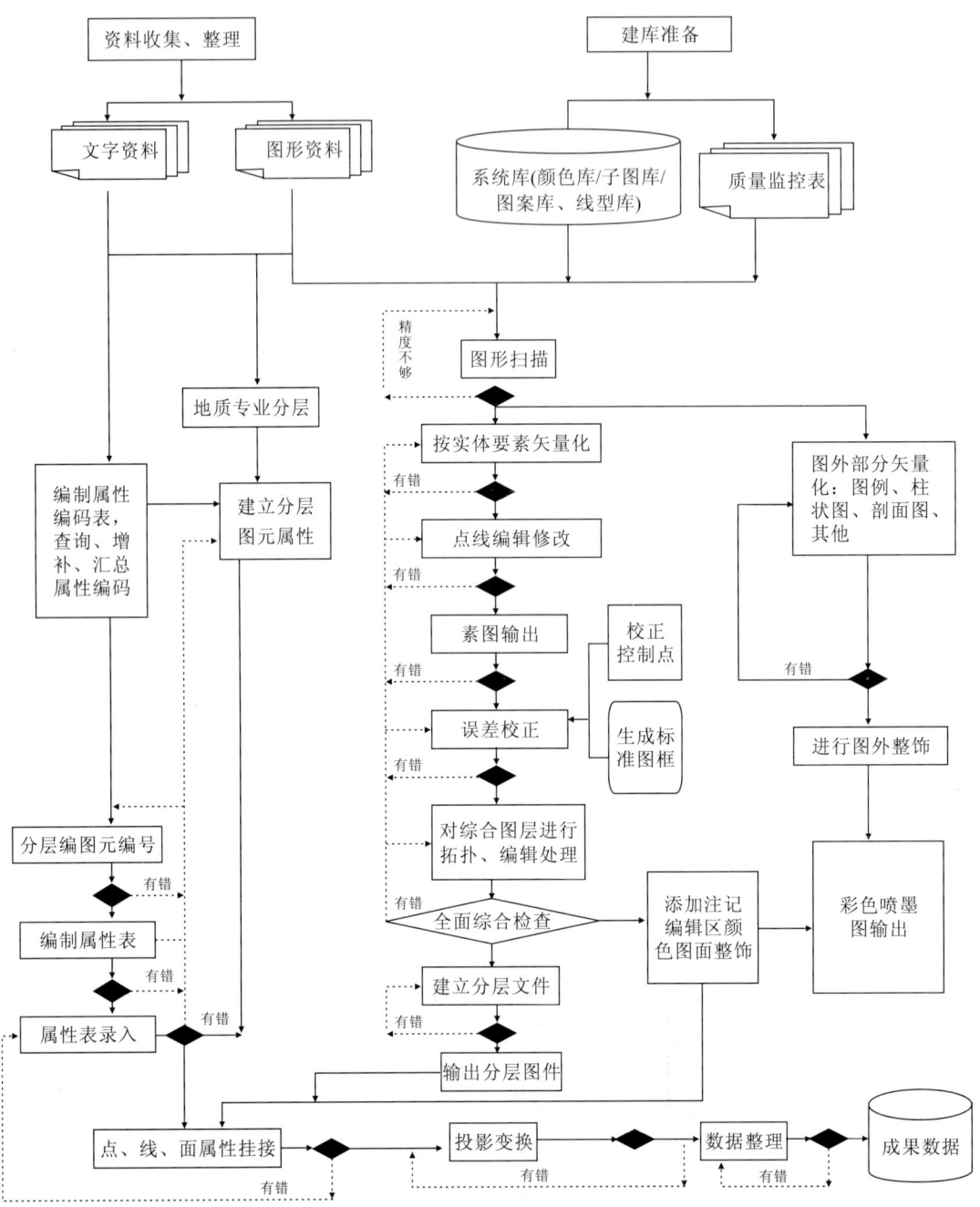

图 4-1 1∶20 万数字地质图空间数据库维护工作流程图

(1)对于 Map 文件,在原数据的基础上,以 MapGIS 软件为平台,同时打开两个编辑窗口。其中一个窗口为原始数据提供对应的系统库进行查阅;另一个窗口为相应图幅要进行编辑换库的窗口,对对应每一方里格网逐一进行相应的子图、线型换库。首先进行颜色的换库,同一代号要求颜色相同,包括图例、柱状图、剖面图等周边整饰内容必须统一。然后对图幅周边整饰内容包括图例、柱状图、剖面图等其他整饰内容都要进行一一对应换库。最后进行自检、互检、抽检等质量检查。

(2)对于 MapGIS 文件,先用现在常用的数据质量检查软件进行数据质量检查,几乎所有原数据用现在常用的数据质量检查软件检查后都会有些质量问题。

①以原数据 XXXXXD01J.WL 为基础,去掉原文件中的水系及断层,重新从原 XXXXXL02H.WL 中提取水体,在从原 XXXXXL02H.WL 提取水体前须对原 XXXXXL02H.WL 进行拓扑错误检查,检查无误后再进行水体提取。再把原 XXXXXD08D.WL 和 XXXXXL01J.WL 以及重新提取的水体添加到

XXXXXD01J.WL 中,然后重新进行剪断及拓扑错误检查。

②经重新反复错误检查后重新生成总区文件,根据原图重新依据《地质图空间数据库建设工作指南(2.0 版)》及补充说明进行图层剥离。

③将原来图层中的 XXXXXD01D.WP,XXXXXD01B.WP,XXXXXL02S.WP,XXXXXD03D.WP,XXXXXD04N.WP,XXXXXD05M.WP 等图层各自生成对应的 Lable 点文件,然后再合并到重新剥离出来的对应图层文件中生成新的 XXXXXD01D.WP,XXXXXD01B.WP,XXXXXL02S.WP,XXXXXD03D.WP,XXXXXD04N.WP,XXXXXD05M.WP 等各图层文件。

④从重新进行拓扑错误检查后的 XXXXXD01J.WL 中提取出断层及水体,去掉 XXXXXL02H.WL 中的水体部分重新添加从 XXXXXD01J.WL 中提取出的水体并补充属性生成新的 XXXXXL02H.WL 图层;从重新进行拓扑错误检查后的 XXXXXD01J.WL 中提取出的断层生成新的 XXXXXD08D.WL 图层,并补充原来的断层属性内容;对重新进行拓扑错误检查后的 XXXXXD01J.WL 去掉悬挂断层及内图廓线,生成新的 XXXXXD01J.WL 图层。

⑤再用现在常用的数据质量检查软件进行所有数据质量检查,直至所有数据质量及套合检查无误为止。

⑥MapGIS 各图层数据也要进行换库,换库方法与 Map 文件换库相同,做到 MapGIS 各图层数据所涉及到的子图、线型、颜色与相应的 Map 文件相一致。

⑦投影变换,对新生成的各图层文件重新进行投影参数及 TIC 点拷贝,然后进行投影转换,生成高斯北京投影数据及经纬度投影数据两套。

三、完成工作情况

以原地质图为准进行修改,包括对河北省 1:20 万 26 幅数字地质图图幅地形地理内容的补充,统一图式图例的修正,图廓外的剖面图、柱状图的补充整饰工作后的数据库。根据全国矿产资源潜力评价统一系统库对原地质图进行子图、线型和颜色的换库及修改。共计完成全省 26 个图幅的数据维护工作。

维护后的河北省 1:20 万数字地质图空间数据库(电子版),不存在套改的图幅和空白区,所有 26 个图幅均为原汁原味的图幅。数据格式包括 MapGIS 及 ArcInfo 两种,分目录存放,按照建库标准进行命名。

河北省 1:20 万数字地质图空间数据库更新维护情况见表 4-1。

表 4-1　河北省 1:20 万数字地质图空间数据库更新维护情况表

序号	维护大类	维护子类	填写维护情况内容
1	数据库维护基本情况	数据库名称	河北省 1:20 万数字地质图空间数据库
		数据库维护主要内容	河北省 1:20 万地质图原有的 MapGIS 系统库统一替换为矿产资源潜力评价项目规定的系统库,所有图幅进行了地理内容补充,图式图例的修正,图廓外的剖面图、柱状图补充整饰工作
		数据库维护技术要求	《1:20 万地质图空间数据库建设工作指南(2.0 版)》
		元数据维护情况	按照《地质信息元数据标准》(DD 2006—05)的规定,分幅编制 1:20 万地质图空间数据库维护元数据
		维护前数量	26 幅 1:20 万地质图空间数据库,多个系统库
		维护后数量	26 幅 1:20 万地质图空间数据库,一个系统库
		新增数量	无
		若为空间数据,其覆盖范围、比例尺、坐标参数(大地坐标系统、高程基准、地图椭球参数、地图投影类型)	覆盖河北全区,比例尺:1:20 万坐标参数:2 套坐标参数。(1)坐标系类型:投影平面直角;椭球参数:北京 54/克拉索夫斯基;投影类型:高斯-克吕格。(2)坐标系类型:地理坐标系;椭球参数:北京 54/克拉索夫斯基;投影类型:地理坐标系

续表 4-1

序号	维护大类	维护子类	填写维护内容
1	数据库维护基本情况	数据库维护负责人及主要技术人员	负责人：张德生
		数据库维护资料来源	河北省 1：20 万分幅地质图及调查报告资料
		数据库维护存在的主要问题描述	图幅间无法进行接边处理，影响数据的使用
		数据库其他情况描述	无
2	数据库概念模型维护情况	数据库概念模型变化情况	无
3	数据库维护后地质工作程度略图	地质数据库附工作程度略图	无
4	数据库维护工作流程	数据库维护工作流程框图	见图 4-1
5	数据库维护验收情况	数据库维护工作完成情况	已完成
		数据库维护工作验收情况	中国地质调查局对河北省提交的 1：20 万地质图空间数据库更新维护成果进行了验收，并获通过

第二节 区域重力数据库

一、工作任务

河北省区域重力数据库维护的工作目标是对河北省区域重力数据库进行系统、全面地数据整理与数据库更新维护工作；具体任务是按照全国项目办的技术要求对重力数据进行"五统一"，主要是对原来的数据进行基点改算和正常场改算，收集补充全省资料（包括新生产的数据、数据库建设时遗漏收集的数据）。

二、工作方法及流程

区域重力数据库的维护工作按照"自上而下"和"自下而上"方式开展。

自上而下：全国数据汇总组将按照省界对区域重力数据库进行切割，并为各省矿产预测对重力数据使用的方便，向各省提供省边界外 20km 范围内的 1：100 万重力数据，供其扩边使用。所有的数据均按照全国区域重力数据库标准格式。所有数据可以在区域重力信息系统中直接使用。随区域重力信息系统将下发全国高程数据库，以满足各省进行地形改正的需要。

自下而上：各省根据本技术要求，对河北省重力数据进行汇集、检查、整理、入库、提供利用，并将维护更新的数据库成果向全国区域重力数据库进行汇交，实现全国重力数据库的更新维护。

技术路线上以《数据库维护工作技术要求》为指导，围绕矿产资源潜力预测对区域重力数据的需求，统一规划部署并按省区收集和汇集区域重力数据及相关技术资料。在《区域重力数据库信息系统使用手册》的基础上，按照《数据库维护工作技术要求》，利用《区域重力数据库信息系统 RGIS 2.0》软件开展重力数据库维护工作。

区域重力数据库维护的基本流程（图 4-2）包括数据准备、数据整理、数据入库、数据检查、数据编图和成果汇交。

1. 准备工作

(1) 全面收集 1：20 万～1：5 万比例尺（西部部分地区为 1：50 万、1：100 万比例尺）的重力资料，包括:重力测量成果数据资料、原始图件、成果解释图件、各类成果报告。

(2)对收集资料和数据进行归类与备份。

(3)建立工作日志记录。

2.数据整理

(1)根据所收集的重力数据和资料特点,利用 RGIS 2.0 软件,按照《区域重力数据库信息系统使用说明》,进行各种改算。

(2)对已改算的数据,进行 10% 的重新改算抽查,以检查和判定已有数据成果的精度。

(3)建立工作日志记录。

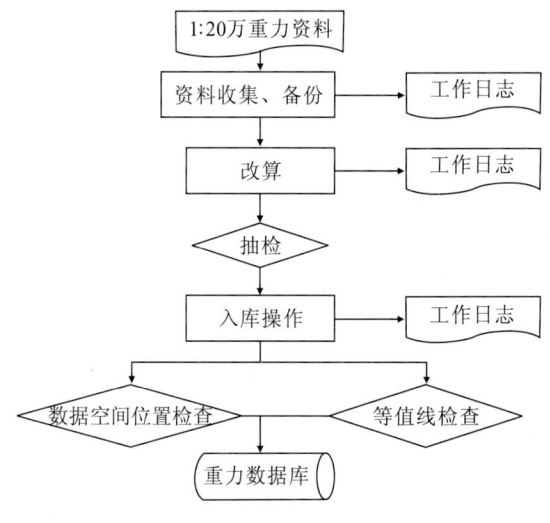

图 4-2 区域重力数据库维护流程图

3.数据入库

(1)按照《区域重力数据库信息系统使用手册》的关于数据入库的说明和要求,对上一步完成整理的数据进行入库。

(2)建立工作日志记录。

4.数据检查

(1)按照《区域重力数据库信息系统使用说明》,通过 RGIS 软件,对入库数据进行注册数据、创建点操作,显示入库数据的空间分布情况。

(2)进一步对入库数据进行网格化,绘制等值线(或者有 RGIS 的数据转入/转出、网格化数据转出功能,将数据转出,用其他软件绘制等值线)。通过等值线检查数据质量,主要检查是否存在畸变数据。

(3)建立工作日志记录。等值线的绘制要求按照《区域重力调查规范》DZ/T 0082—93(以下简称《规范》)进行;为了更精细地进行判别,等值线间隔密度也可以比《规范》要求的高一些。

数据检查的主要方法如下。

①依据异常平面图,按异常的强度、形态、规模、走向等特征进行分析判别。

②分析异常特征,包括形态、走向、规模、展布特点、内部结构等特征是否合乎位场特征。

③根据下覆地质构造特征,对异常特征进一步分析检查。地质因素主要包括岩性、地层、侵入体、断裂构造、盆地构造、变质基底等。

④在条件许可的情况下,结合更大比例尺的重力资料或其他剖面性资料进行印证。

5.数据维护成果编图

主要对入库成果进行常规重力异常图件制作,包括布格重力异常图、剩余异常图,便于为上级专题及解释应用专题提供参考。

6.成果汇总

按照全国区域重力数据库维护组和上级专题要求,提交更新维护的数据库成果。

三、完成工作情况

2008 年,河北省对原库 1:100 万及 1:20 万重力数据库文件进行了更新维护。

数据库维护的主要工作是在对河北省的 1:20 万重力资料 26 个图幅开展数据检查的基础上,新增剩余图幅数据。原 26 个图幅包括康保(含正镶白旗幅省内部分)、沽源、多伦、上黄旗、棋盘山(含赤峰幅省内部分)、张家口(含集宁幅省内部分)、龙关、丰宁、承德、平泉、天镇、宣化、兴隆、青龙、山海关、宝坻、唐山、秦皇岛、涞水、广灵、阜平(含平型关幅省内部分)、石家庄(含盂县幅省内部分)、高邑(含阳泉幅省内部分)、衡水、邢台(含左权幅省内部分)、临清幅。在此基础上,河北省收集补充了全省剩余的13个图幅:围场(含喀喇沁旗幅省内部分)1332条数据、凌源898条数据、密云962条数据、北京1674条数据、保定1238条数据、霸县2149条数据、天津1419条数据、柏各庄834条数据、黄骅1937条数据、沧县1710条数据、安国1303条数据、邯郸(含长治、聊城幅省内部分)2229条数据、德州幅(含惠民幅省内部分)1449条数据(每条数据包括:X 坐标、Y 坐标、高程、实测重力值、均衡异常值、布格异常值、自由空间异常值7项内容)。

本次更新维护工作合计新增记录19 134条。经过"五统一"改算后一并录入了1:20万重力资料数据库(该数据库数据包括了北京、天津两市)。

更新维护前河北省原库1:100万包括2680条重力数据,1:20万包括全省26个标准图幅,24 615条数据。

维护后的河北省区域重力数据库1:100万包含2680条重力数据,1:20万重力数据包括全省39个标准图幅,记录43 749条。按省级行政区划范围以MDB格式提交,数据库格式为Access 2000。

河北省区域重力数据库更新维护情况见表4-2。

表4-2 河北省区域重力数据库更新维护情况表

序号	维护大类	维护子类	填写维护情况内容
1	数据库维护基本情况	数据库名称	河北省区域重力数据库
		数据库维护主要内容	按照全国项目办的技术要求对重力数据进行"五统一",主要是对原来的数据进行基点改算和正常场改算;收集补充全区新的重力测量成果资料,通过数据整理入库,更新原数据库
		数据库维护技术要求	《数据库维护工作技术要求》
		元数据维护情况	按照《地质信息元数据标准》(DD 2006—05)的规定,分工区编写重力数据库维护元数据
		维护前数量	1:100万数据2680条,1:20万数据24 615条
		维护后数量	1:100万数据2680条,1:20万数据43 749条
		新增数量	1:20万图幅13幅,数据19 134条
		若为空间数据,其覆盖范围、比例尺、坐标参数	覆盖河北全境,地理坐标系统。国家85高程基准
		数据库维护负责人及主要技术人员	负责人:董杰;主要技术人员:张亚东
		数据库维护资料来源	河北省重力测量成果报告
		数据库维护存在的主要问题描述	
		数据库其他情况描述	
2	数据库概念模型维护情况	数据库概念模型变化情况	无
3	数据库维护后地质工作程度略图	地质数据库附工作程度略图	
4	数据库维护工作流程	数据库维护工作流程框图	见图4-2
5	数据库维护验收情况	数据库维护工作完成情况	已完成全部工作
		数据库维护工作验收情况	2009年3月,通过全国矿产资源潜力评价项目办在天津组织的专家验收

第三节 航磁数据库

一、工作任务

航磁数据库维护的工作目标是对河北省航磁数据库进行系统、全面的数据整理与数据库更新维护工作;具体任务是对现有航磁数据进行检查、更新和完善,对错误的数据进行更正;对数据进行补充(包括新生产的数据、数据库建设时遗漏收集的数据)。

二、工作方法及流程

航磁数据库更新维护具体工作方法流程见图4-3。

(1)数据收集与整理。全面收集河北省内各种比例尺航磁和地磁资料,收集的内容包括磁测成果数据资料、原始图件、成果解释图件、各类成果报告;对收集资料和数据进行归类与备份;建立工作日志记录。

(2)数据入库。按照区域航磁数据库建设工作的要求对完成整理的数据进行入库。

(3)数据检查。对入库数据进行网格化,绘制等值线、剖面平面图,通过等值线、剖面平面图与已有图件的对比来检查数据质量。

(4)成果汇总。提交更新维护的数据库成果。

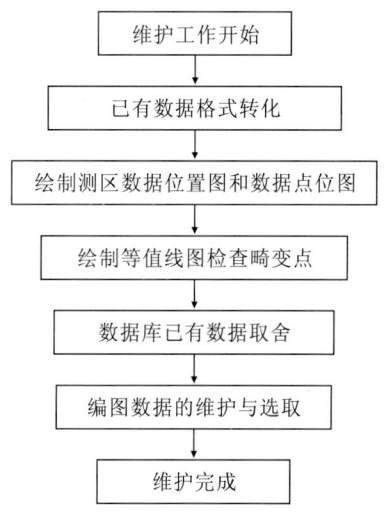

图4-3 航磁数据库更新维护

三、完成工作情况

河北省的航磁数据库维护数据主要包括:项目办下发的河北省航磁数据资料、省内收集的冶金系统的航空磁测资料及地磁资料3类。

原库包括河北省全省范围(包含北京天津)航磁数据,主要为1:10万~1:5万比例尺的数据资料,河北省全部进行了数据处理和编图工作,在使用中进行了相应的检查维护。

冶金系统的航空磁测资料河北省主要收集了1972年冶金航测队一分队在河北省邯邢地区飞测的1:2.5万的资料(面积3400km^2),只收集到了原始图件。我们把航磁ΔT剖面平面图先扫描,进行矢量化,在AgsmGIS(航空物探彩色矢量成图系统)中取数,然后网格化并进行相应的数据处理,编制完成了1:2.5万航磁ΔT等值线平面图、化极等值线平面图、化极垂向一阶导数等值线平面图及其他过渡性图件,在使用中对数据进行了检查维护。

我们在承德区、冀东区分别使用了部分1:1万地磁剖面资料和1:1000剖面资料,直接使用这些资料的原始剖面图件扫描、矢量化、取数,然后在RGIS中进行正反演拟合计算,估算其铁矿资源量。在使用中对原始图件进行了检查、核对。

对收集的各种航磁、地磁资料,进行必要的数据处理后,完成了河北省磁测基础数据库维护工作。

维护后河北省范围(包含北京、天津)航磁数据:数据文件内容包括网格数据及剖面数据两种。数据格式为航磁数据库内部建库格式,数据后缀为XYZ。其中网格数据间隔为2km×2km,剖面数据包括22条,数据量合计204M。对收集的各种航磁、地磁资料,进行必要的数据处理后完成的河北省磁测基础数据库,以文本文件形式提交。

河北省航磁数据库更新维护情况见表4-3。

表 4-3 河北省航磁数据库更新维护情况表

序号	维护大类	维护子类	填写维护情况内容
1	数据库维护基本情况	数据库名称	河北省航磁数据库
		数据库维护主要内容	对原库数据进行检查修改,新增加部分区域航磁数据。数据格式为大地坐标、磁场值
		数据库维护技术要求	全国矿产资源潜力评价数据模型《数据库建模分册》《航磁分册》及《航磁数据库建库指南》
		元数据维护情况	按《地质信息元数据标准》(DD 2006—05)的规定,编写本次航磁数据库维护元数据
		维护前数量	
		维护后数量	
		新增数量	
		若为空间数据,其覆盖范围、比例尺、坐标参数	覆盖河北省省域,比例尺 1:1 万~1:10 万。地理坐标系统;国家 85 高程基准
		数据库维护负责人及主要技术人员	负责人:董杰;主要技术人员:肖金平
		数据库维护资料来源	河北省地球物理勘查院资料室有关报告
		数据库维护存在的主要问题描述	数据库维护所收集的资料,多为纸介质等值线资料,数据采集利用工具软件沿等值线求取,其精度有所降低。未收集到原始数据
		数据库其他情况描述	无
2	数据库概念模型维护情况	数据库概念模型变化情况	无
3	数据库维护后地质工作程度略图	地质数据库附工作程度略图	无
4	数据库维护工作流程	数据库维护工作流程框图	见图 4-3
5	数据库维护验收情况	数据库维护工作完成情况	已完成
		数据库维护工作验收情况	2009 年 3 月,通过全国矿产资源潜力评价项目办在天津组织的专家验收

第四节 1:20 万区域地球化学数据库

一、工作任务

河北省 1:20 万区域化探数据已基本覆盖全省,近年来有 1:20 万上黄旗、围场、龙关、宣化、丰宁 5 幅的二次扫面数据和 1:5 万异常检查数据未入库。因此河北省对区域化探数据库的维护主要工作是:①对原数据库的检查修改工作,根据 1:20 万区域化学原始数据分析记录本,对已建数据库进行全面的检查,检查的内容有重复点、极大值、极小值、分析单位、数据坐标、分析值等;②完成 1:20 万上黄旗、围场、龙关、宣化、丰宁 5 幅的二次扫面数据的数据库建设;③根据工作要求对河北省 1:5 万数据进行维护工作。建立工区信息表、工区范围表、分析元素信息表、水系沉积物数据表、岩石测量数据表、土壤测量数据表等。

对区域地球化学数据库进行全面检查,目的是查对数据的正确性和真实性,为建立与更新全国地球化学数据库提供一套可靠的、高质量的基础数据。

二、工作方法及流程

区域地球化学数据库维护工作,一方面要检查已建数据库中是否存在部分数据点重叠、数据项错误、整理原数据库,对发现的错误进行修改、补充。另一方面要补充新一轮区域地球化学勘查工作所取得的最新资料,其中1:5万地球化学数据库是地球化学专题研究的一项重要内容,在地球化学研究前期,开展各省中大比例尺地球化学数据的收集,建立1:5万地球化学数据库,为矿产预测提供地球化学方面的依据。维护工作方法及流程见图4-4。

1. 原库复核

主要对原有1:20万化探数据库的检查、维护。

(1)对元素的极值数据进行核查,更正错误。如:核查中发现有个元素的极值和周围的值太过悬殊,经调取原始分析报告发现数据录入时">"被录入为"7",致使该数据大了几个数量级,遂进行了改正。

(2)统一含量单位:如Cd元素,原来的含量单位为"10^{-9}",按《化探资料应用技术要求》改为"10^{-6}",数值相应缩小1000倍。

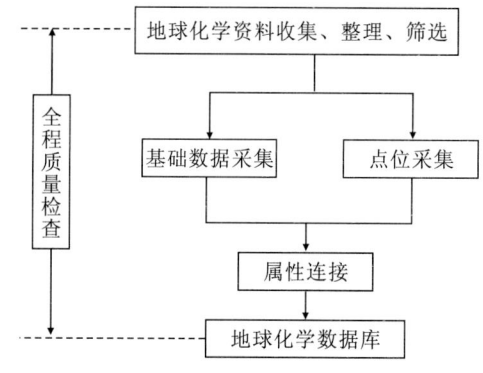

图4-4 区域地球化学数据库维护工作流程图

(3)原1:20万化探分析的39个元素中,钾、钠、钙、镁、铝、硅、铁7个元素,实验测试中心报出的分析数据均为元素单质含量,本次化探资料应用,全国统一为氧化物数据,因此,将上述7个元素的单质含量均换算成了氧化物含量。换算系数如下:

氧化钾=钾×1.2046;氧化钠=钠×1.3480;氧化钙=钙×1.3992;氧化镁=镁×1.6583;三氧化二铝=铝×1.8895;二氧化硅=硅×2.1393;三氧化二铁=铁×1.4297。

(4)原1:20万化探数据存在少量扩边数据,在本次工作中进行了删减。

(5)由于全区1:20万地球化学扫面数据受采样介质、采样时间、分析手段、分析批次等的影响,不可避免地会产生一些系统误差,因此,在进行数据处理与系列地球化学图编制之前针对个别元素图幅间、分析批次间较明显的台阶,进行了系统误差的处理,效果较好。

①系统误差校正原则。清除相邻图幅间明显的台阶状,形成逐渐过渡的数据分布。

尽可能的在调整相邻数据时不牵扯更多图幅的数据。

②系统误差校正方法。按原始数据采用累计频率分级的方式,生成元素等值线图,通过校正图示窗浏览全图,在实际的图形上确定具有明显的色阶区域,通过不断选取合适的校正系数直接乘以原始数据的方法进行数据校正。

2. 补充入库

主要是新补充的1:5万比例尺的化探数据。

(1)资料收集:收集、整理有关化探资料,制定数据库建设技术路线。

(2)数据库建设:地球化学图扫描矢量化、图形投影变换、录入等值线(点)属性数据,形成MapGIS格式的中大比例尺化探空间数据库。

(3)质量检查:省项目组对成果进行质量检查,提出修改补充意见。

(4)数据修改:根据省项目组检查意见,修改补充数据。

(5)检查验收:天津地质调查中心对提交的化探数据库成果进行检查验收,提出验收意见。

(6)提交成果:根据验收意见,完善数据库成果后提交。

区域地球化学数据库维护具体工作流程见图4-4。

三、完成工作情况

原库包括全省1:20万35幅水系沉积物样品数据,共包括39个元素化学测试数据,记录26 087条。2008年对1:20万及1:5万水系沉积物化探数据库均进行更新维护。

1. 1∶20万水系沉积物化探数据库维护

根据工作要求完成了1∶20万上黄旗、围场、龙关、宣化、丰宁5幅的二次扫面数据的数据库建设。每个图幅39个元素，为1∶20万化探组合样分析数据，数据总量约为32万个。先将数据整理成Excel表格文件，再逐一入库，由于地形、地物等客观原因造成的采不到样品的空区用"-99"代替，并补齐相应点的X、Y坐标。

建立质量监控数据库，包括标样推荐值数据表114条记录、图幅内元素监控信息表2880条记录、图幅内监控表70条记录、分析批次位置表3168条记录、分析批次信息表48 240条记录、样品监控综合数据表10 808条记录。

2. 1∶5万地球化学数据库维护

根据工作要求对河北省1∶5万数据进行了数据库维护工作。数据主要是本单位所做的1∶5万异常检查数据。入库的异常检查工区为40个，建立了6个数据表：工区信息表、工区范围表、分析元素信息表、水系沉积物数据表、岩石测量数据表、土壤测量数据表。工区信息表有40条数据，工区范围表337条数据，分析元素信息表63条数据。

水系沉积物工区16个，分析元素为Au、Bi、Co、Cr、Cu、Hg、Mn、Mo、Ni、Pb、W、Zn、Ag、As、B、Ba、Be、Sb、Sn、Ti、V，分析数据共4290条。

面积性岩石测量工区12个，分析元素为Ag、As、Au、Ba、Be、Bi、Co、Cr、Cu、Hg、Mn、Mo、Ni、Pb、Sb、Sn、Ti、V、W、Zn，分析数据共1296条。

面积性土壤及土壤剖面工区12个，分析元素为Ag、As、Au、Ba、Be、Bi、Co、Cr、Cu、Hg、Mo、Ni、Pb、Sb、Sn、Ti、V、W、Zn，分析数据共2316条。

经过2008年及2009年的维护工作，河北省区域地球化学数据库，包含河北省1∶20万全省35幅水系沉积物样品数据，共包括39个元素化学测试数据，记录26 085条。另外新增1∶5万比例尺异常查证数据7912条。数据库格式为Access 2000。

河北省区域地球化学数据库更新维护情况见表4-4。

表4-4 河北省区域地球化学数据库更新维护情况表

序号	维护大类	维护子类	填写维护情况内容
1	数据库维护基本情况	数据库名称	河北省区域地球化学数据库
		数据库维护主要内容	(1)检查各省原1∶20万区域地球化学数据库；(2)收集区内新提交的与化探测量有关项目的各类报告，按技术要求对其中的分析数据进行整理，录入建库
		数据库维护技术要求	全国矿产资源潜力评价项目中化探专业技术要求
		元数据维护情况	按照《地质信息元数据标准》(DD 2006—05)的规定，分幅编写本次化探数据库维护元数据
		维护前数量	1∶20万35幅，数据26 087条
		维护后数量	1∶20万35幅，数据26 087条。1∶5万数据7912条
		新增数量	1∶5万数据7912条
		若为空间数据，其覆盖范围、比例尺、坐标参数	范围覆盖河北省省域大部(平原区除外)，比例尺可根据成图需要来定，投影平面直角、地理坐标系统2套数据
		数据库维护负责人及主要技术人员	负责人：宫进忠；主要技术人员：师淑娟
		数据库维护资料来源	1∶20万分幅地球化学测量报告及1∶5万异常查证报告等原始分析报告
		数据库维护存在的主要问题描述	
		数据库其他情况描述	无

续表 4-4

序号	维护大类	维护子类	填写维护情况内容
2	数据库概念模型维护情况	数据库概念模型变化情况	无
3	数据库维护后地质工作程度略图	地质数据库附工作程度略图	无
4	数据库维护工作流程	数据库维护工作流程框图	见图 4-4
5	数据库维护验收情况	数据库维护工作完成情况	已完成
		数据库维护工作验收情况	2009 年 3 月,通过全国矿产资源潜力评价项目办在天津组织的专家验收

第五节 1∶25 万遥感影像图数据库

一、工作任务

根据《河北省矿产资源潜力评价总体设计》的要求,《河北省遥感影像图数据库维护》的总体目标任务为:在已有的河北省 1∶25 万标准分幅遥感影像图数据库的基础上,按项目办的统一数据格式和要求对原始数据库进行建设、维护和完善工作。

二、工作方法及流程

2008 年根据全国矿产资源潜力评价项目办统一部署及《全国矿产资源潜力评价数据模型 遥感分册》技术要求开展遥感影像数据库数据处理及维护工作,主要采用了图像预处理(精校正和配准)、假彩色合成、数据融合等方法,其工作方法及流程见图 4-5。

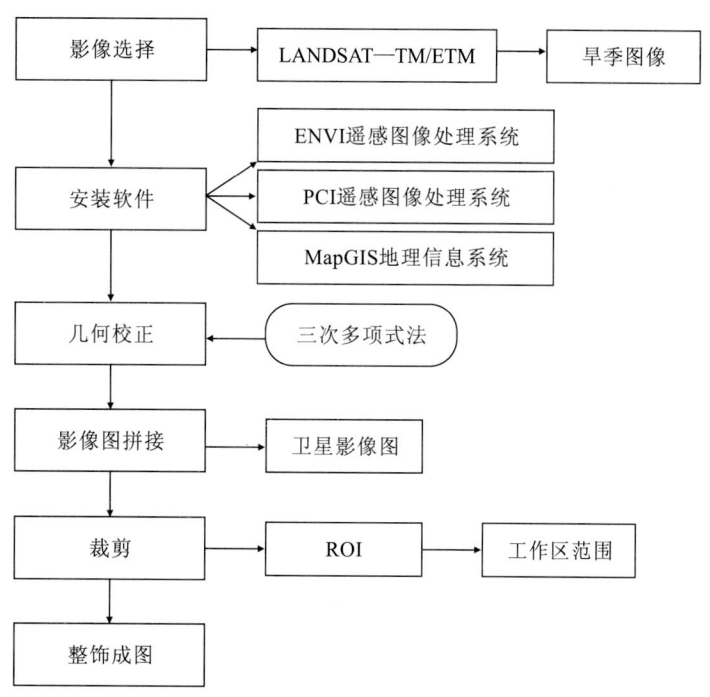

图 4-5 1∶25 万遥感影像图数据库维护技术流程图

(1)影像选择:根据潜力评价项目工作性质、内容和比例尺,使用中高分辨率的美国陆地卫星 LANDSAT—TM/ETM 数据,尽量选取卫星在旱季(9—11月份)所形成的无云和无云影的图像。

(2)安装遥感影像处理软件:安装 ENVI 遥感图像处理系统、PCI 遥感图像处理系统、MapGIS 地理信息系统、AutoCAD 软件。

(3)图像预处理:遥感卫星数据的预处理主要包括几何校正、配准等,其目的是与地理信息系统结合,为遥感图像专题信息提取和建立图形数据库作准备。

根据《全国矿产资源潜力评价数据模型空间坐标系统及其参数规定分册》的要求,确定地图投影坐标系:

坐标系	1954 年北京坐标系
高程	1956 年黄海高程基准
坐标系类型	平面直角坐标系
椭球参数	北京 54/克拉索夫斯基(1940 年)椭球
投影类型	高斯-克吕格(横切椭圆柱等角)投影
投影带类型	6 度带
任意点纬度为 0	无平移
参数比例	X:1 Y:1

几何校正:为保证影像校正精度,控制点误差控制在限差范围内,$X<0.5$ 像元 $Y<0.5$ 像元,校正控制点采自 1:5 万地形图或 1:10 万地形图,几何纠正方法采用三次多项式法。像元值的重采样方法为立方卷积法。校正精度满足 1:25 万调查精度要求。配准:图像配准采用二次多项式方法。

(4)假彩色合成:由于同一地物在不同波段所表现的影像密度值不同,所以彩色合成时,要选择最佳波段匹配。选择的根据是目标物和背景地物在不同波段上的组合关系。采用 TM7(R)、TM4(G)、TM1(B)假彩色合成方案为最佳波段选择,该波段组合反映较多的地物信息,且色调的配制具有良好视觉效果,适用于遥感地质专题信息提取。

(5)数据融合:将 TM8 波段与 TM741 假彩色图像进行融合。融合后检查是否出现重影和色斑等现象,如出现重影和色斑等配准问题,返回重新调整。融合后影像需要做图像增强处理,采用直方图线性拉伸,并调整色调。通过融合、增强和假彩色合成后的遥感影像在不损失光谱特征的前提下,提高了空间分辨率,提高了多光谱图像的分类精度。

(6)制作 1:25 万标幅影像图:首先确定每一幅 1:25 万标像幅所需的景数,然后进行镶嵌。

①镶嵌。就是在相邻两幅待镶嵌图像的重叠区内找到一条接边线。接边线的质量直接影响镶嵌图像的效果。最好能采集线性特征的接边线(如道路、河流)来使屏幕上的颜色差异不明显。路和河流很适合作为接边线,因为它们比地面低,一般讲在外观上很统一,边界清晰,在影像上很突出,这样可以使卫星影像之间的缝合线不可见。

②羽化宽度。在采集完影像的接边线后,可以指定羽化的宽度。羽化通过改变接边线周围的像元值,使得发生在接边线附近的剧烈的变化显得更加平缓,来消除接边线附近的辐射差异。

③色调调整。颜色均衡是在镶嵌过程中进行操作的,是匹配所添加的影像和镶嵌影像的色调和对比度的过程。这样做减少了缝合线的可视性,从而生成视觉上更吸引人的镶嵌影像。

④镶嵌结果检查。选取接边线进行镶嵌,接边处应无裂缝、模糊和重影现象。

时相相同或相近的镶嵌影像纹理、色彩应自然过渡;时相差距较大、地物特征差异明显的镶嵌影像,允许存在光谱差异,但同一地块内光谱特征应尽量一致。

镶嵌好后制作 1:25 万标准影像图,在 Photoshop 软件中进行图饰的修饰。

(7)经过上述几个步骤,一幅 1:25 万的标准遥感影像图制作完毕,影像清晰,层次分明,色调柔和,符合使用要求。

(8)图面修饰:按照《全国矿产资源潜力评价数据模型遥感组的图式汇总》的要求,对制作好的标准分幅的 1:25 万遥感影像图进行图面修饰工作,添加了省界和县、市及以上的地名等。

三、完成工作情况

原库遥感影像图由中国国土资源航空物探遥感中心统一提供,已按数据库格式建立,河北省共包括22幅1:25万影像数据,影像格式为TIFF。

本次维护未有新影像数据增加,只针对14景ETM遥感数据库开展维护,主要内容是进行影像校正、数据融合处理;共完成全省29幅1:25万标准分幅TM影像图校正和编图。影像格式为TIFF,影像图上任意一点与实地误差不大于0.5mm,特殊情况下不大于0.75mm。完成全省1:50万遥感影像图1幅。

河北省遥感影像数据库更新维护情况见表4-5。

表4-5 河北省遥感影像数据库更新维护情况表

序号	维护大类	维护子类	填写维护情况内容
1	数据库维护基本情况	数据库名称	河北省遥感影像数据库
		数据库维护主要内容	检查所提供遥感影像数据库中的遥感影像,修改完善其中的内容;采用航遥中心提供的ETM数据编制1:25万分幅及河北省1:50万影像图
		数据库维护技术要求	《遥感资料应用技术要求》及遥感相关技术标准、规范,《全国矿产资源评价数据库维护技术要求》
		元数据维护情况	按照《地质信息元数据标准》(DD 2006—05)的规定,编写本次遥感影像数据库维护元数据
		维护前数量	ETM影像原始数据14景,1:25万标准分幅影像数据22幅
		维护后数量	ETM影像原始数据14景,1:25万标准分幅影像数据29幅。全省1:50影像图1幅
		新增数量	新增1:25万分幅影像图7幅。1幅1:50万影像图
		若为空间数据,其覆盖范围、比例尺、坐标参数	覆盖河北全境;平面直角坐标系统,1:25万及1:50万,1954年北京坐标系,1956年黄海高程基准,高斯-克吕格投影
		数据库维护负责人及主要技术人员	负责人:郑国庆;主要技术人员:李战,范素英
		数据库维护资料来源	中国国土资源航空物探遥感中心
		数据库维护存在的主要问题描述	由于采用ETM 2000年左右时相的数据,现势性稍差
		数据库其他情况描述	无
2	数据库概念模型维护情况	数据库概念模型变化情况	无
3	数据库维护后地质工作程度略图	地质数据库附工作程度略图	无
4	数据库维护工作流程	数据库维护工作流程框图	见图4-5
5	数据库维护验收情况	数据库维护工作完成情况	已完成
		数据库维护工作验收情况	2009年3月,通过由全国矿产资源潜力评价项目办组织的验收

第六节　1:20万自然重砂数据库

一、工作任务

河北省1:20万区域自然重砂数据已基本覆盖全省,前期数据库建设已全面入库,未收集到新的重砂数据入库,因此河北省对自然重砂数据库的维护任务主要是对原数据库的检查修改工作,根据1:20万自然重砂原始数据分析记录本,对已建自然重砂数据库,采用不同的方法进行全面的核查,根据核查记录,对其进行修改更正,同时对重砂数据库中缺失的重要字段数据(参与重砂异常计算的字段,如样品原始重量、重砂总重量、缩分后重量,矿物重部分鉴定结果,等等)进行补充。对河北省(市、区)汇水盆地数据库数据进行维护。同时对汇水盆地数据库进行维护,检查汇水盆地的合理性,并对汇水盆地的面属性进行赋值。

对自然重砂数据库进行全面检查,目的是查对数据的正确性和真实性,为建立与更新全国自然重砂数据库提供一套可靠的、高质量的基础数据。

二、工作方法及流程

本次维护工作主要是利用全国资源潜力评价项目办下发的重砂处理软件,通过统计计算、逻辑分析、成图等方式对河北省26幅1∶20万自然重砂数据库进行了整理、抽样检查等工作,原库共采集入库样品个数47 258个,样品鉴定个数163 682个。

主要检查方法及流程如下。

(1)通过逻辑分析(最大值和最小值检查法)对样品基本信息表中的和样品原始重量、重砂总重量、缩分次数、缩分后重量、磁性部分重量、电磁性部分重量、重部分重量、轻部分重量等字段值进行了抽样检查,检查未发现有不正常数据或不符合常理的数据。

(2)通过逻辑分析(最大值和最小值检查法)对重砂鉴定结果表中"矿物在磁性部分原始值""矿物在磁性部分量化值""矿物在电磁性部分原始值""矿物在电磁性部分量化值""矿物在重部分原始值"等字段值进行了抽样检查,检查未发现有不正常数据或不符合常理的数据。

(3)对有重砂鉴定报告的图幅,根据"技术要求"对重砂数据进行了核查,包括对样品信息表中的重砂总重量、缩分后的重量、磁性部分重量、电磁性部分重量、轻部分重量、重部分重量及矿物鉴定结果表各项数值一一对照进行核查。如发现有遗漏、错录的数据进行填卡、记录、修正,使核查后的数据完全准确无误。

(4)利用重砂软件对维护后的数据生成矿物点位图、分级图和八卦图,以便进一步检查数据的正确性。

三、完成工作情况

经过维护后河北省1∶20万重砂数据库共有26个图幅,入库样品个数47 258个,样品鉴定结果记录数163 682个。无新增及删减情况,数据格式为Access 2000。

河北自然重砂数据库维护情况见表4-6。

表4-6 河北省自然重砂数据库更新维护情况表

序号	维护大类	维护子类	填写维护情况内容
1	数据库维护基本情况	数据库名称	河北省1∶20万自然重砂数据库
		数据库维护主要内容	原1∶20万重砂数据库数据库检查、核对
		数据库维护技术要求	《全国矿产资源潜力评价数据模型 重砂分册》《1∶20万自然重砂数据库建设工作指南》
		元数据维护情况	按照《地质信息元数据标准》(DD 2006—05)的规定,编写本次自然重砂数据库维护元数据
		维护前数量	河北省26个图幅,共采集入库样品个数47 258个
		维护后数量	1∶20万重砂数据库26个图幅,样品个数47 258个
		新增数量	无新增
		若为空间数据,其覆盖范围、比例尺、坐标参数	覆盖范围河北省大部分山区。比例尺为1∶20万,投影平面直角坐标,北京54坐标系,高斯-克吕格,6度分带
		数据库维护负责人及主要技术人员	负责人:张大可;主要技术人员:田粉英
		数据库维护资料来源	河北省1∶20万分幅区域地质调查报告
		数据库维护存在的主要问题描述	

续表 4-6

序号	维护大类	维护子类	填写维护情况内容
1	数据库维护基本情况	数据库其他情况描述	自然重砂数据库还无法向全社会提供公开服务,只能在地矿行业内部
2	数据库概念模型维护情况	数据库概念模型变化情况	无
3	数据库维护后地质工作程度略图	地质数据库附工作程度略图	无
4	数据库维护工作流程	数据库维护工作流程框图	无
5	数据库维护验收情况	数据库维护工作完成情况	已完成维护工作
		数据库维护工作验收情况	已验收

第七节 矿产地数据库

一、工作任务

（1）根据河北省项目实际情况,按照矿产地数据库维护技术要求对河北省矿产地数据库原库进行检查维护与更新。

（2）补充河北省近年来新发现的矿产地信息(资料截至 2007 年底)。

二、工作方法及流程

以新修订的《矿产地数据库建设工作指南》为标准,以现有的河北省矿产地数据库为基础,参考矿产资源潜力评价数据库维护技术要求全面检查数据库内容并补充矿产地数据库建成以来新发现的矿产地。

由于矿产地数据库维护主要涉及两方面的工作,一是对原入库资料进行——核对的检查工作及更新,核查哪些矿产地是重复的、哪些矿产地是错的、哪些矿产地尚未入库;二是针对未入库资料进行全面系统地收集整理,并按《矿产地数据库建设工作指南》进行补充建库工作。因此其工作可以划分为 3 个阶段,各阶段主要工作方法及流程见图 4-6。

1. 数据核查

对项目办下发的河北省矿产地数据库进行核查。

（1）根据《矿产地数据库建设工作指南》要求,为便于今后矿产地数据库维护更新,需对原数据库扩充字段,对矿产地数据库中的矿产地基本信息属性表增加一维护识别字段,将维护更改情况在扩充字段中做出说明。

（2）针对以往应用矿产地数据库发现的问题如坐标错误、矿产地重复、矿产地归属错误等,进行检查处理;检查方法为由长期从事矿产地质工作的人员对每一条记录、每一字段进行浏览,对地理经度、地理纬度、矿产规模、矿床成因类型、储量等要加以特别关注。核实后留有记录。

（3）根据项目办的要求,对涉及行政区划代码变更的地区全部采用新代码,项目办下发的河北省矿产地数据库中需要进行行政区划代码变更的县(市、区)共有 20 个,涉及记录 213 条。

（4）根据项目办的要求,为便于今后应用,对矿产地数据库的矿产资源储量属性表中储量计算单位做统一具体的要求,需按统一储量计算单位对河北省数据中进行统一核实并对不一致的进行处理。

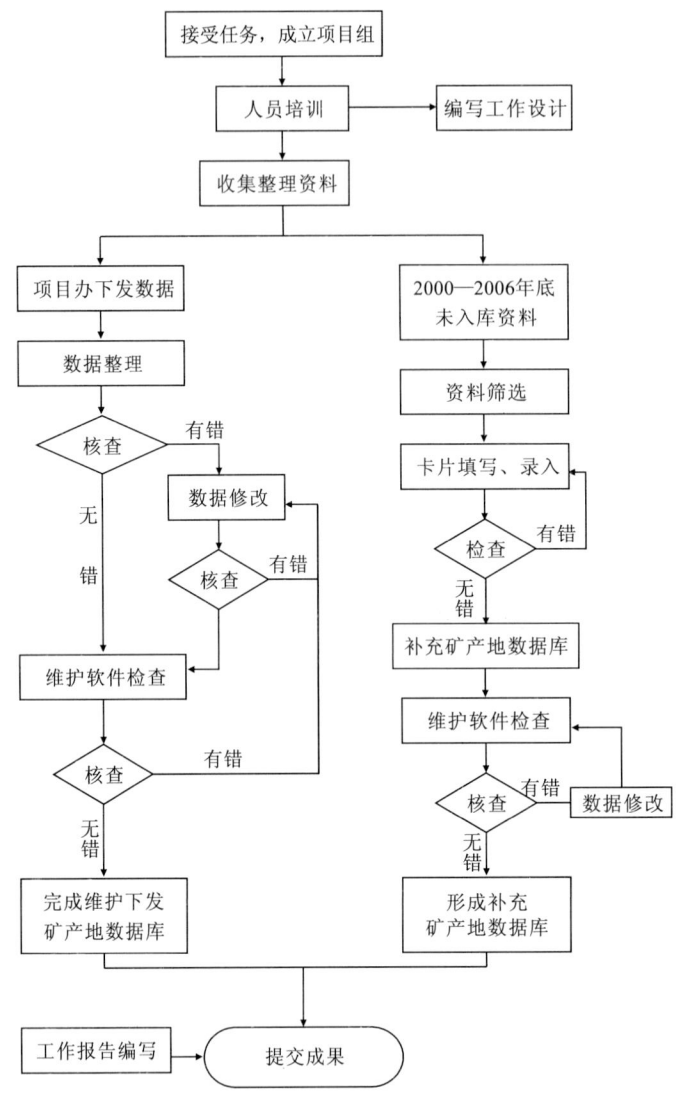

图 4-6 矿产地数据库维护工作流程图

2. 补充入库

(1)收集整理河北省未入库的矿产地数据库资料,特别是收集整理河北省与本次资源潜力预测评价有关的 24 个矿种(煤炭、煤层气、铝、铁、铜、铅、锌、锰、钾、金、钼、稀土、镓、银、磷、硫、萤石、金红石、石墨、冶镁白云岩、沸石、珍珠岩、重晶石、高铝黏土)的大、中、小型矿床、矿点和矿化点信息,包括河北省全行业的大调查、资补费项目、地方专项以及社会商业性项目有关成果资料。

(2)资料整理工作。对收集的资料,按照《矿产地数据库建设工作指南》要求进行整理,并填写属性卡。

(3)整理入库。在数据库管理系统中,按要求将卡片内容录入到数据库中,并输出检查。

3. 工作总结

完成数据库维护工作,并编写维护工作总结。报告附有新增矿产地表、新增字段表。

三、完成工作情况

根据矿产地数据库维护技术要求,完成了对河北省矿产地数据库的维护工作。

1. 河北省矿产地数据库原库维护情况

原矿产地数据库维护记录共 1025 条,工作过程中主要实物工作量包括:修改原数据库,新数据资料收集、属性卡片填写、卡片录入、检查、通过检查软件等。共去除原数据库重复数据150条,补充完善原库信息,完成原库更新。

修改情况均已记录并形成矿产地数据库更新表(表4-7、表4-8)。

此外,按照矿产地维护技术要求,对全部矿种进行了单位统一,因几乎涉及了全部数据,故未在数据库内容更新表中做出说明。

表4-7 删除原库重复数据一览表

序号	矿产地编号	矿种	矿产地名
1	130121018	2009	井陉县高家庄铝土矿
2	130121019	4190	井陉县山北铝土矿
3	130121020	2009	井陉县山北铝土矿
4	130121023	2009	井陉县赵村铺铝土矿
5	130121028	3902	井陉县城关乡陈家村
6	130121031	4190	井陉县南张村铝土矿
7	130129002	2005	赞皇县北水峪矾钛铁矿
8	130204011	2009	唐山市东矿区赵各庄
9	130204012	4190	唐山市卑家店铝土矿
10	130204015	4310	唐山市卑家店铝土矿
11	130204016	4310	唐山市望海寺铁矾土矿
12	130204018	4190	唐山市望海寺铁矾土矿
13	130204020	3941	唐山市长山沟熔剂灰岩
14	130205006	4190	唐山市半壁店耐火黏土
15	130205008	4190	唐山市鼓楼庄耐火黏土
16	130205015	2009	唐山市半壁店耐火黏土
17	130223005	3900	滦县杨柳庄
18	130223013	3904	滦县七家峪石灰岩
19	130226015	2001	迁安县影壁山铁矿
20	130321030	2008	青龙县周杖子铅锌矿
21	130406010	2009	峰峰矿区和村耐火黏土
22	130406013	4192	苏村软质耐火黏土矿
23	130406017	2009	峰峰矿区下拔剑铝土矿
24	130406021	2009	峰峰矿区都党铝土矿
25	130406023	2009	峰峰矿区彭城铝土矿
26	130406024	4190	峰峰矿区孙庄铝土矿
27	130426025	3070	涉县符山铁矿四矿体
28	130427002	4190	磁县六河沟耐火黏土
29	130429001	3070	永年县台口硫铁矿
30	130481037	2009	武安市野河
31	130481040	2013	武安市洪山铁矿马家脑
32	130481041	2013	武安市玉石洼铁矿
33	130481044	2009	武安市南李家庄黏土

续表 4-7

序号	矿产地编号	矿种	矿产地名
34	130481051	2009	武安市野河耐火黏土矿
35	130481052	2009	武安市暴庄耐火黏土矿
36	130481056	2013	武安市锁会铁矿一矿体
37	130481069	2013	武安市磁山村铁矿体
38	130521006	3941	邢台县前朴透菱镁矿
39	130521008	3640	邢台县大河菱镁矿
40	130522003	2009	临城县南程村黏土矿
41	130523003	3070	内邱县杏树台黄铁矿
42	130523004	3906	内邱县西邵明水泥灰岩
43	130523007	2012	内邱县杏树台钴镍矿
44	130523009	2006	内邱县桃园铜矿
45	130581005	2013	沙河市三王村黄铁矿
46	130581009	2013	沙河市西郝庄铁矿浅部
47	130581015	2013	沙河市中关村铁矿
48	130581020	2006	沙河市三王村黄铁矿
49	130581021	2017	沙河市三王村黄铁矿
50	130624011	2006	涞源县铁岭小立沟铜矿
51	130624012	2008	涞源县于城铜铁矿区
52	130624021	2008	涞源县大湾锌钼矿
53	130624024	2017	涞源县大湾锌钼矿
54	130624025	2008	涞源县镰巴岭铅锌矿
55	130624026	2006	涞源县木吉村铜矿
56	130624027	3070	涞源县铁岭小立沟铜矿
57	130624029	2006	涞源县铁岭铜铁矿
58	130624030	2008	涞源县于城铁矿岭南段
59	130624031	2008	涞源县白石口鼻子岭铜
60	130624032	2006	涞源县白石口鼻子岭铜
61	130624035	2001	涞源县铁岭鸽子岭铜矿
62	130624038	2008	涞源县南赵庄铅锌矿
63	130627010	2002	唐县大石峪金矿
64	130721007	2202	宣化县小营盘（北区）
65	130721010	2202	宣化县小营盘金矿
66	130721011	2202	宣化县韩家沟金矿
67	130721013	4290	宣化县堰家沟膨润土
68	130722005	2008	张北县兰冃铅锌矿区
69	130722006	2007	张北县蔡家营铅锌银矿
70	130722007	2008	张北县蔡家营铅锌银矿
71	130722008	2201	张北县蔡家营铅锌银矿

续表 4-7

序号	矿产地编号	矿种	矿产地名
72	130727005	2008	阳原县三义庄铁锌矿
73	130732009	2001	赤城县龙家沟
74	130732012	2007—2008	赤城县青羊沟
75	130732021	2202	赤城县火石沟银矿
76	130732022	2008	赤城县青羊沟铅锌矿
77	130732029	4851	赤城县独石口沸石矿
78	130803002	2005	承德市大庙钒钛铁矿
79	130803004	2001	承德市大庙钒钛铁矿
80	130804003	2006	承德寿王坟铜矿
81	130804007	2001	承德寿王坟铜矿
82	130821011	2007	承德县刘家营银铅锌矿
83	130821012	2008	承德县刘家营银铅锌矿
84	130821017	2005	承德县黑山铁矿东大洼
85	130821019	2008	承德县轿顶山铅锌矿
86	130821020	2008	承德市五道河铅锌矿
87	130821022	2101	承德县高寺台铬铁矿
88	130821023	2008	承德县姑子沟银铅锌矿
89	130821025	2202	承德县姑子沟银铅锌矿
90	130821026	2001	承德县黑山压青地铁矿
91	130821028	2001	承德县黑山钒钛磁铁矿
92	130821029	2005	承德县黑山压青地铁矿
93	130821030	5690	承德县头沟铁磷矿
94	130821033	2001	承德县马营铁磷矿
95	130821034	2005	承德县马营铁磷矿
96	130821035	2004	承德县马营铁磷矿
97	130821037	2004	承德县头沟铁磷矿
98	130821038	4511	承德县高寺台耐火橄榄
99	130821039	2202	承德县庞家沟银多金属
100	130821040	2007	承德县姑子沟银铅锌矿
101	130821041	2005	承德县头沟铁磷矿
102	130821042	2005	承德县黑山钒钛磁铁矿
103	130821043	2004	承德县黑山铁矿东大洼
104	130822010	2006	兴隆县莫古峪钼多金属
105	130823005	2017	平泉县小寺沟铜钼矿
106	130823014	2006	平泉县小寺沟 675m 下
107	130823016	2202	平泉县毛家沟锌多金属
108	130823017	2202	平泉县毛家沟锌多金属
109	130823018	2207	平泉县毛家沟锌多金属

续表 4-7

续表 4-7

序号	矿产地编号	矿种	矿产地名
110	130823019	2008	平泉县毛家沟锌多金属
111	130824007	2001	滦平县铁马土沟钒钛铁
112	130824008	2004	滦平县铁马土沟钒钛铁
113	130825001	2005	隆化县乌龙素沟铁矿
114	130825004	3360	隆化县伊逊河沟沸石矿
115	130825006	2004	隆化县乌龙素沟铁矿
116	130826008	2202	丰宁县牛圈银金矿
117	130826009	2202	丰宁县营房银铅锌矿
118	130826010	2102	丰宁县红石砬铂矿
119	130826011	2007	丰宁县营房银铅锌矿
120	130826012	2102	丰宁县红石砬五道河铂
121	130826015	2008	丰宁县营房银铅锌矿
122	130827010	2008	宽城县韩杖子铅锌矿
123	130828001	2007	围场县满汉土银铅锌矿
124	130828002	2008	围场县小扣花营铅锌矿
125	130828003	2008	围场县满汉土银铅锌矿
126	130828004	2008	围场县小扣花营银矿
127	130828006	2007	围场县小扣花营银矿
128	130828012	2201	围场县满汉土银铅锌矿
129	130828016	2007	围场县小扣花营铅锌矿
130	134121007	2008	易县华北村铅锌矿
131	134124002	2008	涞源县周家庄铅锌矿
132	134124005	2008	涞源县顾家沟铅锌矿
133	134124011	2202	涞源县鲍家路金矿
134	134124017	2017	涞源县龙门钨钼矿
135	134124019	2008	涞源县柏叶西沟铅锌矿
136	134124020	2008	涞源县后湖海银山铅锌
137	134124029	2202	涞源县范台金矿
138	134124030	2008	涞源县辛庄铅锌矿
139	134124032	2008	涞源县辛庄干沟铅锌矿
140	134124034	2008	涞源县合儿沟铅锌矿
141	134124039	2008	涞源县上沟铅锌矿
142	134129001	2008	涞水县田罗铅锌矿
143	134129004	2008	涞水县柏林城金锌矿
144	134231009	2008	平山县张家沟铅锌矿
145	134231011	2008	平山县秋卜洞铅锌矿
146	134238001	2202	阜平县东坊子金银矿
147	134238010	2202	阜平县上白岔金矿
148	134238014	2008	阜平县上扒背石铅锌矿
149	134238016	2008	阜平县银河村铅锌矿
150	134238017	2008	阜平县西庄旺铅锌矿

表 4-8 河北省矿产地数据库原库内容更新情况一览表

序号	属性表名称	矿产地编号	字段名称	原内容(kg)	更新内容(亿 t)
1	涞源县芦草湾含铜磁铁	134124037	储量计算单位	12	17
2	井陉县赵村铺铝土矿	130121021	探明储量	0	212.4
3	井陉县南张村铝土矿	130121030	探明储量	0	727.2
4	宣化县张全庄砂金矿	130721020	探明储量	0	242
5	张北县蔡家营铅锌银矿	130722009	探明储量	0	17.4
6	怀来县常寨子硅石矿	130730009	探明储量	0	202.41
7	怀来县麻黄峪铁矿	130730010	探明储量	0	583
8	涿鹿县赵家蓬区郭家湾花岗石材矿	130731008	探明储量	11 589	10 173
9	涿鹿县荞麦川黄铁矿	130731009	探明储量	0	183.54
10	涿鹿县塔院铁矿	130731011	探明储量	0	936.14
11	赤城县彭家沟银矿	130732016	探明储量	285.49	198.1
12	赤城县火石沟银矿	130732018	探明储量	237.9	153
13	赤城县象山铜矿	130732030	探明储量	0	4814
14	承德县姑子沟东山矿段	130821036	探明储量	0	3900
15	兴隆县大苇塘钨矿	130822015	探明储量	0	816.4
16	兴隆县花市钼矿	130822019	探明储量	0	1235.1
17	平泉县小寺沟铜钼矿	130823011	探明储量	0	27 204
18	平泉县毛家沟锌多金属	130823015	探明储量	0	7109.17
19	滦平县大熊沟铁矿	130824002	探明储量	0	218.36
20	隆化县大乌苏沟铁磷矿	130825002	探明储量	0	3562.8
21	丰宁县撒岱沟门钼矿	130826001	探明储量	187 253	28 520
22	鹿泉市王屋西坡山水泥灰岩矿	130122002	矿床规模	4	2
23	平泉县小榆树林水泥灰岩矿	130823020	矿床规模	4	3
24	涞水县永阳镇檀山水泥灰岩矿	132429001	矿床规模	4	3
25	承德县头沟铁磷矿	130821015	矿床规模	3	4
26	沙河市西郝庄铁矿浅部	130581008	矿床规模	3	4
27	张家口金矿南冷沟矿区	130721018	矿床规模	4	3
28	丰宁县牛圈银金矿	130826005	矿床规模	3	4
29	承德寿王坟铜矿	130804002	矿床规模	3	4
30	宣化县小营盘金矿	130721014	矿床规模	2	4
31	承德县姑子沟银铅锌矿	130821009	矿床规模	3	4
32	围场县满汉土银铅锌矿	130828005	矿床规模	3	4
33	唐山市后屯石灰岩	130205005	矿床规模	2	3
34	唐山市小梁山水泥灰岩	130205011	矿床规模	4	3
35	武安市赭山铁矿	130481067	矿床规模	4	3
36	承德县轿顶山铅锌矿	130821013	矿床规模	4	3
37	涞源县于城铁矿岭南段	130624036	矿床规模	3	4
38	兴隆县莫古峪钼多金属	130822012	矿床规模	3	4
39	宣化县小营盘(北区)	130721019	矿床规模	2	4

2. 新收集补充入库矿产地情况

本次维护工作新增数据共完成461份资料档案的收集填表及录入检查,其中特大型矿床15个,大型矿床38个,中型矿床82个,小型矿床279个,矿点28个,矿化点19个。具体矿种新入库情况见表4-9。

表4-9 河北省矿产地数据库新增数据按矿种统计表

序号	矿种	矿种代码	数量(个)	备注
1	煤	1001	17	预测相关矿种
2	铁矿	2001	166	预测相关矿种
3	锰矿	2002	2	预测相关矿种
4	铜矿	2006	9	预测相关矿种
5	铅锌矿	2007—2008	14	预测相关矿种
6	钼	2017	2	预测相关矿种
7	铬铁矿	2030	1	预测相关矿种
8	金矿	2201	99	预测相关矿种
9	银矿	2202	10	预测相关矿种
10	砂金	2204	2	预测相关矿种
11	石墨	3020	2	
12	硫铁矿	3070	2	预测相关矿种
13	蓝晶石	3200	1	
14	矽线石	3210	1	
15	云母	3280	5	
16	钾长石	3291	4	
17	石榴子石	3310	2	
18	蛭石	3350	1	
19	沸石	3360	1	
20	石膏	3520	4	
21	重晶石	3530	1	预测相关矿种
22	萤石	3700	1	预测相关矿种
23	石灰石	3900	1	
24	电石灰石	3901	1	
25	制碱用石灰岩	3902	1	
26	溶剂用石灰岩	3904	3	
27	水泥用灰岩	3906	25	
28	建筑石料用灰岩	3907	1	
29	白云岩	3941	6	

续表 4-9

序号	矿种	矿种代码	数量(个)	备注
30	硅砂矿	3970	1	
31	玻璃用砂岩	3972	3	
32	水泥用砂岩	3973	2	
33	石英砂岩	3990	4	
34	建筑用砂	3993	2	
35	玻璃用脉石英	4032	1	
36	水泥配料用脉石英	4033	1	
37	陶粒页岩	4131	4	
38	砖瓦用页岩	4132	7	
39	高岭土	4150	2	
40	陶瓷土	4170	1	
41	海泡石黏土	4230	5	
42	膨润土	4290	5	
43	水泥配料用黄土	4416	1	
44	玄武岩	4550	1	
45	建筑用玄武岩	4555	1	
46	辉绿岩	4570	1	
47	饰面用辉绿岩	4573	10	
48	饰面用辉长岩	4581	2	
49	饰面用正长岩	4631	1	
50	饰面用花岗岩	4712	13	
51	浮石	4790	1	
52	饰面用大理岩	4911	1	
53	建筑用大理岩	4912	1	
54	板岩	4920	4	
55	地下卤水	5530	1	

河北省矿产地数据库维护更新记录1025条,删除重复数据150条,更新原库内容39条,以2007年12月底为基准日,收集有关地质工作成果资料,新增矿产地461处。截至2008年底,矿产地数据库共有1336条记录。维护后的河北省矿产地数据库,按照矿产地数据库验收要求,提交成果分为河北省矿产地数据库维护成果和河北省新增补充矿产地数据库两部分,格式均为 MS Access 2003。

河北省矿产地数据库更新维护情况见表4-10。

表 4-10 河北省矿产地数据库更新维护情况表

序号	维护大类	维护子类	填写维护情况内容
1	数据库维护基本情况	数据库名称	河北省矿产地数据库
		数据库维护主要内容	原库检查,进行修改完善。收集 2000—2007 年提交的大调查项目、省级资源补偿费项目、地方专项等各类报告,按技术要求对其中的矿产地内容进行资料综合整理,录入建库
		数据库维护技术要求	《全国矿产资源潜力评价数据库维护工作技术要求》《矿产地数据库建设工作指南(2001)》
		元数据维护情况	按照《地质信息元数据标准》(DD 2006—05)的规定,编写本次矿产地数据库维护元数据
		维护前数量	1025 个矿产地
		维护后数量	1336 个矿产地
		新增数量	461 个矿产地
		若为空间数据,其覆盖范围、比例尺、坐标参数	覆盖河北省全境,地理坐标系统
		数据库维护负责人及主要技术人员	负责人:李晓敏;主要技术人员:李晶、郝俊景、韩腾飞
		数据库维护资料来源	河北省地质资料馆
		数据库维护存在的主要问题描述	数据表中个别数据项的规定与矿产勘查实际情况不符,难以填写;地质资料馆部分资料设有保护期,部分资料未收集到
		数据库其他情况描述	
2	数据库概念模型维护情况	数据库概念模型变化情况	(1)由原工作指南中的 9 个数据表增加到 11 个;(2)根据固体矿产资源储量分类(GB/T 17766—1999),矿产储量增加了相应的字段;(3)在基础情况表中增加了"维护情况"字段
3	数据库维护后地质工作程度略图	地质数据库附工作程度略图	无
4	数据库维护工作流程	数据库维护工作流程框图	见图 4-6
5	数据库维护验收情况	数据库维护工作完成情况	矿产地由原来的 1025 个增至 1336 处。已完成全部工作
		数据库维护工作验收情况	2009 年 3 月,通过全国矿产资源潜力评价项目办在天津组织的专家验收

第八节 地质工作程度数据库

一、工作任务

(1)根据河北省项目实际情况,按照地质工作程度数据库维护技术要求对河北省地质工作程度数据库原库进行检查维护与更新。

(2)全面收集河北省 2000—2006 年提交的大调查项目、省级资源补偿费项目、地方资源补偿费项目等各类地质工作报告,按技术要求对其中的地质工作内容进行资料综合整理,填卡并录入数据库。

二、工作方法及流程

本次地质工作程度数据库建设标准执行新修订的《地质工作程度数据库建设工作指南》,数据以中国地质调查局收集的河北省范围内的地质工作程度数据库为基础。

本次地质工作程度数据库维护主要工作内容分为两个部分:一是对原库的检查维护;二是增加 2000

河北省地质工作程度数据库更新维护情况见表4-13。

表4-13 河北省工作程度数据库维护具体情况描述表

序号	维护大类	维护子类	填写维护情况内容
1	数据库维护基本情况	数据库名称	河北省工作程度数据库
		数据库维护主要内容	地质工作程度数据库维护工作包括两项工作内容：其一，对原数据库中的数据内容进行检查，形成数据质量检查监控表；其二，收集、整理本部门2000—2006年各相关地质工作资料（国土资源大调查、资源补偿费矿产勘查、商业性地质勘查项目等），补充完善原来完成的地质工作程度数据库。资料截止日期为2006年12月
		数据库维护技术要求	《全国矿产资源潜力评价数据库维护工作技术要求》《全国地质工作程度数据库建设工作指南》
		元数据维护情况	根据《地质信息元数据标准》(DD 2006—05)的规定，编制了本次矿产地数据库维护元数据
		维护前数量	3412条
		维护后数量	3939条
		新增数量	527条
		若为空间数据，其覆盖范围、比例尺、坐标参数	范围覆盖河北省省域，坐标为无投影的地理坐标系
		数据库维护负责人及主要技术人员	负责人：李晓敏；主要技术人员：李晶、郝俊景、韩腾飞
		数据库维护资料来源	河北省地质调查院资料馆、河北地质资料馆
		数据库维护存在的主要问题描述	无
		数据库其他情况描述	无
2	数据库概念模型维护情况	数据库概念模型变化情况	(1)去掉原指南中与建国前有关的内容，如老科协等；(2)去掉原工作指南中与行业有关的内容，如核工业等；(3)增加了资料收集范围，如国土资源大调查、资源补偿费矿产勘查、商业性地质勘查项目等；(4)对用户ID号定义进行了修改
3	数据库维护后地质工作程度略图	地质数据库附工作程度略图	无
4	数据库维护工作流程	数据库维护工作流程框图	见图4-7
5	数据库维护验收情况	数据库维护工作完成情况	对原有数据库3412条记录进行更新维护，补充新资料至2007年底，共收集资料518份，补充地质工作程度数据库属性卡片527张，矿产地数据属性卡片388张
		数据库维护工作验收情况	2009年3月，通过全国矿产资源潜力评价项目办在天津组织的专家验收

第九节 工作标准及方法综述

一、引用标准综述

本次基础地学数据库维护建设参照和依据的标准综述如下。

GB/T 9649—88　　　　地质矿产术语分类代码
GB/T 2801—81　　　　全数字式日期表示法
GB/T 2660—98　　　　行政区划代码
GB/T 17766—1999　　　固体矿产资源/储量分类

独数据库,格式均为 MS Access 2003 格式,总库合计工作程度属性 3939 条,矿产地数据 1791 条。

本次地质工作程度更新维护新增数据按专业数据量统计及矿产地统计见表 4-11、表 4-12。

表 4-11 全国地质工作程度数据库维护(河北)各专业数据量统计表

专业种类	收集图层数(个)	图元数量(个)	图元性质
区域地质调查	3	11	线、区
地球化学勘查	3	6	线、区
地球物理勘查	5	13	线、区
遥感地质调查	4	9	线、区
水文地质调查	7	189	线、区
工程地质调查	1	2	线、区
环境地质调查	5	28	线、区
海洋地质调查	0	0	线、区
综合类地质调查	1	1	线、区
矿产勘查地质工作	11	268	线、区
合计	40	527	

表 4-12 全国地质工作程度数据库维护(河北)矿产地统计表

序号	矿产地类别	数量(个)
1	贵金属矿产地	78
2	有色金属矿产地	26
3	黑色金属矿产地	49
4	燃料矿产地	11
5	冶金辅助原料非金属矿产地	10
6	化工原料非金属矿产地	6
7	建筑材料非金属矿产地	79
8	其他非金属矿产地	6
9	水气矿产地	123
合计		388

(1)资料收集筛选、整理分类。首先根据工作指南的图层划分标准确定需要填卡的资料名称及专业类型。对填卡人员进行必要的填卡培训。印制所需的空白卡片,购买填卡所需的用品,如1∶5万地形图及笔、刀片、直尺等。

(2)属性卡片的填写。卡片填写是由经过专门培训的熟悉资料及地质专业的人员完成的,填写过程中根据填表说明,各数据项采用统一的格式。对于不明确的数据项,填写人员须与负责人研究后填写。除填写工作程度属性卡片外,另外对于矿产类卡片要填写相应的矿产地属性卡片。

(3)卡片填写的质量监控。卡片填写过程中质量控制主要是通过自检和互检完成的。首先,资料收集人员必须填写工作日志,工作日志的内容主要是序号、填卡日期、工作内容及存在问题等,通过工作日志一方面记录工作人员的工作内容即填写的资料名称,另一方面检查工作中出现的问题以及解决的方法。同时要求对卡片进行100%的自检,并定期填写自检表。为更好地控制填卡及自检质量,成立了质量检查组,用于专门控制填卡质量。质检组由项目负责人及一位有经验的地质专家共2个人组成,主要负责卡片的互检工作。互检工作是一项繁重而细致的工作,主要检查属性卡片的数据项的正确性、逻辑性及对应性问题。具体包括图层编号的正确性及与专业种类的对应性,项目名称及成果名称的对应性,矿产分类与勘查对象的对应性,比例尺、工区面积的合理性,地理坐标的正确性等,以及其他数据项格式的正确性。对于不合格的卡片数据项一方面在卡片上用铅笔标注,另一方面通过纸介质记录下来返回卡片填写人重新核对报告检查确认。对于互检工作中出现的问题,主要是通过数据采集互检表分批进行填写。

(4)属性卡片的整理工作。对于自检和互检(质检组)检查后无误的属性卡片,需要根据图层编号进行分类并编写统一的ID号,对于矿产地属性卡片根据规范分县编写矿产地号及ID号。对于矿产勘查类工作程度卡片需要填写相对应的矿产地号。此项工作完成后送微机室分类进行录入。

(5)属性卡片的录入工作。经检查无误及整理分类的属性卡片在项目办专门提供的录入软件中进行卡片录入。卡片录入是分别在几台微机上分类进行录入的。

(6)卡片录入的质量监控。卡片录入过程中主要通过数据录入的自检表及互检表来控制质量。要求录入时一定要对照卡片完全检查一遍,检查漏项及录入数据的正确性。同时检查原卡片中有问题的项,并作记录,与质检组协商解决。除填写自检表外,同时填写数据录入工作日志。录入完成后由录入人员分组进行互相检查,并填写互检表。最后由质检组人员进行分机检查,对于不正确或有疑问的数据项对照原卡片检查改正。

(7)数据的合并及检查。由分机录入的数据经检查人员分别进行格式、内容及试形成图层并挂接属性检查无误后,最终汇总成一个文件,由负责人进行此项工作。汇总的最终数据文件,再进行统一格式内容的检查,并对试挂属性进行空间图形错误的检查,发现的错误及时记录并对照原卡片改正。如原始卡片有误,改正卡片内容。最后再由项目办提供的检错软件进行检查。对于软件检出的错误,再对照卡片一一改正。最终达到机检合格。

(8)空间图形数据格式的生成及属性挂接。对于录入的卡片确认检查无误后,用项目办提供的专门软件生成项目要求提交的MapGIS格式,并按要求存于相应的目录下。

(9)对原有的数据库根据《全国地质工作程度数据库建设工作指南》开展原数据检查工作,经初步核检,原数据库内存在着ID号编号未按统一指南编制、部分环境地质图层变更为矿勘水文地质图层等问题,根据指南对原库内存在的本类问题进行了改正,并作质量检查修改记录。

(10)最后编写数据库维护工作报告及元数据,整理有关提交的卡片及文件等,汇总数据一并审查。

三、工作完成情况

按照《全国地质工作程度数据库建设工作指南》及新的图层划分办法,对原库进行了维护,原库维护记录3412条,检查并修正了原数据库内存在着ID号编号未按统一指南编制、部分环境地质图层应变更为矿勘水文地质图层等问题,原库修改ID号3412条,环境类图层变更为水文类图层18个。

新收集2006年以前地质工作资料518份,填写工作程度卡片527份,矿产地属性卡片388份。维护后的河北省地质工作程度数据库提交成果分为原库维护成果和河北省新补充地质工作程度数据库两个单年到 2006 年新的地质勘查成果及 2000 年之前形成并汇交的尚未入库的地质成果。工作方法及流程(图 4-7)分述如下。

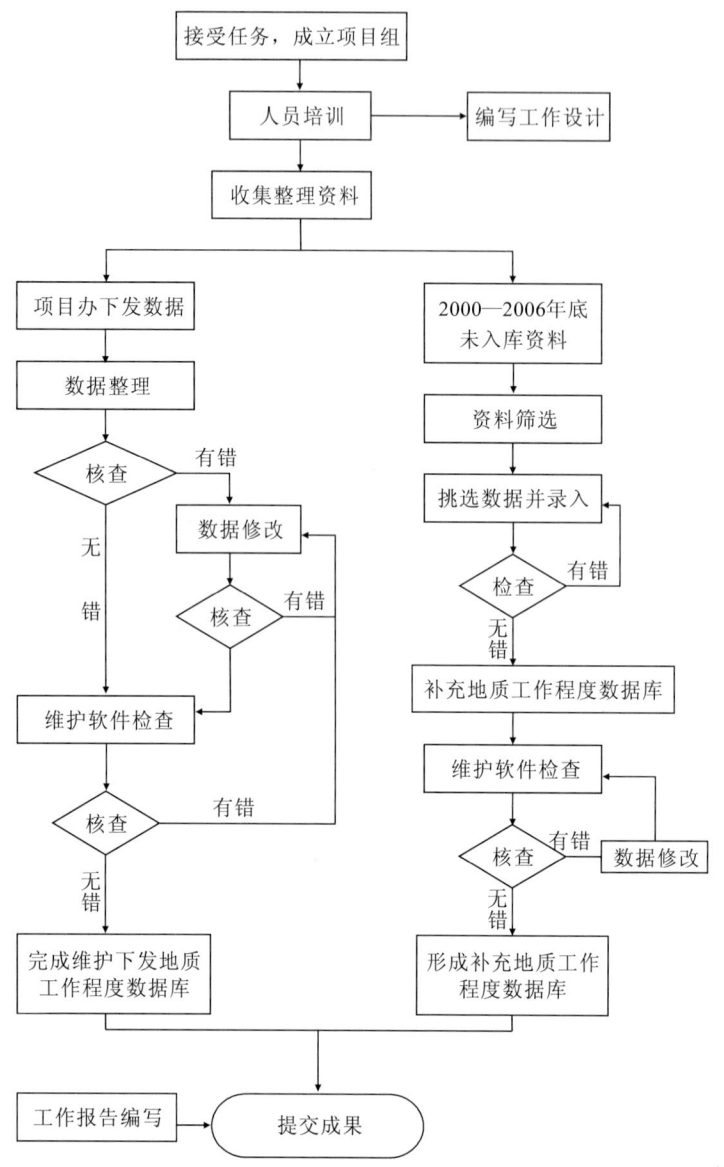

图 4-7 地质工作程度数据库维护工作流程图

1. 原地质工作程度数据库维护

由于新修改的工作指南的图层编号与以前不同,本次对原库中的大部分记录的图层编号及用户 ID 编号进行了修改,前两位按新的图层编号,第三、四位这次均改为河北代码"13",第五、六位按新的图层编码的后两位,后四位基本按原用户 ID 的后四位,如重复则修改,为保证用户 ID 的唯一性,我们将新旧用户 ID 分别登记在 Excel 表中进行排序,这样避免了重复。然后通过软件及人工检查地质图层、用户 ID、专业种类、专业子类、时间字段及个别图层的图幅编号是否正确,互相之间是否匹配,如有错误则进行记录,查询相关资料确认并修改。

2. 新增数据补充入库

工作流程严格遵循填卡、录入、空间数据形成这 3 个关键步骤,以质量检查贯穿于整个建库过程中,力争数据的全部准确符合标准为原则。具体工作安排分步有序实施,数据库维护工作流程如下。

DZ 58	原地质矿产部单位代码
GB 2260—99	中华人民共和国行政区划代码
GB 958—89	区域地质图图例(1∶50 000)
GB/T 13989—92	国家基本比例尺地形图分幅编号
GB/T 17694—1999	地理信息技术基本术语
DZ/T 0001—91	区域地质调查总则(1∶50 000)
DZ/T 0197—1997	数字化地质图图层及属性文件格式
DDB 9702	GIS图层描述数据内容标准
DDZ 9701	资源评价工作中地理信息系统工作细则
DZ/T 0179—1997	地质图用色标准及用色原则
DZ	地质资料著录文件格式
GB/T 13923—92	国土基础信息数据分类代码
GB/T 13989—92	国家基本比例尺地形图分幅编号
DZ/T 0157—95	1∶50 000地质图地理底图编绘规范
DZ/T 0160—95	1∶200 000地质图地理底图编绘规范及图式

地质矿产勘查标准汇编(1999)
地质图空间数据库建设工作指南2.0版
矿产地数据库建设工作指南
全国地质工作程度数据库建设工作指南
数据库维护工作技术要求
国土资发[2000]133号文
遥感资料应用技术要求
全国矿产资源潜力评价数据模型

二、工作方法及流程综述

各基础地学数据库维护工作流程总体工作流程综述如下。

(1)组织安排各基础地学数据库维护小组成员,并确定各维护小组负责人。

(2)组织各数据库维护小组成员进行学习,要熟悉所维护数据库已入库内容、相应的工作指南、维护技术要求及其数据库管理系统和GIS应用软件。要掌握矿产资源潜力评价项目对所维护的地学数据库的需求,确定矿产地数据库在矿产资源潜力评价项目中可以提供哪些技术支持,拟定实现技术支持的服务方案。

(3)各数据库维护小组要编写适合河北省实际情况的相应数据库的维护工作方案。

(4)收集各地学数据库需要补充的地质资料,按要求进行填卡、录入、扫描矢量化。要求为2006年底前未入库的地质资料。

(5)对所维护的地学数据库进行检查、修改、整理,对所修改的部分要有说明。

图形数据库数据检查分以下4个阶段进行:①收集全国返回的数据;②输出属性检查,属性与图形一致性检查;③数据拓扑错误及数据质量检查,拓扑一致性检查;④图面及整饰部分检查。

MDB数据库数据检查分以下2个阶段进行:①收集全国返回的数据;②利用已有的GIS应用软件对数据进行分类成图并结合收集回来的地质资料进行检查。

(6)对新收集到的地学内容按指南要求补充入库。

(7)编写相应的地学数据库维护工作报告。

(8)提交数据库维护成果。

第十节 质量监控方法

为了保证数据库更新维护工作顺利实施,切实落实"统一组织,统一思路,统一方法,统一标准,统一进度"的工作原则,数据库维护采取了如下保障措施。

一、加强专题管理

在本项工作的实施过程中,项目组将严格按照中国地质调查局和发展研究中心有关项目承担单位科研、生产项目管理办法规定与要求,执行国家、行业标准,规范化地开展研究工作;严格按照项目办相关项目管理办法执行。

二、落实专题负责管理负责制

专题参加人数多、涉及专业和学科广泛、工作内容繁杂、技术难度大、管理工作繁重。建立专题负责人与其他专题的联系和协调制度,负责专题日常工作安排及相关文档资料管理。其管理职责主要是对专题重大问题进行决策。具体如下。

(1)把握专题工作大方向,掌握项目总体目标任务的实现,对组织实施过程中目标任务的实现提出具体要求。

(2)对专题预期成果提出具体要求。

(3)在专题实施过程中,负责协调各专题之间的关系,确保专题顺利实施。

(4)对专题实施过程中发生的其他重大事项做出决策并通报项目管理组。

三、落实专题负责综合管理职能

负责专题日常管理工作,具体内容如下。

(1)负责制定专题管理制度,并检查执行情况。

(2)负责签订专题合同,并检查合同执行情况。

(3)负责专题工作进展调度工作,全面掌握专题进度情况,对存在问题的专题进行督促。

(4)负责组织专题年度考核工作,并通报考核结果。

(5)负责落实质量管理制度,负责汇总专题技术要求执行情况,对存在问题的专题组督促其改进。

(6)负责组织项目重大业务活动。

(7)负责专题文件档案管理。

(8)负责专题成果管理及资料汇交。

四、落实专题组内部管理职责

(1)专题组对子项目工作负责,全面落实项目管理制度的各项要求,并根据专题具体情况,进一步明确落实项目管理制度的具体措施。

(2)专题组必须明确内部管理职责,分解项目任务,落实岗位职责,明确管理责任。

(3)接受项目办公室的管理,严格履行项目合同的全部内容。

五、专题组人员组织及管理要求

(1)要求专题组80%以上人员必须是全职人员,必须确保全职时间从事专题工作,要求专题负责单位统筹安排,按此要求调配人力资源,确保专题任务落实。

(2)保持专题实施期间技术骨干的稳定。对数据库建库及计算机技术等各方面的技术骨干,一般情况下不能随意变换。

六、加强项目进度管理

(1)严格工作阶段的时间控制。

(2)建立项目工作报告制度,按季度、半年、年终提交工作报告,包括工作任务完成情况、工作质量管理情况、经费使用情况、存在问题等内容。

(3)建立项目调度制度,专题办公室按季度对各项目组工作进度进行调度,发现问题及时组织调查解决。

七、加强项目质量管理、建立专题质量管理制度

(1)建立工作日志制度:建立完整的工作日志表,每个作业员每天必须按要求填写工作日志,将每天的主要工作内容、出现的问题和处理方案记录下来。

(2)建立自查互检制度:建立完整的自查互检表,每个作业员对自己的工作都要进行100%的自查,并将自查结果和修改处理结果如实、完整地记录下来,由项目负责人员签名认可。在自查的基础上,由项目负责人员安排其他作业人员进行100%以上的互检,并将互检结果和修改处理结果如实、完整地记录下来,由项目负责人员签名认可。

(3)检查员检查制度:检查员对项目的阶段性成果和最终成果进行100%严格检查,并将检查结果如实、完整地记录下来,作业员根据检查记录进行修改,由检查员复核后签名认可。

(4)抽检制度:阶段性工作完成后,由项目负责抽取20%以上进行检查。根据抽检结果进行缺陷分类和计算,并对数据进行质量评价。

(5)复检修改制度:根据抽检结果和质量评价报告,作业员针对抽检提出的问题进行全面的复检和修改,确保检查内容全部符合质量要求。

(6)项目办根据总体设计进展要求,组织抽查技术要求执行情况以及质量情况。

第十一节 数据质量评述

本次基础地学数据库维护的所有原始数据库自中国地质调查局统一整合处理后按省分发,需要收集的原始地质成果资料均为省内验收后汇交的资料,资料来源真实可靠,符合项目要求,可为建库使用。

各基础地学数据库为了保证维护质量,均按相关的建库指南及技术要求进行维护,且使用专业技术人员的人工检查与计算机软件检查相结合的方法对数据库数据及补充入库数据进行100%的检查,以最大程度地保证数据库的数据质量,为河北省矿产资源潜力评价项目提供完整而准确的基础地学数据库。

第十二节 问题说明

在地学数据库更新与维护工作过程中,发现了一些问题,简述如下。

(1)由于矿产地数据库中矿产地编号按照工作指南标准规范编制,存在着与河北省矿产资源储量平衡表中的矿产地编号不能直接对应的问题,在数据应用中存在不便之处。建议增加新的字段项——储量平衡表矿产地编号。

(2)矿产地数据库中矿产地编号因行政区划编号历史上存在变更,可能造成同一行政区内不同编码现象存在,使用中应注意。

(3)矿产地数据库矿产储量问题:按照《全国矿产地数据库建设工作指南》(20091226版)规定,探明储量为111b+121b+2M11+2M21+2S11+2S21+331储量的总和,与其他项目规定的探明储量不一致,在今后数据使用中存在不便之处。

(4)地质工作程度数据库中,由于属性卡中矿产地数据项中的矿产地编号与已建立的矿产地数据库中的矿产地号不能直接对应,与河北省矿产资源储量平衡表不能对应,因此在今后数据应用中存在不便之处。

第五章　专题属性数据库建设支撑

本章介绍了本专题在河北省矿产资源潜力评价其他专题编图、属性图库建设过程中的信息技术支撑情况，包括各专题基础数据生产、提供，各专题软件的辅助应用，专题图属性库的规范化建设、质量检查复核等各方面。

第一节　综合信息集成专题总体支撑情况

河北省矿产资源潜力评价综合信息集成专题作为"河北省矿产资源潜力评价"省级项目的专题之一，主要工作之一就是为省级矿产资源潜力评价专题属性数据库建设提供支撑作用，为各专题提供建库技术服务。在全国项目办统一技术领导下，密切配合河北省其他专业专题组的工作，在项目进展过程中全面跟踪项目开展信息技术服务，根据数据模型配合各个专业专题组开展评价和成果数据库建设工作，数据库质量检查、验收和省级汇总工作，并通过工具软件的学习应用为其他专业专题组提供技术支持，保证各专业专题组数据库建设的质量。

专题属性数据库建设工作主要包括 GIS 图件的绘制及其属性数据库的建立、规范等内容。此项工作技术性强、难度大，涉及专业面很广，内容复杂，任务重，周期短，是一项系统的 GIS 工程。

为保证河北省矿产资源潜力评价整体项目的顺利完成，全面、全过程应用 GIS 技术，完成专题数据库建设，综合信息集成专题组及时为矿产资源潜力评价项目其他专题组提供技术支持，提供各专题需要的基础数据，熟练掌握各专业应用软件及数据模型，并应用于矿产资源潜力评价专题数据库建设中。主要情况如下。

（1）根据中国地质调查局发布的各数据库建设的最新建库指南和规范，有针对性地对部分相关基础数据库进行更新与维护，使这些数据库符合河北省矿产资源潜力评价各专题组基础数据提取的需求。

（2）参加中国地质调查局举办的与本专题有关的各种技术培训，掌握总项目推广应用的最新技术和软件操作系统，熟练处理地、物、化、遥等多学科、跨专业数据库数据，在河北省成矿地质背景、成矿规律及矿产预测、重力资料应用、磁法资料应用、化探资料应用、重砂资料应用、遥感资料应用等专题的编图和建库方面按数据模型及 GeoMAG 软件的要求进行指导，并进行具体演示，使各专题组基本了解了数据库建设的基本要求和具体操作过程。

（3）为了保证数据库建设中数据库代码不冲突，河北省综合信息集成专题组配合总项目组对河北省内涉及的矿产预测类型、预测工作区及典型矿床代码进行了编号，各专题组均按统一编号进行建库，从而保证了各预测工作区及典型矿床数据库编码的唯一性。

（4）协助矿产预测组完成各预测工作区及典型矿床统一图框制作，为其他各专业提供编图范围。

（5）河北省综合信息集成专题组向各专业专题提供最新的数据模型及对应的 GeoMAG 软件，保证软件使用的实时性，避免因新旧软件问题造成不必要的重复修改工作。

（6）对各专题组在使用数据模型和建库过程中发现的问题进行解答，或向总项目组专家进行请教，汇总后提供给各专题组使用，从而保证了各专题组及时得到最新信息。

（7）在专业组数据库建设过程中，综合信息集成专题组随时解答各专业组遇到的各类问题，必要时要到现场进行解决。

（8）综合信息专题组还承担了部分省项目办职责，为各专业组之间的图件及属性数据库提供收集、整理、分发等服务,便于各专业组能及时应用到最新的其他专业数据资料。

(9)综合信息集成专题组通过对专业组的技术支持,协助各专业组完成了河北省省级基础编图、大地构造相图、国家要求及省级自增矿种(铁、铝、铜、金、铅锌、磷、铬铁、菱镁、硫铁、锰、钼、镍、钨、银、萤石、重晶石、石灰岩、碎云母)各专业图件的数据库建设。

(10)严格规范河北省各专题图库建设,在数据库建设过程中,严格按照《全国矿产资源潜力评价数据模型》《全国矿产资源潜力评价项目数据库维护工作技术要求》《地质信息元数据标准》及《全国矿产资源潜力评价省级矿产资源潜力评价资料性成果图件及属性库复核汇总技术方案》(项目办发[2010]35号通知)等相关规定要求开展工作,在统一严格把关、数据库质量三级检查、验收和省级汇总工作的基础上,完成河北省图库建设工作。

第二节 基础地质数据库数据支撑情况

综合信息集成专题通过补充完善基础地学数据库,维护了河北省各类基础地质数据库,实现了河北省地质资料的全面完整的数字化和计算机化,便于以后工作资料数据的查询检索,为省级各专业专题提供基础地质资料服务。

根据省级各专业专题组提供的数据库资料收集清单,综合信息集成专题组按专业、矿种、预测工作区等不同需求对省内基础地质数据库中进行检索、查询、裁剪、投影、换库等工作后,给专业组提供准确而详细的数据库,为后期编图及数据库建设奠定了良好的基础。

提供服务的基础地质数据库主要有以下几种:
(1)1∶20万数字地质图空间数据库。
(2)1∶50万数字地质图空间数据库。
(3)地质工作程度数据库。
(4)矿产地数据库。
(5)航测数据库(1∶20万、1∶5万、1∶100万)。
(6)区域重力数据库(1∶20万、1∶50万)。
(7)区域化探数据库(1∶20万、1∶50万)。
(8)1∶20万自然重砂数据库。
(9)地理底图数据库。
(10)1∶25万遥感影像图数据库等。

通过与其他专题组的配合协作建立河北省重要矿产资源潜力预测评价数据库和成果数据库,特别是成矿远景区的地学空间数据库,为今后开展矿产勘查的规划部署研究奠定了扎实的信息基础。

第三节 属性数据库建设软件支撑情况

河北省矿产资源潜力评价工作全过程应用GIS信息技术开展评价、预测工作,包括专题属性数据库建设过程中,充分发挥软件的方便、快捷、标准性、规范化、专业性作用,大大提高了专题编图建库的效率和质量,有力地支撑了各专题项目工作。同时也促进了《全国矿产资源潜力评价数据模型规范》的深入应用。属性数据库建设应用的主要软件包括:GeoMAG、GeoTOK、地质背景数据库数据查错改错软件平台、元数据采集器、MapGIS等。

一、GeoMAG软件

全国矿产资源潜力评价数据模型使用软件GeoMAG3.1(Geology Map – Model Generator for Map-

GIS 6.X),由全国重要矿产资源潜力评价综合信息集成项目组组织开发研制,主要用于按《全国矿产资源潜力评价数据模型》对图件及属性库结构进行规范、检查、修改,对图件进行属性库建设工作,辅助矿产资源潜力评价图件汇总工作。

GeoMAG 的软件体系结构如图 5-1 所示。

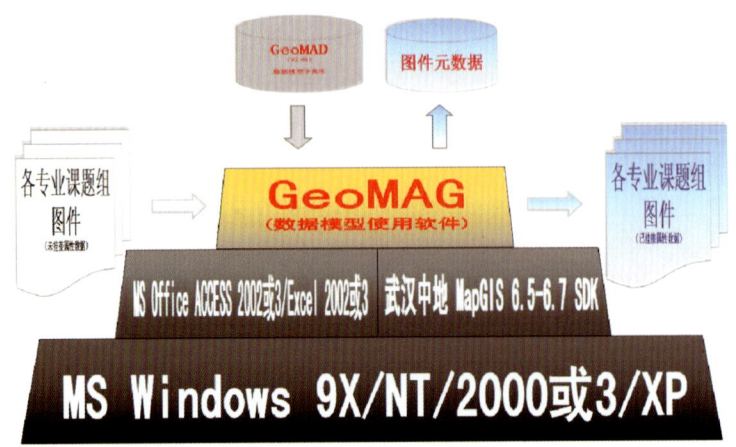

图 5-1 GeoMAG 软件体系结构

GeoMAG 软件的主界面如图 5-2 所示。

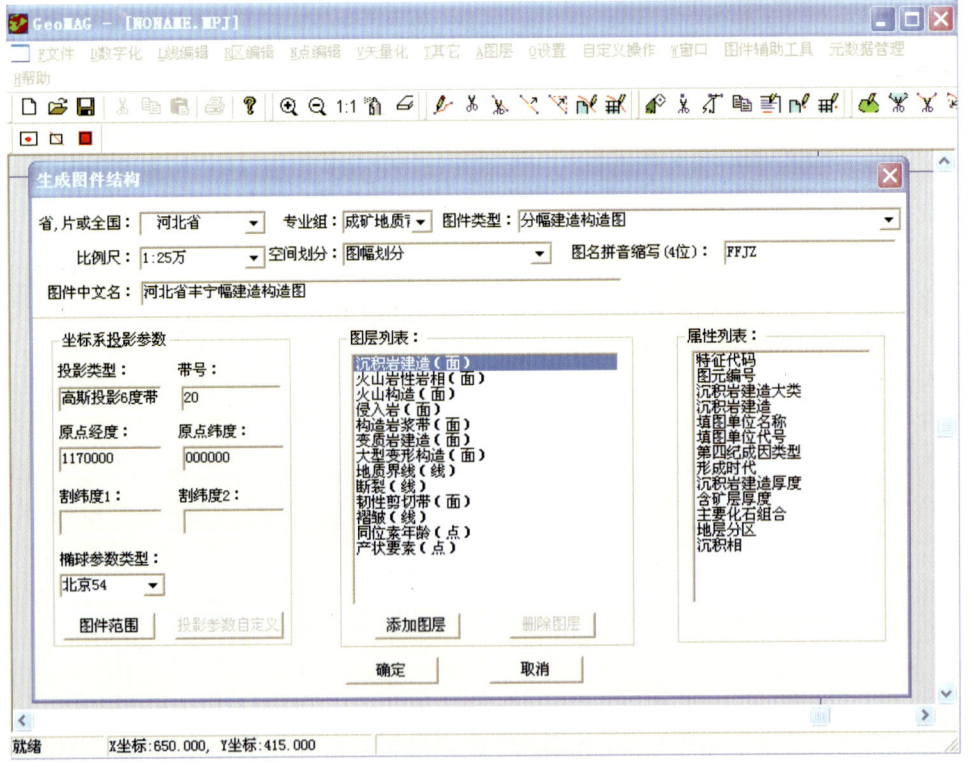

图 5-2 GeoMAG 软件主界面

利用 GeoMAG 软件对各专题属性库建设成败起到了决定性作用。

(1)使用 GeoMAG 软件,通过"生成图件结构""转入/转出图元属性""批改图元属性""添加其他图层""规范图件结构"等功能,生成符合《全国矿产资源潜力评价数据模型规范》图件结构,简化了编图专业人员或计算机制图人员手工执行数据模型规范的繁琐而枯燥的工作流程,提高了建库效率。同时保证了矿产资源潜力评价工作所形成的图件与图件数据库符合全国矿产资源潜力评价数据模型规范，为建设全国一体的综合空间数据库提供了技术方法保障。

（2）利用 GeoMAG 软件的"规范图件结构"功能，在图件名称、图件代码、图件分层、图层几何特性（点、线、面）、图层属性数据表结构、属性数据项代码、属性数据项名称、属性数据项的值域约束、下属词类数据项的下属词代码与文字说明规定、图件比例尺、图件空间坐标系统参数等方面，确保了矿产资源潜力评价工作所形成的图件成果数据库完全符合《全国矿产资源潜力评价数据模型》规范，从而建设成规范一致、高度统一的综合空间数据集。

（3）应用 GeoMAG 软件核心检查功能，检查验收了河北省所有成果图件属性库数据。通过检查图件结构、投影参数，检查属性结构、填写率、错误率等，进行特定项、值域、空间拓扑关系等多方面综合验收，保证了成果图件数据库符合《全国矿产资源潜力评价数据模型》规范要求，降低了图件结构及属性错误，保证了数据的完整性、逻辑一致性、概念一致性、拓扑一致性、值域一致性。

二、GeoTOK 软件

矿产资源潜力评价成果图件空间拓扑检查软件，英文名是：GeoTopologicalCheck（简称"GeoTOK"）。由全国重要矿产资源潜力评价综合信息集成项目组组织研制开发并提供使用，立足于对空间数据集的空间精度及拓扑结构进行检验与评估。

一方面软件将"空间拓扑检查规则""空间拓扑检查记录""空间拓扑质量评价"三者有机集成处理；另一方面，将"空间拓扑检查规则"内容、"空间拓扑质量评价"处理与 GeoTOK 软件处理适度独立，增加了灵活性与通用性，减少了交互操作，统一了检查要求，提高了检查效率。软件依据"空间拓扑检查规则"对图件进行空间拓扑检查的结果记录以 Excel 表格形式表示，方便自检自查和质量缺陷分析。

软件功能包括点元空间检查、线元空间检查、面元空间检查、局部拓扑一致性检查和整体拓扑一致性检查 5 类检查，其中点元空间检查、线元空间检查属于空间数据检查，面元空间检查属于空间数据与空间拓扑检查，局部拓扑一致性检查、整体拓扑一致性检查属于空间拓扑检查。对各类成果图件的每一图层，可能进行 5 类检查中的一种或多种联合检查，也可能不作任何检查，其具体到每一类图的详细设定依据项目管理规范进行，全国统一要求，程序内置。

三、MapGIS 软件

MapGIS 地理信息系统是中国地质大学（武汉）信息工程学院开发的工具型地理信息系统软件，它是一个集当代最先进的图形、图像、地质、地理、遥感、测绘、人工智能、计算机科学等于一体的高效大型智能软件系统，是集地图输入、数据库管理空间分析为一体的空间信息系统，为管理与决策提供现代化的先进工具，MapGIS 软件是国土资源部信息化建设 GIS 开发的首选平台。

目前，MapGIS 软件在国内已广泛应用于国土、管线、电信、石油、电力、环保、军事以及海洋等众多领域。现 MapGIS 软件在地矿部门已得到了广泛使用，为本次矿产资源潜力评价实现"全面全过程应用 GIS 技术手段"打下了基础。

MapGIS 作为新一代超大型 GIS 基础软件平台，提供了丰富的二次开发函数库及类库，大大方便了用户进行 GIS 软件系统的开发与集成。全国矿产资源潜力评价数据模型 使用软件（GeoMAG）及其附属软件（GeoTOK）就是在 MapGIS 基础软件平台上开发出来的。

MapGIS 的应用是矿产资源潜力评价专题数据库建设的基础，是本次工作最基础、最重要的基础地理信息系统软件支撑平台，主要在矿产资源潜力评价图件图形信息的矢量化、空间内容的编辑修改、图层的划分、图件空间拓扑关系的建立、属性库的建设等方面得到了全面全过程充分技术应用。

四、元数据采集器

全国矿产资源潜力评价元数据采集器（Access）是本次矿产资源潜力评价元数据制作的软件，软件采用了《地质信息元数据标准》，元数据内容符合《全国矿产资源潜力评价数据模型 元数据规定分册》要求，元数据格式按规定提交 XML 和自由格式两种。

元数据采集器(Access)工具软件(1.2版)的主界面如图 5-3 所示,根据全国矿产资源潜力评价项目要求,本次各专题属性数据库建设过程中,每个图库包括一图一库一元数据一说明文件等内容,其中元数据是图库建设的重要组成内容之一。按照《地质信息元数据标准》(DD 2006—05)和全国矿产资源潜力评价项目组提供的元数据模板,利用元数据采集器软件开展元数据建设工作。

在使用元数据采集器(Access)工具软件(1.2版)采集元数据时,首先调用"全国矿产资源潜力评价元数据模板.xsd",模板文件与地质信息元数据标准(DD 2006—05)对应。内容严格按《全国矿产资源潜力评价数据模型　元数据规定分册》要求填写。

利用元数据采集器软件统一标准化录入处理,从而保证元数据 XML 格式、自由文本格式的正确性、标准性。通过使用元数据采集器的"导入导出"操作,可以验证元数据格式的正确与否,以防止人为直接修改元数据内容产生的错误。由于本次各专题组统一贯彻使用数据录入模板,利用最新版本元数据标准提高了元数据规范化水平。

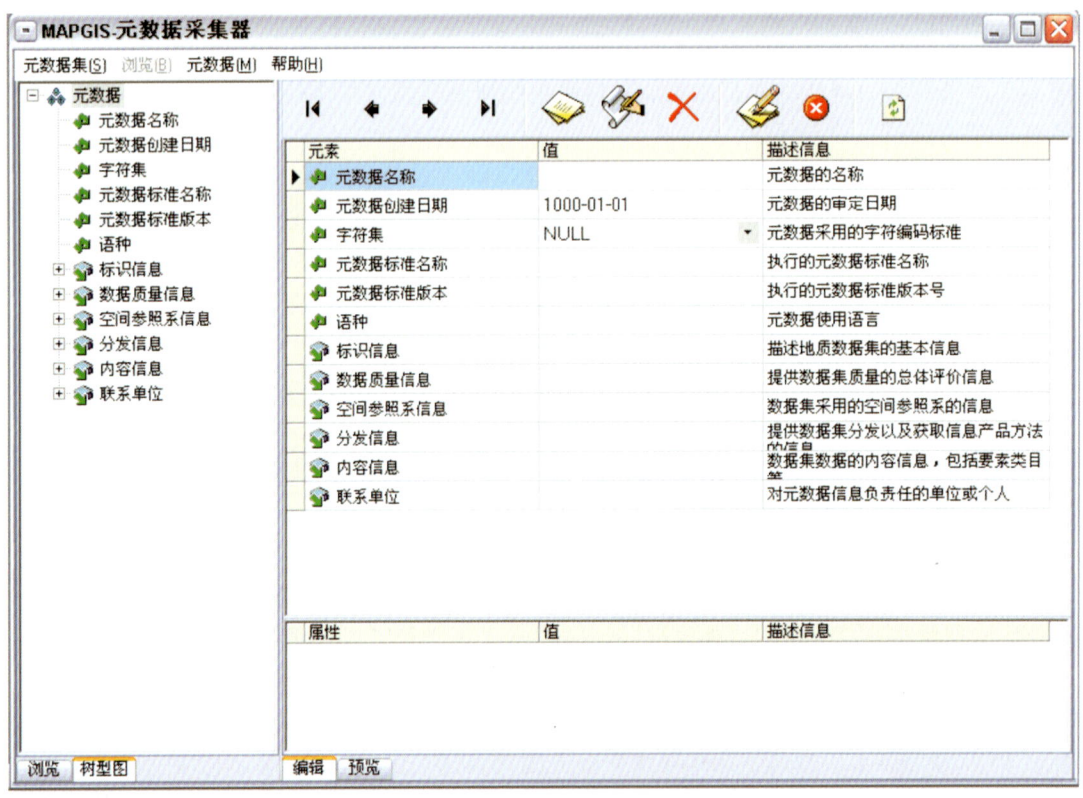

图 5-3　元数据采集器软件主界面

《地质信息元数据标准》由中国地质调查局发布试用,对地质调查空间信息的编目、管理、发布和社会服务上起到了重要的指导和推进作用。本标准采用 UML 与数据字典相结合的方法描述元数据内容和结构,地质信息的元数据由 7 个子集(相对应的 7 个子集表)和 14 个代码表构成。

元数据由 7 个子集组成,包括元数据信息、标识信息、数据质量信息、空间参照系信息、分发信息、内容信息、联系信息等子集,见图 5-4。

本标准中共有 14 个代码表,包括 Cl_职责代码、MD_限制代码、MD_表示类型代码、SC_水平坐标参照系代码、MD_维护频率代码、MD_关键词类型代码、MD_字符集代码、CI_表达形式代码、MD_安全限制分级代码、MD_现状代码、MD_分类代码、SC_坐标系类型代码、SC_垂向坐标参照系代码和ISO19115MD_介质名称代码。

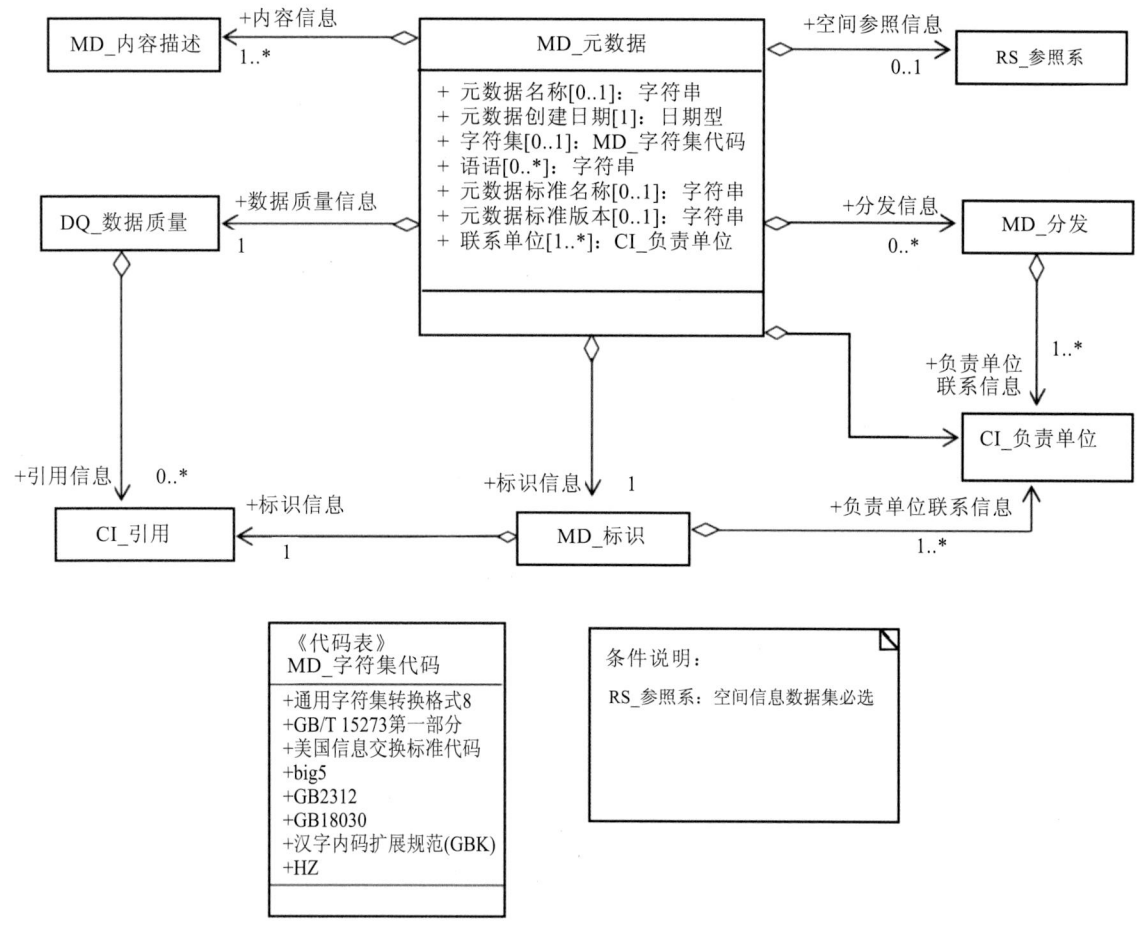

图 5-4 元数据信息

第四节 数据模型支撑情况

为规范全国矿产资源潜力评价工作，实现统一组织、统一思路、统一方法、统一标准、统一进度的工作思路，同时保障矿产资源潜力评价工作实施的技术策略"全面全过程应用 GIS 技术手段"落到实处，确保矿产资源潜力评价工作所取得的图库成果的汇总与集成工作易于实现。全国矿产资源潜力评价办公室在完成编写"全国矿产资源潜力评价各专业工作技术要求"的基础上，完成了全国矿产资源潜力评价数据模型的编制，为全国矿产资源潜力评价工作总任务的实现打下了坚实的基础。

一、数据模型内容

全国矿产资源潜力评价数据模型规范其内容共计 19 个分册（包括专业与公用两部分），约 500 万字。本数据模型是关于全国矿产资源潜力评价工作过程数据和最终成果数据本身及其关系的描述。采用若干表格形式进行描述，便于各方面地学专家、行业数据库人员以及计算机制图人员等接受。另外，为了易于汇总、方便实施，在全国矿产资源潜力评价数据模型中，增加了若干成果表达统一规定内容。

全国矿产资源潜力评价数据模型规范内容如下。

（1）从专业角度，全国矿产资源潜力评价数据模型包括两大部分及相关内容。

第一部分，数据模型的专业部分，用于规范各专业数据模型内容：

《全国矿产资源潜力评价数据模型　成矿地质背景分册》

《全国矿产资源潜力评价数据模型　成矿规律及预测分册》

《全国矿产资源潜力评价数据模型　重力分册》
《全国矿产资源潜力评价数据模型　航磁分册》
《全国矿产资源潜力评价数据模型　化探分册》
《全国矿产资源潜力评价数据模型　遥感分册》
《全国矿产资源潜力评价数据模型　自然重砂分册》
《全国矿产资源潜力评价数据模型　煤炭预测分册》
《全国矿产资源潜力评价数据模型　铀矿预测分册》

该部分数据模型主要基于各专题研究及矿产预测的工作技术要求，描述各专题研究及矿产预测数据模型内容，主要包括数据表结构及填写规定、图件与图层、数据库与数据表以及相应代码与命名等。

第二部分，数据模型的公用部分，用于配合、辅助规范各专业的数据模型内容：

《全国矿产资源潜力评价数据模型　通用代码规定分册》
《全国矿产资源潜力评价数据模型　专业谱系及特征分类分册》
《全国矿产资源潜力评价数据模型　数据项下属词规定分册》
《全国矿产资源潜力评价数据模型　年代地层及岩石地层单位分册》
《全国矿产资源潜力评价数据模型　大地构造分区代码规定分册》
《全国矿产资源潜力评价数据模型　成矿区带分区代码规定分册》
《全国矿产资源潜力评价数据模型　空间坐标系统及其参数规定分册》
《全国矿产资源潜力评价数据模型　地理信息分册》
《全国矿产资源潜力评价数据模型　元数据规定分册》
《全国矿产资源潜力评价数据模型　统一图例规定分册》

该部分数据模型描述各专题研究及矿产预测的编图及建库过程中所引用的通用代码规定、专业谱系及特征分类代码规定、数据项下属词代码规定、年代地层及岩石地层单位代码规定、大地构造分区代码规定、成矿区带分区代码规定、图件表达的空间坐标系及其参数规定、基础地理信息数据表结构定义及图层命名规定、元数据填写与提交规定、基于MapGIS软件制图使用统一系统库规定等。

（2）从信息数据库角度，全国矿产资源潜力评价数据模型的基本内容，分如下几个方面。

①地调领域专业谱系（包括地理、制图等辅助专业谱系）。

②地调领域特征（空间与非空间）分类。

③特征分类描述，包括数据表结构定义、数据项定义或描述、数据项下属词规定。

④统一图例规范，包括线型、符号、花纹、用色等其他规范。

⑤统一图件规范，包括图件类（图件）、图层类（图层）、特征类（特征）、图式、比例尺、空间坐标系统规定及其之间的关系、规则等。

⑥统一数据模型文档，包括全国、片区、省区及其铀矿预测组、煤炭预测组的内容，直接用于其项目实施后的数据结果的格式规范执行标准。

⑦全国矿产资源潜力评价数据库逻辑模型。

⑧全国矿产资源潜力评价数据库物理模型。

二、数据模型的支撑作用

全国矿产资源潜力评价数据模型是基于各专业工作技术要求规范开展与完成的，提供统一的全国矿产资源潜力评价数据模型要求，便于参加全国矿产资源潜力评价工作的所有项目人员按"统一标准"遵照执行，并作为项目各级管理者进行项目质量监督检查、成果验收的可操作依据。全国矿产资源潜力评价数据模型规范是各专题项目组进行专题图件绘制及图件图层属性数据库建设的标准、指南。

1. 编制专题图件的指南

（1）确定各专题所要编制的图件及其所包含的图层，对图件及图层的名称做出了规定，并对图件比例尺、图层特征内容做了简述。

(2)规定了各专题图件的编绘软件"基于 MapGIS",并确定采取统一的图例图式(字体库、系统库)。

(3)规定图件所使用的坐标参数,包括地球椭球参数类型、地球投影类型、具体投影参数等。

2. 建设属性数据库指南

(1)规定了图件中各图层的属性结构,包括数据项代码、数据类型、存储长度等。

(2)对图层中各字段数据项填写做出了规定,对填写代码的数据项提供了"数据项下属词代码查找手册"。

按照《全国矿产资源潜力评价数据模型》的规定,进行各专题图件编制,根据一图一库的原则,建设各类专题信息数据库,实现了项目提出的"全面全过程应用 GIS 技术""统一标准"建设各专题图件数据库的总体原则和技术路线。

第五节 对各专题数据库建设的支撑情况

一、地质背景专题

河北省资源潜力评价地质背景专题的成果图件数据库建设采取专业组与综合信息组结合的方式完成。背景组负责资料收集整理、图形数据及属性的采集、属性卡片填写、属性数据的录入、编图建库说明书编写。信息组负责软件培训、编制成果图件、建立数据库、数据的质量检查修改以及建立元数据等工作。

(一)专业软件使用支撑情况

1. MapGIS 6.7 软件

使用 MapGIS 软件协助地质背景组处理基础图件,例如对剖面图-地质图进行矢量化、进行投影变换、建立属性结构、拓扑造区等。

2. GeoTOK 软件

使用 GeoTOK 对地质背景组所有图件进行拓扑结点检查、重叠点坐标检查、Z 字线检查、自相交线弧检查、多余弧段检查、重复点线面检查、文件压缩存盘情况检查、套合一致性检查、拓扑一致性检查,并与 MapGIS 软件相结合对有误图层进行修改。

3. GeoMAG 软件

对地质背景组专家进行培训,使他们能够熟练地使用 GeoMAG 录入专业属性,对地质背景组建库图件进行规范图件结构、转入/转出图元属性、编辑/浏览图元属性、批改图元属性、检查图件数据、数据收集、维护、查阅、导出等工作。

(二)数据模型应用情况

地质背景专题图库的建设依据全国总项目组提供的统一的数据模型进行建库。在建库过程中综合信息专题组对其数据库类型、空间数据库结构、图层和属性内容(反映要素)按矿产资源评价数据模型进行统一约定。

(1)空间坐标体系,为了保持各数据空间位置的一致性,必须统一评价信息库的空间坐标体系和空间坐标单位。成图比例尺不同的图件比例尺统一采用北京 54 坐标系,全省性图件采用非标准分带高斯-克吕格投影,中央经线采用 112°30′00″,任意纬度取 00°00′00″,单位为毫米;1∶5 万、1∶25 万不同比例尺预测工作区及标准分幅图件统一采用北京 54 坐标系,采用标准 6 度带高斯-克吕格投影,单位为毫米;大于

1∶2.5万比例尺(主要为典型矿床图件)采用北京54坐标系,标准3度带高斯-克吕格投影,单位为毫米。空间数据投影后需采用地理经纬度,而且,地理经纬度既可以是基于北京54坐标系的地理经纬度,也可以是基于西安80坐标系的地理经纬度。

(2)统一系统库,保持图面参数的一致,评价信息库及其相应的图件用统一的系统库,采用全国总项目组下发的系统库,便于全国统一。

(3)图层结构、图层命名与编码规则、属性表命名规则、属性内容、属性表格结构和属性字段命名规则等建库标准及原则均按总项目提供的数据模型中的详细规定建库。

(4)建库与编图平台。主要应用软件 GeoMAG、GeoTOK、MapGIS 6.7、Access2003、Excel2003,其中图件库 MapGIS 6.7、GeoMAG 为建库主平台,属性表以 Excel2003 为主。

(三)技术路线与技术流程

1. 技术路线

以全国矿产资源潜力评价的总体要求为技术指导,在充分收集、整理、研究全省专题资料和地质成果的基础上,应用先进的处理和解释技术,在全省、预测区和典型矿床所在地区进行处理、分析;在先进的地质理论的指导下,充分利用地质矿产、物探、化探、遥感及自然重砂成果,按全国统一要求,编制成果图件。为河北省矿产资源潜力评价提供丰富的地质信息服务。

在整个工作流程中涉及的主要工作方法为资料收集整理、图形数据及属性的采集、属性卡片填写、属性数据的录入、图库数据的汇总、数据的质量检查修改,以及建立元数据、编写编图建库说明书等。

1)资料收集筛选、整理分类,做好培训准备

将所收集到的资料分类整理,筛选出所需资料资源。对编图建库人员进行必要的培训。购买所需的用品。

2)数据资料采集

将筛选出的地质资料进行复印、扫描,扫描格式为 TIFF,分辨率为 200dpi。利用 MapGIS 将 TIFF 格式图件转换为.msi 挑选所需信息进行矢量化。

3)编制成果图件

按照《全国矿产资源潜力评价数据模型(V3.10 版)》要求编制各类成果图件,包括中间过渡性图件等。

4)属性卡片填写

填写属性卡片。卡片填写由经过专门培训的熟悉资料及地质专业的人员负责,填写过程中依据《全国矿产资源潜力评价数据模型(V3.10)》要求采集数据资料,各数据项采用统一的格式。

5)属性数据的整理录入挂接

卡片填写过程中质量控制主要是通过自检和互检完成的。主要检查属性卡片数据项的正确性、逻辑性及对应性问题。对于自检和互检检查后无误的属性卡片,进行分类录入,录入格式为 Excel 表格形式,利用 MapGIS 属性库管理对录入的属性表与矢量化后所编图件进行挂接。

建库要求地质内容及相互压盖关系正确,用色符合国家标准;图面表示方式和精度,符合出版技术要求;建库分层符合本次预测工作技术标准。

6)建立图库的元数据

利用元数据采集器(Access)V1.2,按照数据模型规定,使用潜力评价元数据模板,进行每张图的元数据采集(.XML、.TXT 两种格式)。内容要求完整、详尽,描述内容恰当,与图件对应一致。

7)编写编图建库说明书

主要阐明编图区范围选择的主要依据,目的层对成矿的制约作用。简要说明编图区的自然地理及经济地理、主要地层系统、地质构造特征、主要成矿作用等。说明图件编制的操作流程。

8)图库数据检查

利用 MapGIS 6.7 及 GeoMAG 软件,根据全国矿产资源潜力评价项目办公室项目办发[2009]26号、

[2009]32号、[2009]40号文通知要求,参照相关的数据模型及规范,对建好的成果图库进行全面性检查。

2. 工作流程

1)收集资料

根据需要,收集背景组所需大比例尺资料,进行数字图像处理,包括扫描、矢量化、投影变换、几何校正等图像处理方式,提取所需信息。

2)编制成果图件

编制省级、典型矿床及预测工作区各种成果图件。

3)成果数据库建设

本专题成果数据库建设主要使用全国项目办下发的数据模型使用软件(GeoMAG),按照以下8个步骤进行(图5-5)。

步骤1:收集资料

根据《河北省矿产资源潜力评价总体设计》要求收集各规定矿种以往工作资料,例如:地质图、空间数据库、详查报告等。对已收集资料进行整理分类。

步骤2:专业编图

地质背景专题组依据全国各专业汇总组制定本专业专题各类图件的编图流程和编图规定,编制项目所需的专业图件。

在地质背景专题组编图过程中,主要的依据和规定有:①地质背景专题组的总体任务要求;②地质背景专题的工作技术要求;③地质背景专题数据模型规范;④地质背景专题的编图流程。

为了减少工作量、避免不必要的返工、人尽其才、提高工作效率、满足项目技术要求、提交规范成果,在编图过程中,专业编图人员查阅资料、采集属性、填写属性卡,计算机人员配合专业编图人员,依据数据模型规定(例如:进行图件分层、执行规定的比例尺要求、坐标系统规定及统一系统库规定等),整理专业编图人员依据图件分层填写的属性卡。

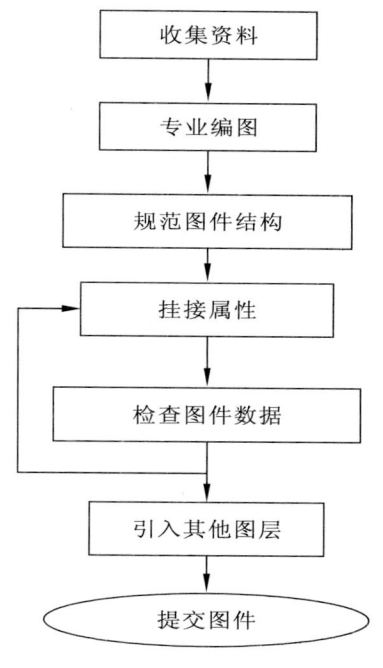

图5-5 数据库建设工作流程图(一)

在编图过程中,若图件未经专业编图要求、数据模型图件分层要求审定,暂不急于挂接属性数据,可以进行必要的属性数据(例如:属性卡)整理。

基于数据模型使用软件(GeoMAG)所提供的下属词转换功能,专业编图人员在填写属性卡时,遇到下属词类型数据项的填写,不必像以往那样,既要填写"下属词代码",又要填写下属词对应的"文字说明",只须填写下属词对应的"文字说明",不过,必须按《全国矿产资源潜力评价数据模型 数据项下属词规定分册》对每一个下属词规定填写。

在编图阶段,其主要目标就是:以专业编图人员为主,以计算机人员为辅,既分工又协作,编制符合专业工作技术要求、符合专业编图流程、符合数据模型图件分层规定(包括比例尺要求、坐标系统规定及统一系统库规定)的暂未挂接属性数据的图件,收集并整理待挂接属性数据卡。

例如,为了使获得的暂未挂接属性数据的图件符合数据模型图件分层规定(包括比例尺要求及坐标系统规定),可以首先借助数据模型使用软件(GeoMAG)的"生成图件结构"功能,产生一个空的符合数据模型图件分层规定(包括比例尺要求及坐标系统规定)的图件,然后,借助编图软件MapGIS将符合数据模型图件分层规定(包括比例尺要求及坐标系统规定)的图层的图元空间数据直接导入到空图件的相应图层内。

步骤3:规范图件结构

在步骤1之后,得到了符合数据模型图件分层规定(包括比例尺要求、坐标系统规定及统一系统库规定)的仅有图元空间数据和图形表达属性的图件,即每一图层的每一图元,均暂未挂接属性数据(即专业属性数据)。在进行步骤3"挂接属性数据"之前,必须进行"规范图件结构",具体描述如下:

首先,规范图件的计算机名称、中文名称、图件代码,收集图件的坐标系类型及投影参数等。

其次,规范图件内图层的计算机名称、中文名称、图层代码。

最后,规范图件内图层的属性表结构。

通过上述三步,不仅仅规范了图件的计算机名称及图件代码、图层名称及中文名称(包括收集了图件真实的坐标系类型及投影参数等),更重要的是规范了图层属性数据表结构,为下一步图元属性数据的挂接做好了结构准备。

步骤4:挂接属性数据

可借用数据模型使用软件(GeoMAG)所提供的属性挂接功能:①"编辑图元属性"功能;②"批改图元属性"功能;③"转入图元属性"与"转出图元属性"功能。针对不同情形和特点,3种挂接图元属性数据方式,适用具体情形分述如下。

(1)"编辑图元属性"功能,属于"在线方式",一般适用于图层内只具少量图元情形,或者图层内有少量图元的属性数据需要修改或更正的情形。

(2)"批改图元属性"功能,也属于"在线方式",一般适用于图层内有满足指定条件[即图形条件或(和)专业属性条件]的若干图元的若干属性项[即图形属性项或(和)专业属性项]具有相同属性值的挂接情形。特别适用专业人员严格按规定编图标准制图情形,也适用某专业人员具有约定习惯的编图风格制图情形。

(3)"转入图元属性"功能,属于"离线方式",属于传统的、符合严格建库规程的属性数据挂接方式之一,具体经历"专业编图人员"→"查阅资料、综合分析"→"填写属性卡"(纸质:计算机人员参与设计属性卡)→"属性卡录入人员"→"录入到电子表格"(MS Excel 表格:第一行描述属性数据项,其他行为属性数据且一行数据对应一个或多个图元)→"读入电子表格"→"匹配图元或图元类标识码与属性数据之间链接"→"浏览待转入图元属性数据"→"转入图元属性数据"。

基于建库过程规范性、错误可追溯性,本专题组主要使用"转入图元属性"功能挂接属性数据。另外,还结合"转出图元属性"功能,用于检查、改正所转入图元属性数据。

步骤5:检查图件数据

"检查图件数据"功能,可以进行如下两个方面的检查。

(1)关于"图件结构"方面的检查,主要有图件的分层、图层名称、图层代码、图层属性结构等检查,并将不符合数据模型规定之处,以明确表格描述形式输出,用于指导更正。

(2)关于"图件数据"方面的检查,主要有各图层属性数据等检查,并将不符合数据模型规定之处,以明确表格描述形式输出,用于指导更正。

步骤6:重复步骤3、步骤4

对不符合数据模型规定的错误之处,反复重复"步骤3、步骤4",直至符合数据模型规定。

步骤7:引入其他图层

对具有引入其他图层的图件(见各专业数据模型分册规定),依据数据模型分册规定引入应该引入的其他图层(包括属性数据)。被引入的图层必须是已进行了检查并符合数据模型规定的。

步骤8:提交符合数据模型图件

经过步骤1～步骤7,得到符合数据模型规定的图件,一方面,可以提交给其他专业专题组特别是矿产预测专题组使用;另一方面,可以作为综合信息集成专题汇总与集成的图件或图库。

(四)专题属性数据库建设成果

综合信息专题组对地质背景专题组提交的图件进行了空间数据检查、图件规范检查,对存在投影参数错误及数据结构不符合模型规定的图件予以修改完善,并汇总、分类、入库。

二、成矿规律与成矿预测专题

在河北省矿产资源潜力评价项目实施过程中综合信息集成专题同成矿规律与成矿预测专题密切关联。主要参与了工作软件培训和演示、数据模型的培训与规定、数据库建设技术路线与技术流程的培训、元数据编写要求的培训及其他在一图一数据库建设过程中遇到的各类技术问题的解答等。

(一)专业软件使用支撑情况

1. MapGIS 6.7 软件

使用 MapGIS 软件协助处理基础图件,例如对剖面图-地质图进行矢量化、进行误差校正、投影变换、建立属性结构、拓扑造区等。

2. GeoTOK 软件

使用 GeoTOK 对专题组所有图件进行拓扑结点检查包括:重叠点坐标检查、Z 字线检查、自相交线弧检查、多余弧段检查、重复点线面检查、文件压缩存盘情况检查、套合一致性检查、拓扑一致性检查,并与 MapGIS 软件相结合对有误图元进行修改。

3. GeoMAG 软件

对规律预测组专家进行培训,使他们能够熟练地使用 GeoMAG 录入专业属性,对建库图件进行规范图件结构、转入/转出图元属性、编辑/浏览图元属性、批改图元属性、检查图件数据、数据收集、维护、查阅、导出等工作。使专业组建库人员熟悉掌握数据库建设辅助软件,从规范图件结构到属性挂接,一直到最终的属性数据库成果均要应用自如。

(二)数据模型应用情况

在建库过程中综合信息专题组对其数据库类型、空间数据库结构、图层和属性内容(反映要素),根据河北省情况按全国矿产资源评价数据模型进行了统一约定。

(1)空间坐标体系,保持各数据空间位置的一致性,必须按数据模型要求根据图件比例尺确定评价信息库的空间坐标体系和空间坐标单位。

(2)统一系统库,保持图面参数的一致,评价信息库及其相应的图件用统一的系统库,采用全国总项目组下发的系统库,便于全国统一。

(3)图层结构、图层命名与编码规则、属性表命名规则、属性内容、属性表格结构和属性字段命名规则等建库标准及原则均按总项目提供的数据模型中的详细规定建库。

(4)建库与编图平台。主要应用软件 GeoMAG、GeoTOK、MapGIS 6.7、Access2003、Excel2003,其中 MapGIS 6.7、GeoMAG 为建库主平台。

(三)技术路线与技术流程

1. 技术路线

在整个工作流程中涉及的主要工作方法为资料收集整理、图形数据及属性的采集、属性卡片填写、属性数据的录入、图库数据的汇总、数据的质量检查修改,以及建立元数据、编写编图建库说明书等。

1)资料收集筛选、整理分类,做好培训准备

将所收集到的资料分类整理,筛选出所需资料资源。对编图建库人员进行必要的培训,购买所需的用品。

2)数据资料采集

将筛选出的地质资料进行复印、扫描,扫描格式为 TIFF,分辨率为 200dpi。利用 MapGIS 将 TIFF 格式图件转换为.msi,挑选所需信息进行矢量化。

3)编制成果图件

按照《全国矿产资源潜力评价数据模型(V3.10 版)》要求编制各类成果图件,包括中间过渡性图件等。

4)属性卡片填写

填写属性卡片。卡片填写由经过专门培训的熟悉资料及地质专业的人员负责,填写过程中依据《全国矿产资源潜力评价数据模型(V3.10)》要求采集数据资料,各数据项采用统一的格式。

5)属性数据的整理录入挂接

对于自检和互检检查后无误的属性卡片,进行分类录入,录入格式为 Excel 表格形式,利用 MapGIS 属性库管理对录入的属性表与矢量化后所编图件进行挂接。

6)建立图库的元数据

利用元数据采集器(Access)V1.2,按照数据模型规定,使用潜力评价元数据模板,进行每张图的元数据采集(.XML、.TXT 两种格式)。内容要求完整、详尽,描述内容恰当,与图件对应一致。

7)编写编图建库说明书

主要阐明编图区范围选择的主要依据,目的层对成矿的制约作用。简要说明编图区的自然地理及经济地理、主要地层系统、地质构造特征、主要成矿作用等。说明图件编制的操作流程。

8)图库数据检查

利用 MapGIS 6.7 及 GeoMAG 软件,根据全国矿产资源潜力评价项目办公室项目办发[2009]26 号、[2009]32 号、[2009]40 号文通知要求,参照相关的数据模型及规范,对建好的成果图库进行全面性检查。

2. 工作流程

1)收集资料

根据需要,收集成矿规律与成矿预测专题所需大比例尺资料,进行数字图像处理,包括扫描、矢量化、投影变换、几何校正等图像处理方式,提取所需信息。

2)编制成果图件

编制省级、典型矿床及预测工作区各种成果图件。

3)成果数据库建设

本专题成果数据库建设主要使用全国项目办下发的数据模型使用软件(GeoMAG),按照以下8个步骤进行(图5-6)。

步骤1:收集资料

根据《河北省矿产资源潜力评价总体设计》要求收集各规定矿种以往工作资料,例如:地质图、空间数据库、详查报告等。对已收集资料进行整理分类。

步骤2:专业编图

依据全国各专业汇总组制定本专业专题各类图件的编图流程和编图规定,编制其总项目所需的专业图件。

步骤3:空间数据检查

本步骤主要对图件的空间拓扑关系进行检查,对于存在拓扑错误的图件要返回步骤2重新进行修改。

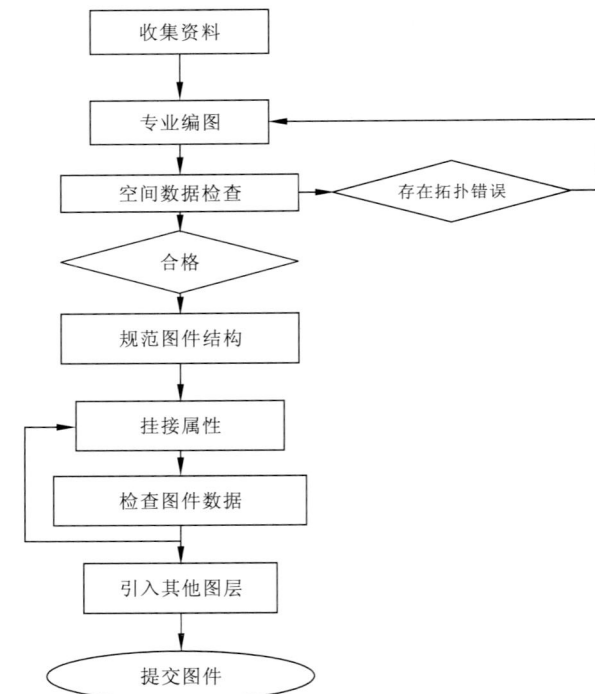

图5-6 数据库建设工作流程图(二)

步骤4:规范图件结构

首先,规范图件的计算机名称、中文名称、图件代码、收集图件的坐标系类型及投影参数等。

其次,规范图件内图层的计算机名称、中文名称、图层代码。

最后,规范图件内图层的属性表结构。

通过上述三步,不仅仅规范了图件的计算机名称及图件代码、图层名称及中文名称(包括收集了图件真实的坐标系类型及投影参数等),更重要的是规范了图层属性数据表结构,为下一步图元属性数据的挂接做好了结构准备。

步骤5:挂接属性数据

可借用数据模型使用软件(GeoMAG)所提供的属性挂接功能:①"编辑图元属性"功能;②"批改图元属性"功能;③"转入图元属性"与"转出图元属性"功能。

步骤6:检查图件数据

"检查图件数据"功能,可以进行如下两个方面的检查。

(1)关于"图件结构"方面的检查,主要有图件的分层、图层名称、图层代码、图层属性结构等检查,并将不符合数据模型规定之处,以明确表格描述形式输出,用于指导更正。

(2)关于"图件数据"方面的检查,主要有各图层属性数据等检查,并将不符合数据模型规定之处,以明确表格描述形式输出,用于指导更正。

步骤7:引入其他图层

对具有引入其他图层的图件(见各专业数据模型分册规定),依据数据模型分册规定引入应该引入的其他图层(包括属性数据)。被引入的图层必须是已进行了检查并符合数据模型规定的。

步骤8:提交符合数据模型图件

经过步骤1—步骤8,得到符合数据模型规定的图件,一方面,可以提交给其他专业专题组使用;另一方面,可以作为综合信息集成专题汇总与集成的图件或图库。

(四)属性数据库建设成果

综合信息专题组对图件进行了空间数据检查、图件规范检查,对存在投影参数错误及数据结构不符合模型规定的图件予以修改完善,并汇总、分类、入库。

三、物探(磁测、重力)、化探、自然重砂、遥感专题

在物化重专题的数据库建设中,综合信息专题主要负责用于数据库建设的数据模型培训、GeoMAG软件培训、数据结构检查、元数据建设培训及其他用于数据库建设方面的培训工作。

(一)软件使用支撑情况

对地球化学与自然重砂组人员进行培训,使他们能够熟练地使用GeoMAG录入专业属性,对建库图件进行规范图件结构、转入/转出图元属性、编辑/浏览图元属性、批改图元属性、检查图件数据、数据收集、维护、查阅、导出等工作。

(二)数据模型应用情况

在建库过程中综合信息专题组对其数据库类型、空间数据库结构、图层和属性内容(反映要素)按矿产资源评价数据模型进行统一约定。

(1)空间坐标体系,保持各数据空间位置的一致性,必须统一评价信息库的空间坐标体系和空间坐标单位。

(2)统一系统库,保持图面参数的一致,评价信息库及其相应的图件用统一的系统库,采用全国总项目组下发的系统库,便于全国统一。

(3)图层结构、图层命名与编码规则、属性表命名规则、属性内容、属性表格结构和属性字段命名规则等建库标准及原则均按总项目提供的数据模型中的详细规定建库。

(三)技术路线与技术流程

1. 技术路线

在整个工作流程中涉及的主要工作方法为:GeoMAG 软件支撑、数据结构检查与修改、生成元数据,以及建立元数据、编写编图建库说明书等。

1)GeoMAG 软件支撑

综合信息组在参加完全国软件使用培训之后,对河北省地球化学与自然重砂专题工作人员进行二次培训。

2)数据结构检查与修改

利用 MapGIS 6.7 及 GeoMAG 软件,根据全国矿产资源潜力评价项目办公室项目办发[2009]26 号、[2009]32 号、[2009]40 号文通知要求,参照相关的数据模型及规范,对建好的成果图库进行全面性检查。如若发现数据结构或图件参数不符合模型规定,综合信息组予以修改完善。

3)建立图库的元数据

利用元数据采集器(Access)V1.2,按照数据模型规定,使用潜力评价元数据模板,进行每张图的元数据采集(.XML、.TXT 两种格式)。内容要求完整、详尽,描述内容恰当,与图件对应一致。

2. 工作流程

1)前期软件培训

对地球化学、自然重砂专题人员进行 GeoMAG 软件使用培训,使他们能够熟练地使用 GeoMAG 进行生成属性结构、图件规范、录入属性、检查图件数据。

2)汇总专题图件

对地球化学、自然重砂专题形成的成果图件,按照数据模型要求进行检查并分类整理汇总。

3)成果数据库建设

本专题成果数据库建设主要使用全国项目办下发的数据模型使用软件(GeoMAG),按照以下 4 个步骤进行(图 5-7)。

步骤 1:专题组编制图件

依据全国各专业汇总组制定本专业专题各类图件的编图流程和编图规定,专业组收集以往河北省地区地球化学元素与重砂资料,编制其总项目所需的专业图件。

步骤 2:综合信息组进行数据检查

本步骤主要对图件的空间拓扑关系、图层投影参数、图层属性结构和属性值域进行检查,对于存在错误的图件要返回步骤 1 重新进行修改。

步骤 3:引入其他图层

对具有引入其他图层的图件(见各专业数据模型分册规定),依据数据模型分册规定引入应该引入的其他图层(包括属性数据)。被引入的图层必须是已进行了检查并符合数据模型规定的。

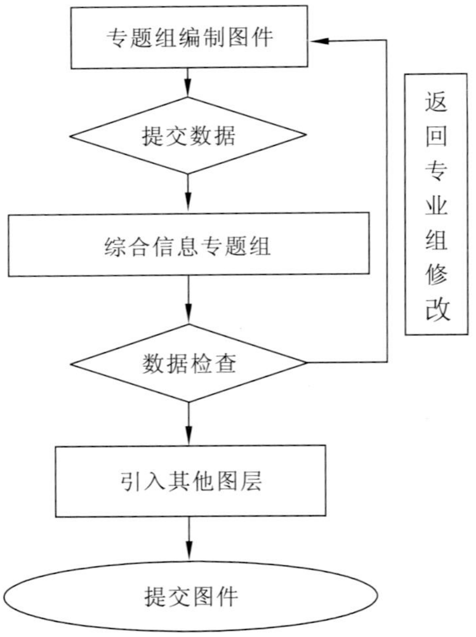

图 5-7 数据库建设工作流程图(三)

步骤 4:提交符合数据模型图件

经过步骤 1~步骤 3,得到符合数据模型规定的图件,一方面,可以提交给其他专业专题组使用;另一方面,可以作为综合信息集成专题汇总与集成的图件或图库。

(四)属性数据库建设成果

综合信息专题组对图件进行了空间数据检查、图件规范检查,对存在投影参数错误及数据结构不符合模型规定的图件予以修改完善,并汇总、分类、入库。

第六节 专题数据库质量检查情况

一、数据库质量控制原则

各专题图件建库过程中,严格执行数据库质量监控制度,加强对图件空间拓扑及属性数据重要内容、关键节点、薄弱环节的质量监控,按照项目办发布的《全国矿产资源潜力评价资料性成果图件及属性库复核汇总技术方案》的技术要求中的一系列专题属性数据库检查标准执行。

建立完整的自互检制度,数据库建设人员均要对所建图库进行100%的自互检,并将检查结果和修改处理结果如实、完整地记录下来。数据库完成后,由项目负责人组织并抽取30%进行检查,确保图件内容全部符合质量要求。

对建库的每个阶段性成果均进行严格检查把关,逐级明确数据库建库质量控制的责任和要求,各专题之间进行充分沟通和交流,确保各阶段数据质量。每个阶段均填写质量监控记录,切实将质量控制的目标落实到实处。

根据《全国矿产资源潜力评价数据模型规范》统一标准开展质量检查工作,主要包括图面质量检查、空间数据质量检查及元数据库检查等方面。

图面检查主要是对各专业图件进行质量检查,发现错误及时修改完善,直至准确无误。

空间数据质量检查包括以下内容。

(1)图层数据的检查:重点检查拓扑关系、坐标位置。利用MapGIS软件的拓扑检查功能进行;同时也利用项目办提供的GeoTOK软件对空间拓扑关系、重叠坐标点、未压缩存盘文件等内容进行检查。

(2)图层属性数据内容的检查:所有属性表的命名、属性结构都必须对照《全国矿产资源潜力评价数据模型》进行检查。检查内容代码型数据项、可以标准化或具唯一性和具有逻辑关系的数据项,以及各属性项和总属性项的填写率等。

(3)检查重点:① 数据文件完整性,属性项不能为空,属性填写率、数据结构、图层文件的名称等检查。② 数据文件命名:属性表的命名、属性结构应对照《全国矿产资源潜力评价数据模型》各相应分册进行检查。③ 数据文件存储格式:应符合汇总技术要求。④ 数据文件内容:根据汇总技术要求附表内容,依据关键字段的对应关系,对图元进行检查。重点检查各属性表内应填写代码的字段,是否按下属词规定正确填写。

元数据的检查是执行《地质信息元数据标准2006》标准,检查填写内容的准确性及结构的合理性。

二、数据库质量要求

矿产资源潜力评价资料性汇总之前需保证每个图件数据库的质量,必须保证按《全国矿产资源潜力评价数据模型》要求编图并建立图件属性数据库。

为保证数据库质量,各专业地质人员和数据库建设人员要按要求对完成的图件及属性库进行质量检查。

(一)专业属性方面要求

(1)所有矿产资源潜力评价资料性成果图件必须符合相关专业工作技术要求和编图验收要求(包括引用实际资料要求、数据处理要求、专业编图流程要求、图面要素表达要求、编图说明书编写要求以及研究报告内容要求等）。

（2）所有规定需要填写专业属性的矿产资源潜力评价资料性成果图件，必须按图层属性表结构规定和属性项填写规定填写专业属性，而且，应提供相关资料或必要说明（包括采集和录入工作量），供专业属性质量复核专家评判填写的专业属性的时效性、可靠性、准确性、完整性等是否符合要求。

（3）所有规定需要填写专业属性的矿产资源潜力评价资料性成果图件，原则上要求各专业图层内各专业属性项（包括必填项和选填项）的填写率达到90％或以上。若全国相关专业汇总组对相关专业图层内专业属性项（包括必填项和选填项）的填写率有明确规定时，则应要求达到全国相关专业汇总组规定的填写率要求，且不得随意以"空格""＊""－""性质不明""无资料"等无意义文字或字符进行充填以提高填写率，更不得造假。专业属性项（包括必填项和选填项）填写率达不到要求的，应在其编图说明书或质量自检自查卡中说明理由，供专业属性质量复核专家评判专业属性项填写率达不到要求的理由是否充分。

（4）所有规定要求提交的成果图件，采用全覆盖质量复核方式，严格按全国矿产资源潜力评价各专业编图验收要求和专业属性复核要求以及数据模型要求，进行质量复核，即每一张图件均要求复核，复核通过一张接收一张，只有所有图件复核均通过后，才给出复核汇总意见和质量评述报告。

（二）数据质量方面要求

1. 图件及属性库的种类与数量要求

省（市、区）级矿产资源潜力评价项目组提交复核汇总的省级矿产资源潜力评价资料性成果图件及属性库的种类和数量（包括图件种类数、图件总数量和各分类数量）应大于或等于省（市、区）级矿产资源潜力评价项目组应提交的种类和数量，对缺少的图件种类或数量的省级矿产资源潜力评价项目组，应提供缺少图件种类或数量的说明材料，供复核汇总专业组评判缺少的依据是否合理充分，若缺少的依据不合理，则视为未完成任务。

2. 图件及属性库的空间参数要求

省（市、区）级矿产资源潜力评价项目组提交复核汇总的省级矿产资源潜力评价资料性成果图件及属性库的空间坐标参数（包括空间坐标系、地球椭球体参数、地图投影类型参数、高程基准、比例尺等），应符合《全国矿产资源潜力评价数据模型空间坐标系统及其参数规定分册》要求。

3. 图件及属性库的结构代码要求

省（市、区）级矿产资源潜力评价项目组提交复核汇总的省级矿产资源潜力评价资料性成果图件及属性库的特征分类、要素分层、图层计算机名称与图层代码、图层属性表结构（包括属性项中文名、属性项代码、数据类型、长度、小数位、填写单位及填写约束）、下属词（下属词代码、下属词名称或符号），以及图件计算机名称与图件代码等结构代码，应符合《全国矿产资源潜力评价数据模型》相应专业分册要求。

图件内的引用专业图层也应符合《全国矿产资源潜力评价数据模型》相应专业分册要求。

图件内的地理图层的特征分类、要素分层、图层计算机名称与图层代码应符合《全国矿产资源潜力评价数据模型》内《地理信息分册》要求。

关于图件内缺失专业图层或专业图层内图元个数为零（注意：与缺失专业图层是一样的）的情况，应在其编图说明书或质量自检自查卡中说明缺失的理由，供专业质量复核专家评判缺失专业图层的依据是否合理充分。

关于图件内自增图层，只要求：

（1）自增图层的图层计算机名称用简洁明确的中文命名且能表达自增图层的内容。

（2）自增图层的内容应属于同一类别且不能与图件数据模型内已规定图层内容重复。

（3）自增图层的空间坐标系参数应与所属图件的空间坐标系参数一致。另外，鼓励给自增图层定义相关属性表结构并填写相应专业属性。

4. 图层的专业属性项填写及填写率要求

省(市、区)级矿产资源潜力评价项目组提交复核汇总的省级矿产资源潜力评价资料性成果图件(规定需要建属性库的图件)内各专业图层专业属性项的填写,应符合《全国矿产资源潜力评价数据模型》相应专业分册内相应图层属性表的相应属性项的填写规定。

原则上要求各专业图层内各专业属性项(包括必填项和选填项)的填写率(未要求填写专业属性的图层除外)应达到90%或以上的要求。若全国相关专业汇总组对相关专业图层内各专业属性项(包括必填项和选填项)的填写率有明确规定时,则应达到全国相关专业汇总组规定的填写率要求,且不得随意以"空格""＊""—""性质不明""无资料"等无意义文字或字符进行充填以提高填写率,更不得造假。专业属性项(包括必填项和选填项)填写率达不到要求的,应在其编图说明书或质量自检自查卡中说明理由,供专业属性质量复核专家评判专业属性项填写率达不到要求的依据是否合理充分。

图件内引用专业图层各专业属性项(包括必填项和选填项)的填写率要求与上述要求一致。

图件内地理图层属性项只要求"特征代码(FEATUREID)""图元编号(CHFCAC)"两项按规定填写且填写率应为100%。其他不作具体要求。

关于自定义属性项的自增图层,鼓励给自增图层填写相应专业属性数据。

5. 图件的空间拓扑检查要求

依据《全国矿产资源潜力评价数据模型》关于图层空间拓扑要求:地质矿产基础图件类空间拓扑要求,可参照《地质图空间数据库建设工作指南2.0版》和《1:5万区域地质图空间数据库建设实施细则》空间拓扑要求;物(重磁)化遥自然重砂等专题图件类则要求比照地质矿产基础图件类空间拓扑检查要求进行空间拓扑处理,可适度放宽。因此,省(市、区)级矿产资源潜力评价项目组提交复核汇总的省级矿产资源潜力评价资料性成果图件(指已定义有严格空间地理意义的图件),原则上要求进行空间拓扑检查,消除空间数据错误和空间拓扑错误,建立正确空间拓扑关系,满足空间拓扑精度要求。

省(市、区)级矿产资源潜力评价项目组提交复核汇总的省级矿产资源潜力评价资料性成果图件的空间数据和空间拓扑要求,可分空间拓扑精度参数规定、空间拓扑检查类别规定、空间拓扑检查软件规定3个方面。

1)空间拓扑精度参数规定

省(市、区)级矿产资源潜力评价项目组提交复核汇总的省级矿产资源潜力评价资料性成果图件均要求采用MapGIS 6.5—MapGIS 6.7格式,因此,用"结点(裁剪)搜索半径"和"坐标点间最小距离"两个参数控制空间数据和空间拓扑精度,两个参数值具体规定为:结点(裁剪)搜索半径$\leqslant 10^{-9}$、坐标点间最小距离$\leqslant 10^{-6}$。

2)空间拓扑检查类别规定

依据省(市、区)级矿产资源潜力评价项目组提交复核汇总的省级矿产资源潜力评价资料性成果图件的专业种类(包括成矿地质背景、成矿规律、成矿预测以及重磁化遥感自然重砂),可分为两大类:地质矿产基础图件类和物(重磁)化遥自然重砂专题图件类。地质矿产基础图件类空间拓扑检查可参照《地质图空间数据库建设工作指南2.0版》和《1:5万区域地质图空间数据库建设实施细则》空间拓扑要求;物(重磁)化遥自然重砂等专题图件类则要求比照地质矿产基础图件类空间拓扑检查要求进行空间拓扑处理,可适度放宽。要求进行空间数据和空间拓扑检查的类别如下。

点元空间检查:点元图层内点图元本身不要求建立空间拓扑关系,但应消除重复点图元等错误。

线元空间检查:不论线元图层是否参与空间拓扑,线元图层内应消除重复线图元、不合理"Z字线"、自相交线、重叠坐标点等错误。对于参与构建面元的线元,要求线元与规定图层的线元或面元弧段保持空间拓扑一致性。

面元空间检查:面元图层内应消除相交弧无结点、面元不封闭、重叠弧、弧自相交、弧上重叠坐标点、不合理的"Z字弧"、悬挂弧段、无效微短弧段、无效微小区、重复面图元等错误。面元图层内所有面元应建立正确的空间拓扑关系。

局部拓扑一致性检查：对于图层未整体参与拓扑的图元，只是部分引用了其他图层要素，则要求引用的内容与被引用内容之间具有拓扑一致性，例如：蚀变带(面)、韧性剪切带(面)的部分界线可能引用了地质界线，它们在空间上具有公共边界，此部分应保持拓扑一致性。

整体拓扑一致性检查：对于图元整体参与了拓扑的面图层、线图层，应进行图层之间空间拓扑一致性检查，要求保持各图层间拓扑一致性。例如：有些面状水体与地质体具有完全的公共弧段或边界，应保持拓扑一致性，即面状水体参与拓扑。又如：分幅建造构造图中，地质界线、断裂要与各个沉积岩、侵入岩、变质岩等地质体的弧段保持拓扑一致性。

另外，对于同一省(市、区)的各类省级图件、同一预测工作区的各类图件、同一典型矿床研究区的各类图件，其省(市、区)行政边界、预测工作区边界、典型矿床研究区边界也应分别具有拓扑一致性。

从点元空间检查、线元空间检查、面元空间检查、局部拓扑一致性检查和整体拓扑一致性检查5类空间检查的内容和要求而言，5类空间检查的层次具有包含关系且检查要求逐步严格，分别适合不同情况下图层的空间数据质量和空间拓扑质量要求。

3)空间拓扑检查软件规定

关于空间拓扑检查的软件很多，主要有MapGIS、1∶5万区域地质图空间数据库空间拓扑检查软件、GeoTOK软件(主要用于辅助专家进行空间数据和空间拓扑缺陷检查与质量评价)等，具体使用哪种或几种空间拓扑检查软件不做具体规定，只要能完成空间数据和空间拓扑检查、修改即可。

省(市、区)级矿产资源潜力评价项目组提交复核汇总的省级矿产资源潜力评价资料性成果图件内的图层可分类为：规定专业图层、引用专业图层(或引用底图)、自增专业图层、地理图层(或地理底图)、辅助图层等，规定专业图层空间拓扑要求按图件类专业图层空间拓扑规定、引用专业图层(或引用底图)空间拓扑要求一般参照引用的专业图层(或引用底图)空间拓扑规定、地理图层(或地理底图)空间拓扑要求一般参照地理底图图层空间拓扑规定、自增专业图层空间拓扑要求可以酌情处理。

另外，空间拓扑要求主要是针对图件的主图图层，主图图框外的附图或辅图一般不作空间拓扑要求，但必须按地质编图要求正确表达。

6.省级行政边界、预测工作区边界、典型矿床研究区边界

要求在省级矿产资源潜力评价资料性成果图件中，同一省(市、区)的各类省级图件，其省级行政区边界线要求一致，以封闭线图层"X省(市、区)行政区边界.wl"表示在相应的图件中。

在省级矿产资源潜力评价资料性成果图件中，同一预测工作区的各类图件，其预测工作区边界线要求一致，其拐点的经纬坐标(应符合空间坐标参数规定)要求在其图件的编图说明书中准确列出，以封闭线图层"X预测工作区边界.wl"表示在相应的图件中，并提供X省(市、区)X矿种(组)的所有预测工作区边界MapGIS图件工程文件。

在省级矿产资源潜力评价资料性成果图件中，同一典型矿床研究区的各类图件，其研究区边界线要求一致，其拐点经纬坐标(应符合空间坐标参数规定)要求在其图件的编图说明书中准确列出，以封闭线图层"X典型矿床研究区边界.wl"表示在相应的图件中，并提供X省(市、区)X矿种(组)的所有典型矿床研究区边界的MapGIS图件工程文件。

同一标准分幅的所有图件的内廓边界线应一致且经纬范围符合标准分幅规定。对于已经把一个完整标准分幅与另一个相邻标准分幅的一部分联编在一起的图件，目前采取的折中处理方式是：既要提交已编在一起的图件(联编图件)，又要提交严格按标准分幅裁开的图件，而且，按标准分幅裁开的图件的内廓外的内容直接照搬裁开前的图件的内廓外的内容，裁开的图件的编图说明书也照搬联编图件编图说明书内容，只是在裁开的图件的编图说明书中注明裁开的图件与其联编图件之间的关系。

7.图件及属性库资料齐全性要求

省(市、区)级矿产资源潜力评价项目组提交复核汇总的省级矿产资源潜力评价资料性成果的每一个图件及属性库,均应具备编图说明书、元数据文件(XML 格式、自由文本 TXT 格式)、质量自检自查卡。其中每一类图件的质量自检自查卡填写格式及内容见附件10《矿产资源潜力评价成果图件及属性数据库质量检查记录卡模板》规定,针对省级项目组提交复核汇总的资料性成果图件及属性库,要求省级项目组自检自查每一个图件及属性库,并填写每一个图件及属性库的质量自检自查卡。

每一个图件及属性库的 MapGIS 工程文件命名应符合《全国矿产资源潜力评价数据模型通用代码规定分册》内"33、MapGIS 工程文件命名规定",图件内规定的图层文件命名应符合《全国矿产资源潜力评价数据模型通用代码规定分册》内"32、MapGIS 图层文件命名规定",图件工程文件及图层文件应放在同一个子目录下,一个图件一个子目录,子目录名使用其图件计算机名称,图件计算机名称命名模式见《全国矿产资源潜力评价数据模型通用代码规定分册》内"31、图件与图层、数据库与数据表命名规定(1)、图件命名规定"。每一个图件及属性库的编图说明书 Word 文件名称,使用"图件中文名称"+"编图说明书"+".doc"的模式命名,图件中文名称命名模式见《全国矿产资源潜力评价数据模型》各专业分册内"七、图件及其图层命名清单"的"图件中文名称"命名模式。

每一个图件及属性库的元数据文件名,使用"图件中文名称"+"元数据"+".xml"的模式命名(适合 XML 格式)和"图件中文名称"+"元数据"+".txt"(适合自由文本 TXT 格式)。

每一个图件及属性库的质量自检自查卡文件名,使用"图件中文名称"+"质量检查记录卡"+".doc"的模式命名。

8. 所有成果图件应使用统一图例系统库要求

省(市、区)级矿产资源潜力评价项目组提交复核汇总的省级矿产资源潜力评价资料性成果图件,均应采用全国重要矿产资源潜力评价项目组统一下发给各省级项目组使用的图例系统库。

9. 所有成果图件同类要素应使用相同图例要求

省(市、区)级矿产资源潜力评价项目组提交复核汇总的省级矿产资源潜力评价资料性成果图件,除应使用全国重要矿产资源潜力评价项目组统一下发的图例系统库之外,各类图件同类要素的图面表达要求使用相同图例,做到省级项目组内一致,即相同类别的图面要素所使用图例编号(子图号、或线型号、或图案号、或色号)要求做到省级项目组内一致,图例的辅助参数可以不一致。与省级矿产资源潜力评价资料性成果图件及属性库一起,提交其省(市、区)统一的"X 省(市、区)矿产资源潜力评价图件图面要素分类及图面表示的系统库图例号清单"。

10. 图元编号、特征代码填写及规范性要求

省(市、区)级矿产资源潜力评价项目组提交复核汇总的省级矿产资源潜力评价资料性成果图件内所有专业图层、引用图层、地理图层内所有图元的图元编号数据项应非空且同一图层内唯一并符合填写规定;图件内所有专业图层、引用图层、地理图层内所有图元的特征代码数据项应非空且符合填写规定。

11. 图件及属性库元数据要求

省(市、区)级矿产资源潜力评价项目组提交复核汇总的省级矿产资源潜力评价资料性成果图件及属性库,要求每个图件及属性库均有一个元数据文件(包括 XML 格式和自由文本 TXT 格式),元数据内容填写及文件格式应符合《全国矿产资源潜力评价数据模型元数据规定分册》要求。

12. 图件及属性库一致性要求

原则上要求一个图件(图面内容)与其属性库(数据内容)所表示的内容是一致的。在检查同一图件时,具体操作上要求专业专家所查看的图件与数据专家查看的图件是同一套,以便做图件及属性库一致性检查。因此,要求各省提交给专业专家检查的图件及其属性库与提交给信息专家检查的图件及其属性库应是同一套数据。

13. 按标准分幅所编图件应按标准分幅提交要求

此要求主要针对按标准分幅所编图件及属性库（例如：地质背景的1∶25万分幅实际材料图、1∶25万分幅建造构造图，遥感的1∶25万分幅遥感矿产地质特征解译图、1∶25万分幅遥感羟基异常分布图、1∶25万分幅遥感铁染异常分布图）。除了跨国界或缺少资料的标准图幅外，按标准分幅所编图件及属性库，必须提交内容满幅且唯一的图件，而且，图幅内廓地理经纬范围应严格与标准分幅地理经纬范围一致。

（三）专业属性数据库质量检查方法

综合信息集成专题组对成矿地质背景、矿产预测与成矿规律、物化遥重砂等专题组提交的成果资料进行质量检查的方法有两种：一为利用辅助软件进行检查；二是在软件检查的基础上进行人工检查。软件检查与人工检查相辅相成，往往需要同时进行。

用于辅助专业专题组资料性成果图件及属性库质量检查的软件针对不同检查内容主要有三类：一、按《全国矿产资源潜力评价数据模型》要求进行数据检查和质量评价的辅助软件（简称"数据模型检查软件"）；二、按全国矿产资源潜力评价资料性成果图件空间拓扑要求检查的辅助软件（简称"空间拓扑检查软件"）；三、按全国矿产资源潜力评价成果图件元数据内容格式要求检查的辅助软件（简称"元数据检查软件"）。

1. 数据模型检查软件质量检查方法

数据模型检查软件是全国矿产资源潜力评价综合信息集成专题按《全国矿产资源潜力评价数据模型》要求，并结合《地质数据质量检查与评价》（DD 2006—07 中国地质调查局技术标准）辅助质量评价的辅助建库及检查软件，即 GeoMAG 软件。

GeoMAG 软件质量检查主要是依据全国矿产资源潜力评价资料性成果图件及属性库数据质量要求和《地质数据质量检查与评价》（DD 2006—07 中国地质调查局技术标准）标准要求，GeoMAG 软件通过"检查图件数据"功能，从若干方面（图件结构、图层结构、属性结构、属性项值域、属性项填写率、查询统计属性、图元编号和特征代码等方面）进行数据检查，导出 Excel 检查指标记录表，定位错误图元或属性项，指示需要修改完善的内容。

GeoMAG 软件关于单个图件及属性库的主要检查指标分别为："图件结构检查指标""图层结构检查指标""属性结构检查指标""属性项值域检查指标""属性项填写率检查指标""查询统计属性检查指标""图元编号检查指标"。通分软件检查后导出 Excel 检查指标记录表，各检查指标模板中黑色字体文字部分为检查指标分类及说明、红色字体为 GeoMAG 软件依据单个图件及属性库实际情况统计填写出来的，再根据实际情况人工结合专业知识判定错误类型及程度，作为图件及属性库修改之用。

2. 空间拓扑检查软件质量检查方法

空间拓扑检查主要使用全国矿产资源潜力评价综合信息集成专题提供的 GeoTOK 软件。

GeoTOK 软件与以往其他空间拓扑检查软件的最大不同点在于：一方面，将"空间拓扑检查规则""空间拓扑检查记录""空间拓扑质量评价"三者有机集成处理；另一方面，将"空间拓扑检查规则"内容、"空间拓扑质量评价"处理与 GeoTOK 软件处理适度独立，增加了灵活性与通用性，减少了交互操作，统一了检查要求，提高了检查效率。

"空间拓扑检查记录"是 GeoTOK 软件依据"空间拓扑检查规则"对图件进行空间拓扑检查的结果记录，以 Excel 表格形式表示，方便自检自查和质量缺陷分析。

依据全国项目办对省级矿产资源潜力评价各类图件图层空间拓扑要求，河北省级矿产资源潜力评价各专业专题组（尤其是成矿地质背景、矿产预测与成矿规律专题）各类成果图件的空间数据和空间拓扑检查要求的两方面。

（1）空间拓扑精度参数规定结点（裁剪）搜索半径$\leqslant 10^{-9}$、坐标点间最小距离$\leqslant 10^{-6}$。

(2)空间数据拓扑检查原则上要求进行点元空间检查、线元空间检查、面元空间检查、局部拓扑一致性检查和整体拓扑一致性检查5类检查,其中点元空间检查、线元空间检查属于空间数据检查,面元空间检查属于空间数据与空间拓扑检查,局部拓扑一致性检查、整体拓扑一致性检查属于空间拓扑检查。对各类成果图件的每一图层,可能进行5类检查中的一种或多种联合检查,也可能不作任何检查,应依各类成果图件具体图层情况而定。

GeoTOK软件的空间数据和空间拓扑检查处理操作基本流程如下。

(1)GeoTOK软件启动时缺省设置空间拓扑精度参数:结点(裁剪)搜索半径$=10^{-9}$、坐标点间最小距离$=10^{-6}$,也提供人机界面重设它们。

(2)GeoTOK软件启动时自动读入"空间拓扑检查规则"文件,也提供人机界面重新导入其他或新的"空间拓扑检查规则"文件。

(3)打开需要进行空间数据和空间拓扑检查的某一成果图件。

(4)GeoTOK软件依据当前打开的图件类型,自动选取相应图件类型的"空间拓扑检查规则"。

(5)提供人机界面浏览或重设当前打开图件的"空间拓扑检查规则",即查看当前图件各图层需要进行空间数据和(或)空间拓扑检查的条目,若有必要可以修订有关条目。

(6)点击"空间拓扑检查"菜单,开始当前图件的空间数据和(或)空间拓扑检查处理。

(7)输入新文件名,用以保存当前图件的"空间拓扑检查记录"文件。

(8)根据错误提示,修改图件或属性库中存在的拓扑错误。

3. 元数据检查软件质量检查方法

河北省矿产资源潜力评价成果图件及属性库元数据的采集、格式检查按全国总项目要求采用中国地质调查局发展研究中心研制的元数据采集器(Access)工具软件(1.2版)。

河北省矿产资源潜力评价成果图件及属性库元数据质量要求主要包括两方面:其一,元数据填写内容应按《全国矿产资源潜力评价数据模型元数据规定分册》规定填写;其二,元数据格式应按规定的XML和自由文本两种格式提交。

在使用元数据采集器(Access)工具软件(1.2版)采集元数据时,应首先调用"全国矿产资源潜力评价元数据模板",严格按《全国矿产资源潜力评价数据模型元数据规定分册》要求填写。

在元数据格式方面,首先需先保证元数据XML格式的正确性,然后再检查使用元数据采集器(Access)工具软件(1.2版)从元数据XML格式导出自由文本格式。使用元数据采集器(Access)工具软件(1.2版)的"导入导出"操作可以验证元数据XML格式的正确性与否。若既能正确完成"导入"操作,又能正确完成"导出"操作,即说明元数据文件XML格式正确。

(1)点击元数据→导入→XML文档,选择待检查元数据文件(XML格式),能正确导入。

(2)点击元数据→导出→XML文档,能正确导出。若软件不能正确完成导入、导出操作,则指出错误所在,方便修改。

在保证元数据格式正确的基础上,根据图件或属性库实际情况检查元数据自由文本内容,要保证元数据内容与相应图件或属性库一致,内容完整、准确,充分表达图件或属性库内容。

4. 各专业专题组专业图件及属性库检查方法

结合专家经验判读人工检查操作和GeoMAG、GeoTOK、元数据采集器(Access)工具(1.2版)等软件的辅助检查操作,进行图件及属性库的专业编图表达、专业属性填写、数据要求3个方面的质量指标检查。

1)图件及属性库种类与数量检查

主要进行人工检查:先统计各专业专题组提交的成果图件及属性库、附加表格、报告、附件等的种类与数量,再对照项目组工作方案应提交成果的种类与数量,结合省项目办要求就可以确认提交成果的种类与数量的合理性。只有提交的种类与数量大于或等于应提交的种类与数量,才是合理的,否则,应由专业专题组提供可以充分认可的文字材料。

2)专业编图表达方面检查方法

主要采用人工检查：由相关专业的地质专家依据各专业汇总组相应编图技术验收标准进行检查，若发现图件的编图、表达、资料收集、数据处理等方面存在可能存在的致命或严重缺陷表及"编图表达方面"的缺陷情况，则需专业专题组重新修改图层。

3)图件及属性库的空间参数检查方法

采用软件与人工检查结合的方法：使用 GeoMAG 软件的"检查图件结构""检查图层结构""查看图件范围""规范图件结构"等功能，再结合 MapGIS 软件的"设置显示坐标"(地理坐标显示)、投影坐标转换到地理坐标等功能，用以检查、确认图件、图层的空间坐标参数是否满足《全国矿产资源潜力评价数据模型空间坐标系统及其参数规定分册》要求、以及从投影坐标是否能正确转换到地理坐标。

若发现图件坐标系参数存在的致命或严重缺陷，会导致不能投影，会在验收或复核不通过，则要求返回修改图件直至通过。

4)图件及属性库的结构代码检查方法

采用软件检查的方法：使用 GeoMAG 软件的"检查图件结构""检查图层结构""显示图面内容""检查属性结构""规范图件结构""查看编码信息"等功能，用以检查、确认图件的命名/代码、图层的命名/代码、图层属性数据表的数据项名称/代码/类型/长度/小数位数等是否满足《全国矿产资源潜力评价数据模型》要求。检查的图层包括规定图层、引用图层、地理图层、辅助图层、自增图层。其中规定图层、引用图层、地理图层、辅助图层的分层及命名严格按规定执行；自增图层的图层名使用中文，但分类要明确。

地理图层的特征代码、图元编号两数据项代码按规定执行，其他属性项结构不作要求。

自增图层的属性项结构不作要求，鼓励给重要的、专业的自增图层定义属性项结构并挂接属性数据。

图层(规定图层、引用图层、地理图层)内自增的属性项结构不作要求，鼓励补充重要属性项。

若发现图件的命名/代码、图层(包括分层)的命名/代码、图层属性数据表的数据项名称/代码/类型/长度/小数位数等与《全国矿产资源潜力评价数据模型》要求不一致，则会在验收或复核时不通过，要求专业专题组修改图件直至通过。

5)图层的专业属性填写及填写率检查方法

采用软件与人工检查的方法：使用 GeoMAG 软件的"浏览图元属性""检查属性项值域""统计属性项填写率""查询统计属性"，结合专业属性方面填写率和质量要求，用以统计专业属性填写率是否满足填写率指标要求，检查、确认图件内各专业图层各专业属性的正确性、一致性、规范性、完整性(即应达到的填写率)等是否满足质量要求。

若图件专业属性填写率未达到规定填写率指标要求则需提供验收时专家认可的材料。

若发现图件专业属性的正确性、一致性、规范性、完整性未达到专业质量要求，需专业专题组进行补全，否则会在验收或复核时导致图件或属性库质量不通过。

6)图件的空间拓扑要求检查方法

采用软件检查的方法：使用 GeoTOK 软件、MapGIS 软件或其他空间拓扑检查软件，依据《省级矿产资源潜力评价各类图件图层空间拓扑》要求，对各专业专题组提交的各类成果图件进行空间数据和空间拓扑检查。

若发现图件的空间数据和空间拓扑存在致命或严重的缺陷，则由专业专题组进行修改，否则会在验收时影响图件的验收成果。

图件的空间拓扑原则上要求进行点元空间检查、线元空间检查、面元空间检查、局部拓扑一致性检查和整体拓扑一致性检查 5 类检查，每一类图件的具体空间数据和(或)空间拓扑检查项目，依据《省级矿产资源潜力评价各类图件图层空间拓扑要求》相应图件内"空间拓扑情况"而定。

GeoTOK 软件的空间数据和(或)空间拓扑检查基本操作流程如下。

步骤 1. 打开需要空间数据和(或)空间拓扑检查的图件。

步骤 2. 点击"空间拓扑检查"菜单，开始当前图件的空间数据和(或)空间拓扑检查处理。

步骤 3. 输入新文件名，用以保存当前图件的"空间拓扑检查记录"文件。

步骤 4. 指定当前图件的 GeoMAG 软件产生的"初步填写检查评价报告"文件（Excel 格式文件），用以填写当前图件的空间数据缺陷数和空间拓扑缺陷数到适当缺陷级别栏，辅助图件空间数据和空间拓扑质量评价。

步骤 5. 打开当前图件的"空间拓扑检查记录"文件，查看、分析当前图件存在的空间数据和空间拓扑致命或严重缺陷，使用 MapGIS 修改空间数据和空间拓扑缺陷。

基于 MapGIS 软件的空间数据和（或）空间拓扑检查基本操作流程如下。

步骤 1. 用 MapGIS 软件的编辑子系统打开某个工程，选择"设置""系统参数"，将结点/裁剪搜索半径设置为小数点后 9 位数，即 10^{-9}，坐标点间最小距离设置为 10^{-6}。

步骤 2. 勾选需要检查拓扑错误的区文件，如"☑ LFZYBAB003.wp"，选择"其他"菜单下的拓扑错误检查""区拓扑错误检查"，程序将自动进行拓扑错误检查。可以检查重叠坐标、悬挂弧段、弧段相交、重叠弧段，结点不封闭等严重影响拓扑关系建立的错误。

步骤 3. 若检查无错误，程序无任何提示。检查有错误时，自动弹出"拓扑错误信息"窗口，点击相应的错误条目，即可定位错误位置。若不能定位，请放大窗口。

步骤 4. 对于某些错误，使用 MapGIS 自身工具检查不出错误，但通过放大或缩小窗口会偶尔发现错误。因此应当对图件进行较随意的放大或缩小操作，看图件显示是否正常。

步骤 5. 常见拓扑错误类型：①无效弧段和悬挂弧段。无效弧段是指构成 MapGIS 区文件的某条弧段左右区均为 0，即其并不是构成某个区的弧段，弧段本身并不存在拓扑错误，但其两侧为同一个拓扑区。此错误 MapGIS 拓扑错误检查时不算错误。悬挂弧段是两端或一端的端点没有与其他弧段相连接的弧段。悬挂弧段可能是由于拓扑错误检查时系统参数中"结点/裁剪搜索半径"设置值过大（如作业时设置为 10^{-9}，而检查时设置为 10^{-12}，则可能报很多错误）；也可能是应当删除而没有删除的多余的弧段。②坐标点重叠：此错误较容易修改，只需要点击右键，选择"清除所有的重叠点坐标"即可。③弧段相交：多因矢量化时线有回转形成。只需要删除弧段上多余的点即可。④弧段重叠：可以通过右键删除所有重叠弧段。⑤某些图件使用拓扑错误检查正常，但放大时可能出现颜色不正常。如此图中的白色区域，再放大或缩小窗口时可能消失。此种错误是由于数据内部存在错误（一般是操作不规范，如相互交叉的线没有剪断，不是使用自动剪断线再进行拓扑造区）所致。修改它必须重新拓扑造区。此错误较难发现，一般应是随意放大或缩小图件，偶尔发现，需重现时应当是窗口参数较接近时出现。⑥线面套合不一致：屏幕上进行适当的放大，某些部位线和弧段并不重合，其产生原因多由于后期的编辑处理工作时误操作（如删除了线或弧段上的某个点）产生。⑦微小区：微小区是指在地质图上并不实际存在而数据文件中存在的较小的区。由于这种区一般很小，仅从打印图面上无法发现。但它的出现会导致图幅内地质体总面积小于图幅理论面积之和。

7）图件及属性库资料齐全性检查方法

采用人工检查的方法：依据《全国矿产资源潜力评价数据模型》要求，一个图件及属性数据库，除了提交图件及属性数据库之外，还必须提交该图件的编图说明书、图件元数据文件、图件及属性数据库质量自检自查卡。其中图件的编图说明书的编写应符合《全国矿产资源潜力评价数据模型》的《全国矿产资源潜力评价数据模型　编图说明书提纲分册》相应类别图件编图说明书的编写要求；图件元数据的填写应符合《全国矿产资源潜力评价数据模型　元数据规定分册》要求并提交 XML 格式\自由格式（TXT）两个文件。

若发现图件的编图说明书、元数据文件、质量自检自查卡不全，或者内容与图件内容不符，则要求专业专题组补充齐全后再提交。

8）是否使用统一图例系统库编图检查方法

采用人工与软件检查：若提交的图件自带系统库（即非全国重要矿产资源潜力评价综合信息集成项目组提供的统一图例系统库），或者在图件使用统一图例系统库显示时，发现图面表示混乱或图件的图例部分混乱、缺失、明显不符合习惯等现象，则有足够理由认为图件未使用统一的图例系统库。

若发现图件完全未使用或只部分使用统一图例系统库时，则认为图件未按要求使用统一图例系统库，要求专业专题组必须替换系统库直至符合要求。

9)图元编号、特征代码填写及规范性检查方法

采用软件检查的方法:使用 GeoMAG 软件的"检查图元编号"功能,可以统计出图件内所有专业图层(包括规定的、引用的)、地理图层的"图元编号"错误:图层中图元的"图元编号"数据项缺失、不规范、重复的个数;依据图层中图元的"特征代码"数据项的编码规定,若"图元编号"出错,则"特征代码"数据项必然存在错误。

若发现图件的图元编号、特征代码填写错误或不规范,则要求专业专题组返回修改。

10)图件及属性库元数据检查方法

采用人工检查的方法:图件及属性库元数据的内容检查,主要注意如下几点。

(1)元数据填写应严格按《全国矿产资源潜力评价数据模型元数据规定分册》执行。

(2)元数据采集应基于"全国矿产资源潜力评价元数据模板"(模板文件为:"全国矿产资源潜力评价元数据模板.xsd",与软件一起提供)填写。

(3)图件的空间范围、空间参照系信息、关键词等条目必须严格按要求填写。

(4)摘要、目的、联系单位及信息、数据质量信息据实填写。

(5)其他部分参考元数据填写说明要求填写。

软件检查:图件及属性库元数据的格式检查。使用元数据采集器(Access)工具软件(1.2版)的"导入导出"操作可以验证元数据 XML 格式的正确性与否。若既能正确完成"导入"操作,又能正确完成"导出"操作,即说明元数据文件 XML 格式正确:

(1)点击元数据→导入→XML 文档,选择待检查元数据文件(XML 格式),能正确导入。

(2)点击元数据→导出→XML 文档,能正确导出。

11)图件的编图范围边界一致性检查方法

采用人工和软件检查:省级图件的编图范围边界,是指省级行政边界;标准分幅图件的编图范围边界,是指标准分幅经纬范围边界,即标准分幅内廓边界;预测工作区图件的编图范围边界,是指预测工作区边界;典型矿床图件的编图范围边界,是指典型矿床的研究区边界。

所谓图件的编图范围边界一致性检查,具体指检查如下几个方面。

(1)省级图件的编图范围边界一致性,即所有省级图件的省级行政区边界线应一致且以"河北省行政区边界.wl"表示在相应的图件中。

(2)预测工作区图件的编图范围边界一致性,即同一预测工作区的所有图件的预测工作区边界线应一致且以河北省项目办提供的封闭线图层"X预测工作区边界.wl"表示在相应的图件中,预测工作区边界拐点的经纬坐标(应符合空间坐标参数规定)要求在其图件的编图说明书中准确列出。

(3)典型矿床图件的编图范围边界一致性,即同一典型矿床的所有图件的典型矿床研究区边界线应一致且以封闭线图层"X典型矿床研究区边界.wl"表示在相应的图件中,典型矿床研究区边界拐点的经纬坐标(应符合空间坐标参数规定)要求在其图件的编图说明书中准确列出。

(4)标准分幅图件的编图范围边界一致性,即同一标准分幅的所有图件的内廓边界线应一致且经纬范围符合标准分幅规定。

若发现专业专题组在省级图件的编图范围边界存在不一致性、或预测工作区图件的编图范围边界存在不一致性、或典型矿床图件的编图范围边界存在不一致性、或标准分幅图件的编图范围边界存在不一致性,则应将图件的编图范围边界不一致性作为一个整体质量问题,要求专业专题组返回修改,使用省项目办提供的统一边界线文件。

12)同类要素是否使用相同图例号检查方法

采用软件与人工相结合的检查方法:使用 GeoMAG 软件的"导出图例清单"功能,导出图件的各图层使用的图例号清单,再与专业专题组提交的相应图件类使用的要素图例号清单比较,若发现某图件某图层要素使用的图例号与专业专题组已提交的同类图件同类要素使用的图例号不一致,表明专业专题组提交的成果图件存在同类要素没有使用相同图例号表示情况,要求专业专题组返回修改直至通过。

13）图件及属性库一致性检查方法

采用人工与软件相结合的检查方法：原则上要求一个图件（图面内容）与其属性库（数据内容）所表示的内容是一致的。若发现图件及属性库内容存在不一致性，则要求专业专题组返回修改直至通过。

14）按标准分幅编图成果应按标准分幅提交要求检查方法

采用人工与软件相结合的检查方法：原则上要求，按标准分幅编图成果应按标准分幅提交。主要包括地质背景的1∶25万分幅实际材料图、1∶25万分幅建造构造图，遥感的1∶25万分幅遥感矿产地质特征解译图、1∶25万分幅遥感羟基异常分布图、1∶25万分幅遥感铁染异常分布图。通过软件和人工检查，若发现按标准分幅编图的图件及属性库的内廓地理经纬范围与标准分幅地理经纬范围不一致、或图幅内容不是满幅的、或同一标准分幅相同内容未整合而分成多个未满幅图件提交等情况，则认为不符合"按标准分幅编图成果应按标准分幅提交要求"，要求专业专题组返回处理。

三、数据库质量评述

（一）数据源质量

各专题组编图及建库所采用的原始资料主要来源于全国项目组统一下发数据及河北省已经过验收、汇交的各专题相关报告，资料来源可靠，符合项目要求。

（二）数字化图件质量

图件数字化严格按照数据库制图要求进行。保证了图形要素的参数正确性、空间位置的准确性；图层中没有遗漏和多余数据；所有的多边形必须封闭；图形矢量化时所用到的线型、花纹、色标、符号、图例及各种点的参数等均参考相关技术规定；参加拓扑图层利用MapGIS软件进行了拓扑一致性检查，符合要求。

图件数字化完成后打印输出经过自检、互检和专家组的抽检及检查后的多次修改，完全符合各专业组编图技术要求及空间数据库质量要求。

（三）属性内容质量

属性内容由经验丰富的专业人员严格按照全国矿产资源潜力评价相关技术要求采集，尽可能地采集完整的信息。属性采集后经过检查、校对后才进行属性录入或属性挂接。从而严格地保证了属性内容的真实、有效、正确，避免了返工。

（四）数据库质量

为确保属性内容录入的正确、完整，对所录入的每一个属性图层，一是进行人机检查；二是通过打印输出检查。图件结构、图层结构、属性结构、属性值域均利用GeoMAG软件进行检查，确保了数据库整体质量。

第六章　矿产资源潜力评价成果集成数据库建设

集成数据库建设是河北省矿产资源潜力评价信息集成专题的重要核心工作。本章首先介绍了各专题在矿产资源潜力评价研究过程中,完成的各类规范化图库、过渡性资料及汇总综合研究等方面的成果资料,按照全国矿产资源潜力评价的统一技术要求及相关文件要求进行成果性汇总情况,以及在汇总基础上,开展数据集成建库的工作内容及详细情况。

第一节　集成数据库工作内容及流程

河北省矿产资源潜力评价集成数据库建设主要工作内容包括成果资料性汇总及集成数据库的建立。河北省矿产资源潜力评价资料性成果汇总主要是在全国矿产资源潜力评价项目办的统一技术领导下,针对河北省地质背景、成矿规律和成矿预测、物探、化探、遥感、重砂等专业按要求完成的矿产资源潜力评价成果基础上,在全面按数据模型要求完成数据检查、验收、复核的前提下,由河北省综合信息集成专题组具体开展并实施的一项以资料性汇总为主要内容的综合性工作。

集成数据库建立按《省级矿产资源潜力评价资料性成果集成建库实施技术指南》技术要求,使用正式发布的建库软件系统 GeoPEX,开展河北省矿产资源潜力评价成果集成数据库建设工作。主要是在成果资料性汇总的前提下,对数据库成果和所有中间过程成果以及各类原始资料和质量监控文档的资料等建立综合数据库,改变专题成果数据库文件形式的存储方式,以实现对真正意义的大型数据库进行存储,为今后进一步开发和利用潜力评价成果数据资料提供坚实的基础。

河北省矿产资源潜力评价资料性成果集成建库工作主要有以下几个步骤:资料收集与整理(成果图件、附件及其他图件)、图形参数检查、投影、数据库注册、查询方案配置、用户注册、图件导入、文档及附件导入、数据库备份等步骤。基本工作流程如图 6-1 所示。

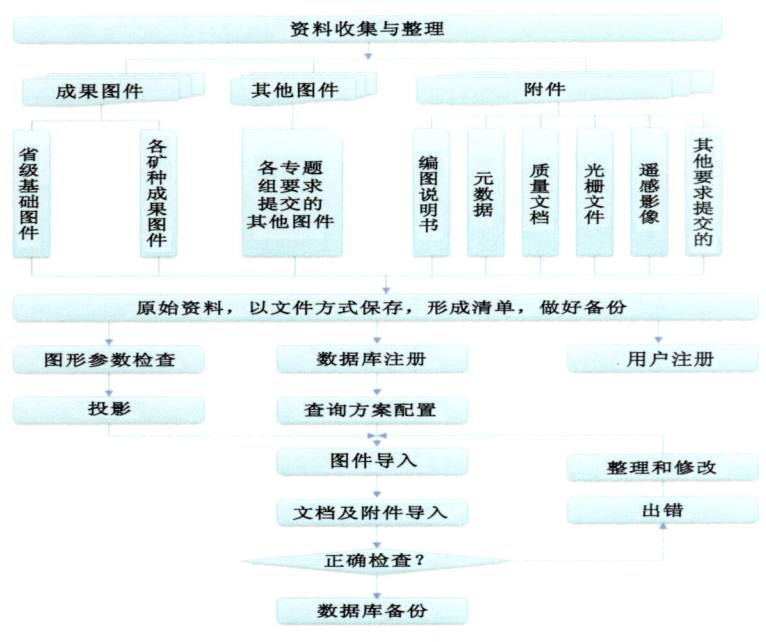

图 6-1　成果集成建库工作流程图

第二节 资料性成果汇总

河北省矿产资源潜力评价资料性成果汇总之前经过了数次由地质专业人员及数据库建设人员对各类专业图件属性库及相应元数据、说明书等按要求进行的仔细检查,最终通过全国项目办验收及复核,并将完成的河北省资料性成果汇总数据提交全国项目办综合信息集成专题组。

一、汇总成果内容

河北省矿产资源潜力评价资料性汇总成果分三部分:第一部分为"属于全国矿产资源潜力评价数据模型规定成果,包括规定要提交的图件及其属性库、遥感影像、编图说明书、图件元数据、文档报告、数据表格以及相关内容清单等";第二部分为"不属于全国矿产资源潜力评价数据模型规定但属于各专业需要提交成果,包括各专业汇总组规定需要提交的资料、各种过渡性图件、图片文件、数据表格文件、文字报告以及各种资料卡片扫描件等";第三部分为"属于省级项目组汇总综合研究成果,包括省级各专题按相关专题省级汇总技术要求规定需要提交的图件及其属性库、遥感影像、编图说明书、图件元数据、文档报告、数据表格以及相关内容清单等"。

二、资料性汇总要求

属于全国矿产资源潜力评价数据模型规定成果的汇总要求按全国矿产资源潜力评价项目办 2010 年 35 号文有关内容(简称"全国项目办 2010 年 35 号文")执行,具体见表 6-1。

表 6-1 全国项目办 2010 年 35 号文要求内容

序号	全国项目办 2010 年 35 号文的内容
1	《全国矿产资源潜力评价省级矿产资源潜力评价资料性成果图件及属性库复核汇总技术方案》
2	附件 1:《华北辖区省级矿产资源潜力评价资料性成果图件及属性库复核汇总内容清单》
3	附件 2:《东北辖区省级矿产资源潜力评价资料性成果图件及属性库复核汇总内容清单》
4	附件 3:《华东辖区省级矿产资源潜力评价资料性成果图件及属性库复核汇总内容清单》
5	附件 4:《中南辖区省级矿产资源潜力评价资料性成果图件及属性库复核汇总内容清单》
6	附件 5:《西南辖区省级矿产资源潜力评价资料性成果图件及属性库复核汇总内容清单》
7	附件 6:《西北辖区省级矿产资源潜力评价资料性成果图件及属性库复核汇总内容清单》
8	附件 7:《X 省(市、区)矿产资源潜力评价省级基础地质编图和铁铝单矿种潜力评价成果图件及属性库复核质量评述报告模板》
9	附件 8:《省级矿产资源潜力评价各类图件图层空间拓扑要求》
10	附件 9:GeoMAG 软件图件及属性库质量检查指标 Excel 模板 附件 9-1:图件结构检查指标模板 附件 9-2:图层结构检查指标模板 附件 9-3:属性结构检查指标模板 附件 9-4:属性项值域检查指标模板 附件 9-5:属性项填写率检查指标模板 附件 9-6:查询统计属性检查指标模板 附件 9-7:图元编号检查指标模板 附件 9-8 潜力评价图件(库)数据质量检查评价记录表-验收执行模板

续表 6-1

序号	全国项目办2010年35号文的内容
11	附件10:《矿产资源潜力评价成果图件及属性库质量自检自查记录卡模板》
12	附件11:《省级矿产资源潜力评价各专业图件专业属性数据方面质量指标要求》
13	附表1:省级矿产资源潜力评价基础地质编图图件及属性库、报告、表格、附件等文件清单
14	附表2:省级铁矿资源潜力评价成果图件及属性库、报告、表格、附件等文件清单
15	附表3:省级铝土矿资源潜力评价成果图件及属性库、报告、表格、附件等文件清单
16	附表4:省级矿产资源潜力评价基础地质编图和铁、铝矿种潜力评价成果图件及属性库、报告、表格、附件等文件提交目录结构规定
17	附表5:X省(市、区)矿产资源潜力评价图件图面要素分类及图面表示的系统库图例号清单
18	附表5-1:省级基础地质编图成果图件图面要素分类及图面表示的系统库图例号清单
19	附表5-2:省级铁矿潜力评价成果图件图面要素分类及图面表示的系统库图例号清单
20	附表5-3:省级铝土矿潜力评价成果图件图面要素分类及图面表示的系统库图例号清单
21	附表5-4:省级X矿(组)潜力评价成果图件图面要素分类及图面表示的系统库图例号清单
22	附表6:X省(市、区)预测工作区边界、典型矿床研究区边界MapGIS图件清单

全国项目办2010年35号文规定的成果要求,既适合省级矿产资源潜力评价基础编图成果,也适合河北省铁、铝、铜、金、铅、锌、磷、银、钼、锰、镍、钨、铬、硫、萤石、菱镁矿、重晶石17个矿种的矿产资源潜力评价成果。

不属于全国矿产资源潜力评价数据模型规定但属于各专业需要提交成果的质量,只要资料种类与齐全性满足各专业第二类相关成果资料清单的规定,且内容符合相关各专业汇总组工作技术要求与相关规定即可。成果资料按自建目录"地质背景相关成果资料""成矿规律相关成果资料""矿产预测相关成果资料""重力应用相关成果资料""磁测应用相关成果资料""化探应用相关成果资料""遥感应用相关成果资料""重砂应用相关成果资料"分别存放。历次成果抽查、审查、验收、复审、复核意见扫描件,自建目录"历次验收意见扫描件"存放。

属于省级项目组汇总综合研究成果的提交质量要求,专业方面应符合全国各专业汇总组制定的相关省级汇总技术要求,数据库方面应参照全国矿产资源潜力评价项目办2010年35号文执行。资料按全国综合信息集成汇总组规定的成果目录汇总成果。

另外,上述成果资料提交单位应提供图件及属性库核实清单(电子档)、修改记录(电子档),以及历次成果(编图、数据库等)抽查、审查、验收、复审、复核意见的扫描件(包括数据库和各专业的意见)作为数据汇总的依据之一。

三、资料性汇总流程

全国层面上,矿产资源潜力评价资料性成果数据库汇总是潜力评价整体工作的顶层,全国矿产资源潜力评价资料性成果数据库汇总涉及全国各省市潜力评价项目组,涉及地质背景、成矿规律和预测成果、物探、化探、遥感、重砂等多种专业。

河北省矿产资源潜力评价综合信息集成专题组在负责对河北省各专题组初步资料汇总的基础上,进行最终的汇总工作,并提交全国项目办验收。具体汇总情况如下。

第六章 矿产资源潜力评价成果集成数据库建设

(一)按成果目录结构规定整理、提交河北省矿产资源潜力评价资料性成果数据

按规定的成果目录结构存放数据,详细规定按《关于全国矿产资源潜力评价阶段性成果验收的通知》(项目办发[2009]26号文附件10)执行。

汇总资料时先按省级分类作为一级目录名,再按基础编图、大地构造相图及矿种分类作为二级目录名,然后按专业分类作为三级目录名,专业分类目录下再按图库类型分类作为四级目录名,之后再按资料类型(投影图件、经纬度图件、元数据文件、说明书、其他)作为五级目录名,其中五级目录中的投影图件、经纬度图件下还需具体图件目录作为六级目录名。

河北省矿产资源潜力评价各专题组成果图件(库)目录,如图6-2(以自然重砂资料应用专题组成果为例)、图6-3所示。

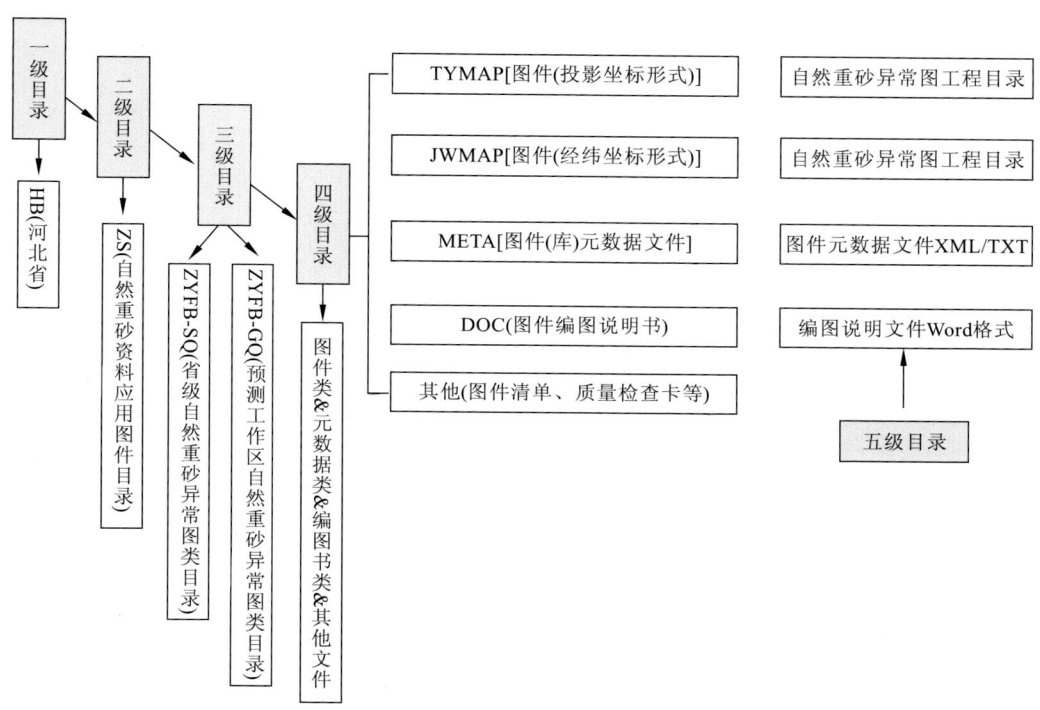

图6-2 自然重砂资料应用成果图件(库)目录结构

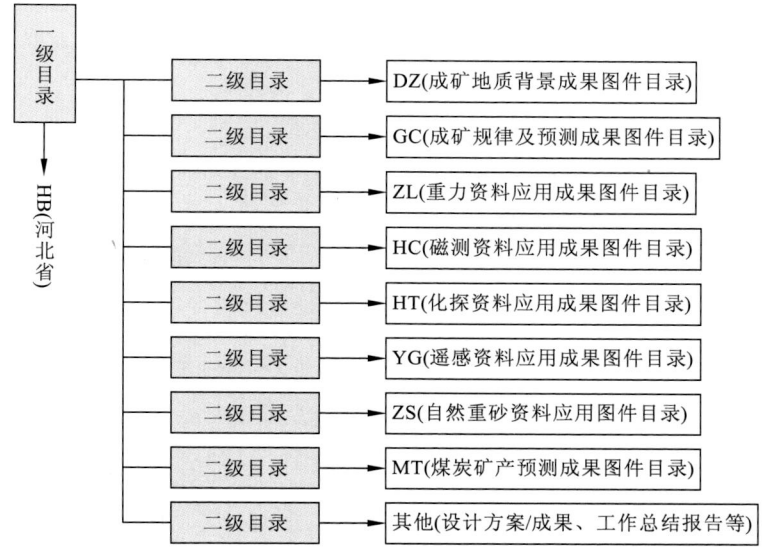

图6-3 河北省矿产资源潜力评价资料性成果汇总目录结构

(二)汇总、整理并提供如下清单和文档

(1)省级项目本次潜力评价的矿种(组)清单。
(2)省级矿产预测类型清单。
(3)省级典型矿床清单。
(4)省级预测工作区清单。
(5)省级基于全国前三级成矿区带方案的Ⅳ/Ⅴ级划分方案。
(6)省级基于全国前三级大地构造分区方案的Ⅳ/Ⅴ级划分方案。
(7)省级基于全国前三级地层区划方案的Ⅳ级(即地层小区)划分方案。
(8)省级行政区所跨1:25万标准图幅清单。
(9)省级潜力评价资料性成果图件(库)目录清单。
(10)省级潜力评价项目总体实施方案、年度设计(包括各专题)、成果报告(包括各专题、各矿种(组)等所有相关成果报告)、工作总结报告等。

"省级矿产预测类型清单""省级典型矿床清单""省级预测工作区清单""省级基于全国前三级成矿区带方案的Ⅳ/Ⅴ级划分方案""省级基于全国前三级大地构造分区方案的Ⅳ/Ⅴ级划分方案""省级基于全国前三级地层区划方案的Ⅳ级(即地层小区)划分方案"的填写格式,见《关于全国矿产资源潜力评价阶段性成果验收的通知》(项目办发[2009]26号文附件10)内的"附录3省(市、自治区)矿产预测类型清单,附录4省(市、自治区)典型矿床清单,附录5省(市、自治区)预测工作区清单,附录6省(市、自治区)基于全国前三级成矿区带的Ⅳ/Ⅴ级划分方案,附录7省(市、自治区)基于全国前三级大地构造分区的Ⅳ/Ⅴ级划分方案,附录8省(市、自治区)基于全国前三级地层区划的Ⅳ级(地层小区)划分方案"。

(三)部分成果图件数据的整理工作

在河北省矿产资源潜力评价实施过程中,考虑到专业成图表达的需要,或者因项目周期长、分阶段编图、分阶段验收等实际情况,致使有些成果图件数据形式还不完全符合潜力评价数据模型规定,还必须做必要的整理工作。

具体内容按专业成果图件大类描述如下。

1. 成矿地质背景成果图件的整理工作

基于省级行政区所跨1:25万标准图幅清单,列出本次编过"分幅实际材料图、分幅建造构造图"的图幅清单。

基于省级所有预测工作区清单,列出哪些预测工作区编过相应预测工作区地质构造专题图(底图)及专题图类型。

省内相邻图幅的"分幅建造构造图"图幅,原则上要求连图。

"分幅建造构造图、预测工作区沉积建造构造图、预测工作区地貌与第四纪地质图、预测工作区火山岩性岩相构造图、预测工作区侵入岩浆构造图、预测工作区变质建造构造图、预测工作区建造构造图、全省大地构造相图",按数据模型规定,适合考虑引用物化遥地质构造推断解译图层及属性信息。

2. 成矿规律及预测成果图件的整理工作

在成矿规律及预测成果图件中,"省级矿产预测类型分布图、省级××矿种(组)区域成矿规律图、省级××矿种(组)预测成果图、省级××矿种(组)勘查工作部署图、省级××矿种(组)未来勘查工作成果预测图、省级××矿种(组)未来矿产开发基地预测图"六类图,即使通过验收后,还必须做整理工作。

"省级矿产预测类型分布图"的数据模型,是可以容纳全省潜力评价所有矿种(组)的矿产预测类型的,而分阶段、分矿矿种(组)编图,导致一个矿种(组)一张图,有必要整合到一张图内(包括空间数据与属性数据等)。

"省级××矿种(组)区域成矿规律图、省级××矿种(组)预测成果图、省级××矿种(组)勘查工作部署图、省级××矿种(组)未来勘查工作成果预测图、省级××矿种(组)未来矿产开发基地预测图"的数据模型,是可以容纳全省潜力评价所有矿种(组)的,而分阶段、分矿矿种(组)编图,导致一个矿种(组)一张图,有必要整合到一张图内(包括空间数据与属性数据等)。

"省级矿产预测类型分布图、省级区域成矿规律图"必须引用成矿地质背景专题组提供的最新的"全省大地构造相图"的相关图层。

按数据模型规定,典型矿床成矿模式型图与典型矿床成矿模型图分别作为辅图放在"典型矿床成矿要素图""典型矿床预测要素图"内适当位置;区域成矿模式型图与区域成矿模型图分别作为辅图放在"预测工作区区域成矿要素图""预测工作区区域预测要素图"内适当位置。目前全国成矿规律汇总组认可两种形式:作为辅图或独立成图均可以。在汇总时,要求省级项目组只采用一种形式。

基于省级矿产预测类型清单,将成果图件具有属性项"矿产预测类型(QDTCC)"的矿产预测类型用中文描述,用相应矿产预测类型的代码替换。

另外,按数据模型规定,省级项目组应按《全国矿产资源潜力评价数据模型 成矿规律及预测分册》成矿规律研究用数据表填写规定,提交 Excel 格式的成矿规律研究用数据表。

3. 重力资料应用成果图件的整理工作

在重力资料应用成果图件中,需要整理"典型矿床成矿模式型图与典型矿床成矿模型图""区域成矿模式型图与区域成矿模型图"所需的典型矿床或预测工作区重力异常特征图(层)或剖析图(层),供整理成矿规律及预测成果图件之用。

基于省级所有预测工作区清单,列出哪些预测工作区编过相应预测工作区重力专题图及专题图类型。

4. 磁测资料应用成果图件的整理工作

在磁测资料应用成果图件中,需要整理"典型矿床成矿模式型图与典型矿床成矿模型图""区域成矿模式型图与区域成矿模型图"所需的典型矿床或预测工作区磁测异常特征图(层)或剖析图(层),供整理成矿规律及预测成果图件之用。

基于省级所有预测工作区清单,列出哪些预测工作区编过相应预测工作区磁测专题图及专题图类型。

基于省级矿产预测类型清单,将成果图件具有属性项"矿产预测类型(QDTCC)"的矿产预测类型中文描述,用相应矿产预测类型的代码替换。

5. 化探资料应用成果图件的整理工作

基于省级所有预测工作区清单,列出哪些预测工作区编过相应预测工作区化探专题图及专题图类型。

"省级××元素地球化学图、省级××元素地球化学异常图"的数据模型,是可以分别容纳全省 39 个元素的地球化学图、地球化学异常图,一个元素成一张图,为了表达的需要,有必要把 39 个元素的地球化学图、地球化学异常图整合到一张省级元素地球化学图、一张省级元素地球化学异常图内(包括空间数据与属性数据等)。

"预测工作区××元素地球化学图、预测工作区××元素地球化学异常图"的数据模型,是可以分别容纳同一个预测工作区 39 个元素的地球化学图、地球化学异常图,一个元素成一张图,为了表达的需要,有必要把 39 个元素的地球化学图、地球化学异常图整合到一张同一个预测工作区的元素地球化学图、一张同一个预测工作区的元素地球化学异常图内(包括空间数据与属性数据等)。

"省级地球化学找矿预测图、省级地球化学推断解译地质图"必须引用成矿地质背景专题组提供的最新的"全省大地构造相图"的相关图层及相关的基础地质图层[例如:地质界线、断裂、韧性剪切带(面)、褶皱(线)、岩性(面)]。"省级地球化学综合异常图、预测工作区地球化学综合异常图"必须引用成矿规律专题组提供的最新的"成矿区带"图层。

在化探资料应用成果图件中,需要整理"典型矿床成矿模式型图与典型矿床成矿模型图""区域成矿模式型图与区域成矿模型图"所需的典型矿床或预测工作区化探异常特征图(层)或剖析图(层),供整理成矿规律及预测成果图件之用。

(四)自增属性项、自增图层的处理

在全国矿产资源潜力评价工作结束之前,全国矿产资源潜力评价数据模型原则上已不再变化,尽管诸如下属词条目的补充、属性项长度的增长、规定图层内自增属性项的自增、规定图件内自增图层的自增项等均不属于改变数据模型情况,但必须经过申报、审核、是否批准、批准后的数据模型维护与数据模型下发等严格控制过程。关于规定成果图件内"下属词条目的补充、属性项长度的增长、规定图层内自增属性项的自增、规定图件内自增图层的自增"等相关问题的具体整理与入库处理方法如下。

1. 规定图件内规定图层内自增属性项的整理

检查、鉴别规定图层内自增属性项是否合理、是否必要、是否属于临时的。若属于不合理、不必要或临时性的,建议将自增属性项删除;若确实属于合理且必要的,则应进入申请补充完善数据模型工作控制流程。

2. 规定图件内自增图层及其属性项的整理

检查、鉴别自增图层是否属于合理或必要的,若某自增图层与已存在规定图层内容完全重复,则应删除该自增图层;若某自增图层的内容本应属于某个已存在规定图层内容,则应将该自增图层内容归并到已存在规定图层内,并按数据模型规定补充录入规定属性项数据。对同类图件相同内容的自增图层,应统一命名相同中文图层名称,并记录备案到数据整理入库工作报告中。

3. 规定图层内自增属性项的处理

原则上规定图层内自增属性项不能进入数据库、GeoPEX软件系统自动将其过滤掉;规定图层内图元能进入数据库,规定属性项能进入数据库。占用或借用了规定图层名称的自增图层不能进入数据库,此情况属于不符合数据模型规定,应按数据模型规定整改以符合数据模型要求,方能入库。

4. 规定图件内自增图层及其属性项的处理

原则上规定图件内自增图层(即图元)能进入数据库、规定图件内自增图层的属性项不能进入数据库。GeoPEX软件系统自动将规定图件内自增图层的属性项过滤掉。但规定图件内自增图层的坐标参数应符合规定,即与所在图件的地图投影参数一致。同类图件相同内容的自增图层,应统一命名相同中文图层名称。

5. 图件内图层顺序必须按输出打印顺序组织

即提交图件工程内图层顺序应与验收输出纸质图件的图层顺序一致,图层要素压盖合理。部分不在图面反映的图层要素,在图件工程内处于关闭状态。

(五)按"潜力评价资料性成果汇总目录结构"形式,提供河北省矿产资源潜力评价资料性汇总成果

资料性成果数据库汇总工作量主要有以下几方面内容:

整理、提交各专题潜力评价成果数据。

提交清单和文档:潜力评价的矿种(组)清单、矿产预测类型清单、典型矿床清单、预测工作区清单、基于全国前三级成矿区带方案的Ⅳ/Ⅴ级划分方案、基于全国前三级大地构造分区方案的Ⅳ/Ⅴ级划分方案、基于全国前三级地层区划方案的Ⅳ级(即地层小区)划分方案、行政区所跨1∶25万标准图幅清单、潜力评价资料性成果图件(库)目录清单;潜力评价项目总体实施方案、年度设计(包括各专题)、成果报告(包括各

专题、各矿种(组)等所有相关成果报告)、工作总结报告等。

成果图件整理：按照"潜力评价资料成果数据库汇总工作要求－100226"对成果数据库按专业归纳整理。

提交的复核汇总成果包括河北省矿产资源潜力评价基础地质编图图件及属性库，各矿种潜力评价成果图件及属性库、报告、表格、附件等文件。

四、资料性汇总成果

河北省矿产资源潜力评价资料性成果汇总包含成矿地质背景专题、成矿规律与矿产预测专题、区域地球化学应用专题、区域重力应用专题、磁测应用专题、重砂应用专题、遥感应用专题等各类省级基础编图(库)及17个矿种(组)涉及的矿产资源潜力评价图库，以及有关的过程性图件、表格、图片资料等(表6-2)。

表6-2 河北省基础编图及各矿种资源潜力评价成果集成汇总统计表

序号	矿种(组)	各矿种成果统计
1	铁矿	图件总数164(图件及属性库数143、不建属性库图件数14、库遥感影像图件数7)
2	铝土矿	图件总数67(图件及其属性库数56、不建属性库图件数8、库遥感影像图件数3)
3	铜(钼)矿	图件总数111(图件及属性库数99、不建属性库图件数8、库遥感影像图件数4)
4	磷矿	图件总数97(图件及属性库数81、不建属性库图件数10、库遥感影像图件数6)
5	铅锌矿	图件总数217(图件及属性库数193、不建属性库图件数18、遥感影像图件数6)
6	金矿	图件总数250(图件及属性库数225、不建属性库图件数16、遥感影像图件数9)
7	银矿	图件总数435(图件及属性库数379、不建属性库图件数42、遥感影像图件数14)
8	锰矿	图件总数137(图件及属性库数119、不建属性库图件数14、遥感影像图件数4)
9	硫铁矿	图件总数161(图件及属性库数135、不建属性库图件数18、遥感影像图件数8)
10	萤石矿	图件总数157(图件及属性库数136、不建属性库图件数14、遥感影像图件数7)
11	重晶石	图件总数81(图件及属性库数70、不建属性库图件数8、遥感影像图件数3)
12	铬铁矿	图件总数71(图件及属性库数60、不建属性库图件数8、遥感影像图件数3)
13	菱镁矿	图件总数32(图件及属性库数26、不建属性库图件数4、遥感影像图件数2)
14	钼矿	图件总数190(图件及属性库数167、不建属性库图件数17、遥感影像图件数6)
15	镍矿	图件总数37(图件及属性库数31、不建属性库图件数5、遥感影像图件数1)
16	钨矿	图件总数118(图件及属性库数102、不建属性库图件数11、遥感影像图件数5)
17	基础编图及大地构造相图	图件总数250(图件及其属性库数206、不建属性库图件数29、遥感影像图件数15)

第三节 集成数据库要求及内容

集成数据库入库成果以资料性成果汇总为基础，开展入库工作。因此资料要求与资料性成果汇总一致。

河北省矿产资源潜力评价成果集成数据库数据资源主要有两大部分，第一部分为基础地质数据库；第二部分为河北省矿产资源潜力评价成果数据。

一、基础地质数据库数据资源

河北省基础地质数据库数据资源是河北省矿产资源潜力评价成果集成数据库的一部分,主要涉及河北省矿产资源潜力评价项目使用或应用到的基础地质数据库,其他相关地质数据库也可以通过成果集成数据库系统入库,进行统一管理。

涉及入库的基础地质数据库主要有:
(1)河北省1∶20万数字地质图空间数据库。
(2)河北省地质工作程度数据库。
(3)河北省矿产地数据库。
(4)河北省1∶20万自然重砂数据库。
(5)河北省区域地球化学数据库。
(6)河北省1∶20万区域重力调查数据库。
(7)河北省航空磁测数据库。
(8)河北省遥感影像图数据库。

其中河北省1∶20万数字地质图空间数据库、河北省地质工作程度数据库、河北省矿产地数据库、河北省1∶20万自然重砂数据库、河北省区域地球化学数据库、河北省1∶20万区域重力调查数据库、河北省航空磁测数据库、河北省遥感影像图数据库采用的是本次河北省矿产资源潜力评价项目中基础地质数据库更新与维护中完成的数据库,其他地质数据库采用历年来完成或维护后的最新数据库进行入库,保证基础地质数据库数据基础真实可信,便于使用。

二、矿产资源潜力评价成果数据资源

河北省矿产资源潜力评价集成数据库数据资源与资料性汇总的成果资料内容及分类一致。其中"属于全国矿产资源潜力评价数据模型规定成果"是本次集成数据库的重要内容。

按数据模型规定要求完成入库的成果资料涉及省级基础编图、大地构造相图及铁、铝土、铅锌、铜(钼)、金、磷、钼、锰、银、铬铁、钨、镍、菱镁、硫铁、萤石、重晶石16个矿种相关专业的矿产资源潜力评价成果资料。

集成数据库中河北省基础编图数据库按河北省矿产资源潜力评价专业专题分,可分为成矿地质背景专业图库31个,区域重力应用专业图库4个,区域磁测应用专业图库7个,区域化探应用专业图库129个,遥感应用专业图库59个(其中建库44个,影像图15个),自然重砂专业图库26个。

河北省矿产资源潜力评价各预测区图库按矿种分(各矿种下含成矿地质背景专题、矿产预测专题、成矿规律专题、区域重力应用专题、区域磁测应用专题、区域地球化学应用专题、遥感专题、自然重砂专题完成的图库),其中铁矿图库有164个,铝土矿图库有67个,铜(钼)矿图库有111个,磷矿图库有97个,铅锌矿图库有217个,金矿图库有250个,银矿图库有435个,铬铁矿图库有71个,菱镁矿图库有32个,锰矿图库有137个,硫铁矿图库有161个,钼矿图库有190个,镍矿图库有37个,钨矿图库有118个,萤石矿图库有157个,重晶石矿入库图库有81个。

河北省矿产资源潜力评价省级基础编图图库除了全省图库外,还有部分1∶25万标准图幅,主要涉及成矿地质背景专题组的1∶25万标准图幅实际材料图库和1∶25万标准图幅建造构图库,遥感应用专题组完成的1∶25万标准图幅遥感矿产地质特征解译图、1∶25万标准图幅遥感羟基异常分布图、1∶25万标准图幅遥感铁染异常分布图、1∶25万标准图幅遥感影像图。

河北省行政区涉及29幅1∶25万标准图幅,为避免重复,按全国项目办要求,省级接边部分1∶25万图幅分配到不同省完成,河北省完成图幅为14个完整标准图幅。

第四节 集成数据库软硬件环境部署

一、硬件准备

1. 服务器端

主机:4CPU * 3.0G 以上、内存 4G 以上。

存储设备:硬盘空间为图件数据和文档数据大小的 3 倍。数据库大小为图件数据和文档数据大小的 4 倍以上(1~10T),日志大小为数据库大小的 1/2,自动增长率大于 10%。

显卡:高分辨率彩色监视器及其相应的图形适配卡(EGA、CGE、VGA、TVGA 等)。

2. 客户端

主机:CPU 为 2GHz,双核以上,内存 1G 以上。

硬盘:500GB 以上。

显卡:高分辨率彩色监视器及其相应的图形适配卡(EGA、CGE、VGA、TVGA 等)。

二、软件准备

GeoMAG 3.1、GeoTOK 3.1、GeoPEX 1.0、Microsoft SQL Server 2008 企业版、Microsoft Access 2003、Microsoft Word 2003、Microsoft Excel 2003、MapGIS 6.7、Windows XP(32bit) sp3/Windows (32bit)7 sp1、WindowsIE 6.0、Xml 解析器。

三、系统安装

按《省级矿产资源潜力评价资料性成果集成建库管理系统 GeoPEX——用户使用手册》"第二章 系统安装"的介绍,进行相关软件系统安装。主要包括 GeoPEX 安装、MS SQL Server 安装或其他软件安装。以下对集成系统进行简要介绍。

(一)软件安装及配置

分别在服务器及客户端计算机上安装 GeoPEX 集成汇总软件,MS SQL Server 2008 数据库管理系统在服务器端安装。通过数据库恢复方法,创建已建成关系数据库。

客户端 GeoPEX 安装过程如下。

首先从全国重要矿产资源潜力评价综合信息集成项目组索取"省级矿产资源潜力评价资料性成果汇总建库软件系统"压缩包:GeoPEX.rar。解压缩后创建运行主目录"GeoPEX"(一般在硬盘的根目录下创建)。

例如:在计算机的 D 盘根目录下创建"D:\GeoPEX"。GeoPEX 安装后的目录清单见图 6-4。通过设置潜力评价项目统一系统库,完成 MapGIS 平台运行环境设置。

由于 GeoPEX 系统需要 MapGIS 6.7(版本为 build05118)支持,在运行之前,为确保 MapGIS 6.7 能正确运行,需要设置 GeoPEX 系统所需的 MapGIS 6.7 环境变量(我的电脑→属性→系统属性→高级→环境变量→设置 Path 变量)。

(二)用户登录

用密码第一次登录为超级用户(图 6-5),再修改密码,以保证数据安全性。

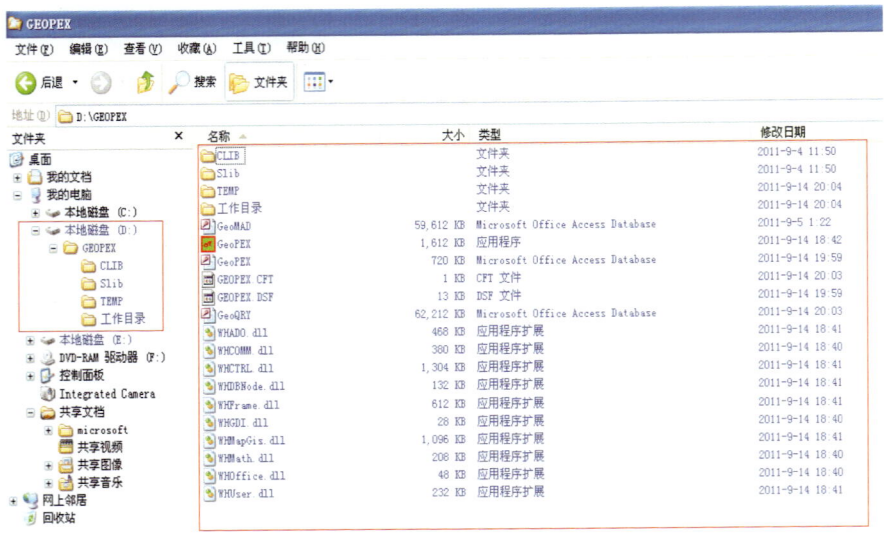

图 6-4 GeoPEX 安装后的目录清单示意图

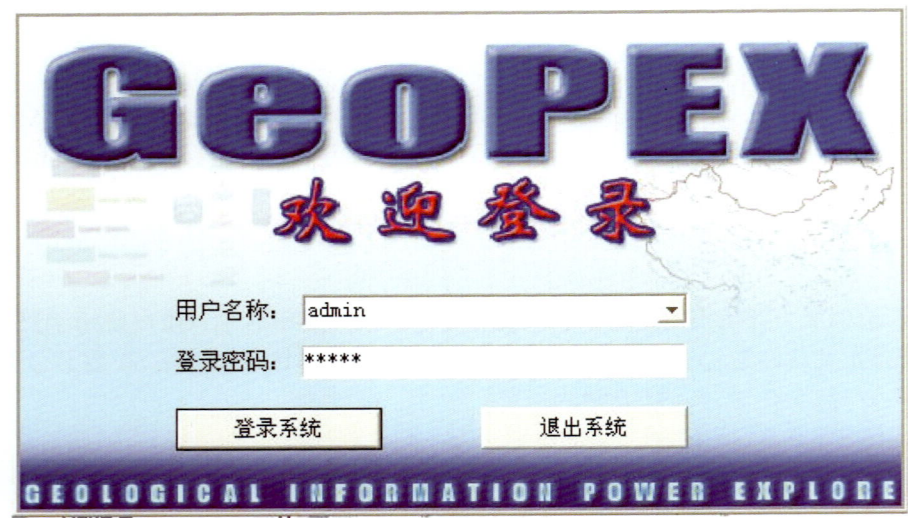

图 6-5 GeoPEX 登陆主界面

(三)计算机注册

具有管理员权限的用户可为系统进行计算机编号配置,以便操作员操作记录登记及管理。

(四)数据库注册

通过配置,建立单矿种数据库,主要是建立逻辑数据库与物理数据库的链接关系。注册过程中可对该关系集合进行增加、删除、修改、测试等操作。

四、网络环境

网络设备:局域网满足 100M,广域网满足 2M。

五、数据库系统部署

河北省矿产资源潜力评价资料性成果集成建库及数据库管理系统部署情况如图6-6所示。

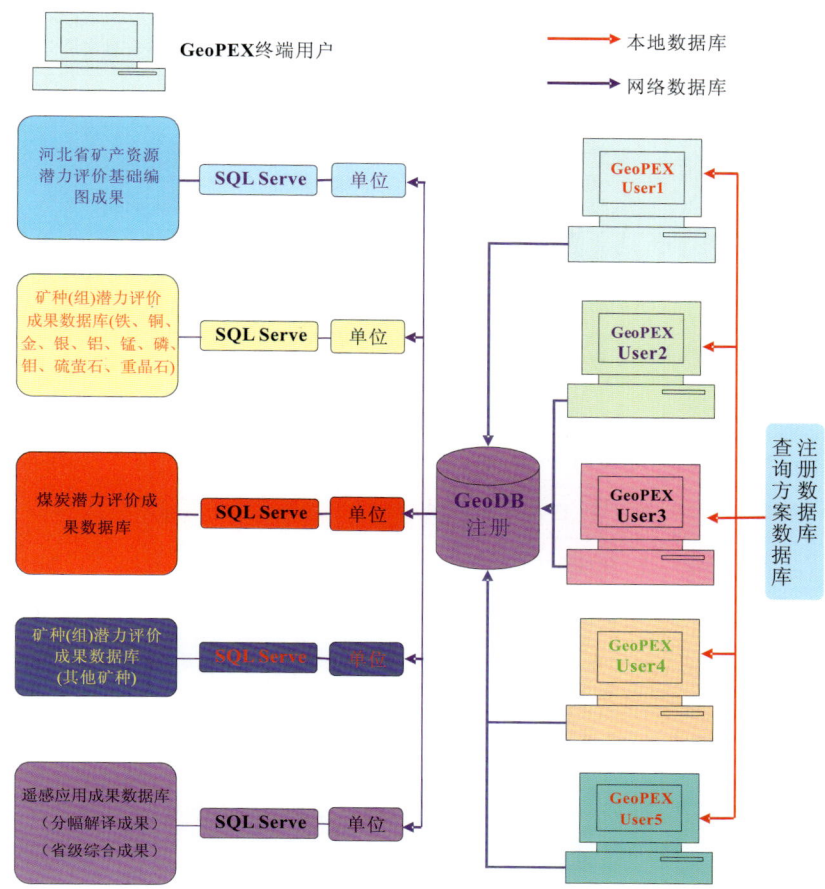

图6-6 集成建库及数据库管理系统部署示意图

第五节 集成数据库组织方案

一、数据库系统选用

集成汇总软件GeoPEX可以使用两种数据库类型,分别为:

(1)MS Access MDB数据库。每个MDB数据库大小不超过1.8G,如果一类图件的容量超过1.8G,请选择MS SQL Server。

(2)MS SQL Server数据库。MS SQL Server 2000采用C/S模式。数据库容量理论上没有限制。GeoPEX推荐采用MS SQL Server 2008。并在GeoPEX端安装MS SQL Server 2008客户端。

河北省矿产资源潜力评价综合信息集成专题组根据河北省数据容量的实际情况,采用MS SQL Server 2008数据库系统。

二、矿产资源潜力评价成果分类

(1)属于全国矿产资源潜力评价数据模型规定成果。依据河北省矿产资源潜力评价基础编图、矿种(组)资源潜力评价成果来划分,河北省矿产资源潜力评价成果(图件、文档、表格等)分为两大类:①省级基础编图成果；②矿种（组）资源潜力评价成果。以上两种成果又按专题细分，如表6-3所示。

表6-3 河北省矿产资源潜力评价成果分类表

序号	大类	细类	所属专题
1	省级基础编图成果	成矿地质背景研究成果	成矿地质背景研究
2		重力资料应用成果	重力资料应用
3		磁测资料应用成果	磁测资料应用
4		化探资料应用成果	化探资料应用
5		遥感资料应用成果	遥感资料应用
6		自然重砂资料应用成果	自然重砂资料应用
7	矿种（组）潜力评价成果	铁矿种（组）潜力评价成果	每个矿种（组）潜力评价成果均有所属专题：成矿地质背景研究、成矿规律研究、矿产预测研究、重力资料应用、磁测资料应用、化探资料应用、遥感资料应用、自然重砂资料应用。部分矿种由于对某些专业的应用成果不明显而缺少部分专业成果，如铁矿潜力评价成果缺少化探资料应用成果
8		铝土矿种（组）潜力评价成果	
9		铜（钼）矿种（组）潜力评价成果	
10		金矿种（组）潜力评价成果	
11		铅（锌）矿种（组）潜力评价成果	
12		磷矿种（组）潜力评价成果	
13		银矿种（组）潜力评价成果	
14		锰矿种（组）潜力评价成果	
15		硫铁矿种（组）潜力评价成果	
16		萤石铁矿种（组）潜力评价成果	
17		铬铁矿种（组）潜力评价成果	
18		菱镁矿种（组）潜力评价成果	
19		硫铁矿种（组）潜力评价成果	
20		钼矿种（组）潜力评价成果	
21		镍矿种（组）潜力评价成果	
22		钨矿种（组）潜力评价成果	
23	煤炭	煤炭潜力评价成果	煤炭专题

注：详细成果清单见附表。

（2）关于不属于全国矿产资源潜力评价数据模型规定但属于各专业需要提交成果（包括各专业汇总组规定需要提交的资料、各种过渡性图件、图片文件、数据表格文件、文字报告以及各种资料卡片扫描件等），按 GeoPEX 软件系统规定的成果类别及组织方式入库。

（3）属于河北省矿产资源潜力评价项目组汇总综合研究成果（包括省级各专题按相关专题省级汇总技术要求规定需要提交的图件及其属性库、遥感影像、编图说明书、图件元数据、文档报告、数据表格以及相关内容清单等），按 GeoPEX 软件系统规定的成果类别及组织方式入库。

三、数据库分组与注册

(一)数据库分组(表6-4)

表6-4 数据库分组

序号	数据库分组名称(简称"分组")
1	省级潜力评价基础编图成果
2	铁矿种(组)潜力评价成果
3	铝土矿种(组)潜力评价成果
4	铜(钼)矿种(组)潜力评价成果
5	金矿种(组)潜力评价成果
6	铅(锌)矿种(组)潜力评价成果
7	磷矿种(组)潜力评价成果
8	银矿种(组)潜力评价成果
9	锰矿种(组)潜力评价成果
10	硫铁矿种(组)潜力评价成果
11	萤石铁矿种(组)潜力评价成果
12	重晶石矿种(组)潜力评价成果
13	铬铁矿种(组)潜力评价成果
14	菱镁矿种(组)潜力评价成果
15	钼矿种(组)潜力评价成果
16	镍矿种(组)潜力评价成果
17	钨矿种(组)潜力评价成果

(二)数据库注册(表6-5)

表6-5 数据库注册

序号	数据库注册名称	描述
1	省级潜力评价基础编图成果	省级矿产资源潜力评价基础地质编图成果图件及属性库
2	铁矿种潜力评价成果	铁矿产资源潜力评价成果图件及属性库
3	铝土矿种潜力评价成果	铝土矿产资源潜力评价成果图件及属性库
4	铜矿种潜力评价成果	铜(钼)矿产资源潜力评价成果图件及属性库
5	金矿种潜力评价成果	金矿产资源潜力评价成果图件及属性库
6	铅矿种潜力评价成果	铅锌矿产资源潜力评价成果图件及属性库
7	磷矿种潜力评价成果	磷矿产资源潜力评价成果图件及属性库

续表 6-5

序号	数据库注册名称	描述
8	银矿种潜力评价成果	银矿矿产资源潜力评价成果图件及属性库
9	锰矿种潜力评价成果	锰矿矿产资源潜力评价成果图件及属性库
10	硫铁矿种潜力评价成果	硫铁矿矿产资源潜力评价成果图件及属性库
11	萤石铁矿种潜力评价成果	萤石矿矿产资源潜力评价成果图件及属性库
12	重晶石矿种潜力评价成果	重晶石矿矿产资源潜力评价成果图件及属性库
13	铬铁矿潜力评价成果	铬铁矿矿产资源潜力评价成果图件及属性库
14	菱镁矿潜力评价成果	菱镁矿矿产资源潜力评价成果图件及属性库
15	钼矿潜力评价成果	钼矿产资源潜力评价成果图件及属性库
16	镍矿潜力评价成果	镍矿产资源潜力评价成果图件及属性库
17	钨矿潜力评价成果	钨矿产资源潜力评价成果图件及属性库

(三)数据物理命名规定

在 MS SQL Server(版本 2008)中,创建物理数据库,规定数据库命名(即数据库物理命名)见表 6-6。

表 6-6 数据库物理命名参照表

序号	数据库分组名称(简称"分组")	数据库物理命名(GEOPEX+DB+3 位顺序码)
1	铁矿种(组)潜力评价成果	GEOPEXDB000
2	铬铁矿种(组)潜力评价成果	GEOPEXDB001
3	铜矿种(组)潜力评价成果	GEOPEXDB002
4	金矿种(组)潜力评价成果	GEOPEXDB003
5	磷矿种(组)潜力评价成果	GEOPEXDB004
6	锌矿种(组)潜力评价成果	GEOPEXDB005
7	铅矿种(组)潜力评价成果	GEOPEXDB006
8	铝土矿种(组)潜力评价成果	GEOPEXDB007
9	菱镁矿种(组)潜力评价成果	GEOPEXDB008
10	硫铁矿种(组)潜力评价成果	GEOPEXDB009
11	锰矿种(组)潜力评价成果	GEOPEXDB010
12	钼矿种(组)潜力评价成果	GEOPEXDB011
13	镍矿种(组)潜力评价成果	GEOPEXDB012
14	钨矿种(组)潜力评价成果	GEOPEXDB013
15	银矿种(组)潜力评价成果	GEOPEXDB014
16	萤石矿种(组)潜力评价成果	GEOPEXDB015
17	重晶石矿种(组)潜力评价成果	GEOPEXDB016
18	省级潜力评价基础编图成果	GEOPEXDB017

四、用户配置

(一)用户规划

GeoPEX 软件系统技术规定,用户类型分为四类:①超级用户;②数据管理员用户;③数据操作员用户;④用户管理用户。基于 GeoPEX 软件系统规定,河北省矿产资源潜力评价项目组根据实际,确定用户情况、需求情况,对用户进行分类,并确定各类用户应具有的权限。将用户分级,确定每一用户具有的权限等详细信息,并做好用户规划记录备案。

(二)权限分配

GeoPEX 软件系统技术规定,权限类型分为三类:数据查询、数据维护、用户管理。

按《省级矿产资源潜力评价资料性成果集成建库管理系统 GeoPEX——用户使用手册》"第四章 用户管理 一、用户管理(三)用户管理模块四个功能操作 功能 4:'授权管理'操作步骤",逐一分配用户权限。用户详细权限信息见表 6-7。

表 6-7 用户权限一览表

序号	用户名	用户分组	权限类型
1	admin	省级潜力评价基础编图成果 铁矿、铜钼矿、金矿、铝土矿、磷矿、铅锌矿、硫铁矿、银矿、锰矿、萤石、重晶石、煤矿潜力评价成果	■数据查询 ■数据维护 ■用户管理
2	User	省级潜力评价基础编图成果 铁矿、铜钼矿、金矿、铝土矿、磷矿、铅锌矿、硫铁矿、银矿、锰矿、萤石、重晶石潜力评价成果	□数据查询 □数据维护 ■用户管理
3	User1	省级潜力评价基础编图成果 铁矿、铬铁矿、菱镁矿、硫铁矿、钼矿、镍矿、钨矿、铜矿、金矿、重晶石潜力评价成果	■数据查询 ■数据维护 □用户管理

注:□—未授权;■—已授权。

图 6-7 为权限分配示例图。

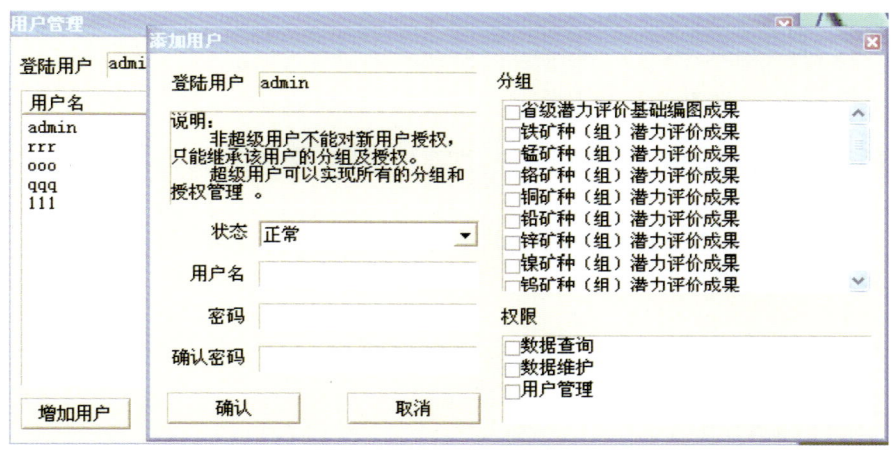

图 6-7 权限分配示例

第六节 数据集成入库方案

一、数据转换

GeoPEX软件系统中管理的空间数据库的空间坐标单位为度。在入库前，必须采用GeoPEX软件系统的投影转换模块进行转换。在使用GeoPEX软件系统投影转换模块将直角坐标转换成经纬度坐标时，转换前，记录转换前的图形参数，如子图大小、线宽等参数；转换后，计算并记录转换前后的缩放比例。GeoPEX查询后，如果需要转换成直角坐标，则根据记录的缩放比例进行参数的重新计算，恢复图件入库前的图形参数。

（一）转换前的检查

转换前的检查工作，主要包括投影正确性、图形参数正确性。

在图件导入到数据库之前，必须认真检查图件投影正确性、图形参数正确性。批量投影将为用户列出当前目录下所有图件工程名、图名、投影类型、单位、比例尺、投影参数的详细信息。用户可按照需求选择批量投影。图层状态，即要求在转换前对所有图层状态及图层顺序进行检查。

（二）投影转换

对具有地理空间意义的图件，GeoPEX软件系统只接收地理经纬坐标图件，而且，在进行直角坐标到地理坐标转换的同时，GeoPEX软件系统将记录图形参数等，因此，要求入库前的具有地理空间意义的图件的坐标是投影平面直角坐标，必须经GeoPEX软件系统的投影转换模块，成功完成从投影平面直角坐标到地理经纬坐标的转换。

因此，要求使用GeoPEX软件系统进行投影直角坐标转地理坐标。

（三）转换后的检查

基于GeoPEX软件系统完成从投影平面直角坐标到地理经纬坐标的转换后，应检查转换是否正确。使用GeoPEX软件系统的投影转换模块，检查图件投影类型是否全部转化为地理坐标，否则，不得导入数据库。

二、数据导入

（一）确定目标库

系统检索出的图件为选定数据库中所有图件，若需对图件分库存放，就需确定图件和库之间的对应关系。

河北省潜力评价成果按省级基础编图成果、矿种（组）潜力评价成果对图件进行分库存放。图件和数据库之间对应关系如表6-8所示。

（二）检查设置图件信息

根据要导入的图件，设置相应的信息，如图6-8所示。

(1)数据库：要导入的图件存放的数据库。该数据库必须和要导入的图件分类一致。
(2)行政区：河北省。
(3)成果类型：导入图件分为两类——省级基础编图成果、矿种（组）潜力评价成果。
(4)矿种（组）：如果为矿种（组）成果编图图件，需要选择相应的矿种（组）。

表6-8　图件与数据库对应关系表

序号	数据库注册名称	数据库物理名称	描述
1	铁矿潜力评价成果	GEOPEXDB000	铁矿矿产资源潜力评价成果图件及属性库
2	铬铁矿潜力评价成果	GEOPEXDB001	铬铁矿矿产资源潜力评价成果图件及属性库
3	铜矿潜力评价成果	GEOPEXDB002	铜矿矿产资源潜力评价成果图件及属性库
4	金矿潜力评价成果	GEOPEXDB004	金矿矿产资源潜力评价成果图件及属性库
5	锌矿潜力评价成果	GEOPEXDB005	锌矿矿产资源潜力评价成果图件及属性库
6	铅矿潜力评价成果	GEOPEXDB006	铅矿矿产资源潜力评价成果图件及属性库
7	铝土矿潜力评价成果	GEOPEXDB007	铝土矿矿产资源潜力评价成果图件及属性库
8	菱镁矿潜力评价成果	GEOPEXDB008	菱镁矿矿产资源潜力评价成果图件及属性库
9	硫铁矿潜力评价成果	GEOPEXDB009	硫铁矿矿产资源潜力评价成果图件及属性库
10	锰潜力评价成果	GEOPEXDB010	锰矿产资源潜力评价成果图件及属性库
11	钼矿潜力评价成果	GEOPEXDB011	钼矿矿产资源潜力评价成果图件及属性库
12	镍矿潜力评价成果	GEOPEXDB012	镍矿矿产资源潜力评价成果图件及属性库
13	钨矿潜力评价成果	GEOPEXDB013	钨矿矿产资源潜力评价成果图件及属性库
14	银矿潜力评价成果	GEOPEXDB014	银矿矿产资源潜力评价成果图件及属性库
15	萤石矿潜力评价成果	GEOPEXDB015	萤石矿矿产资源潜力评价成果图件及属性库
16	重晶石矿潜力评价成果	GEOPEXDB016	重晶石矿矿产资源潜力评价成果图件及属性库
17	省级潜力评价基础编图成果	GEOPEXDB017	省级矿产资源潜力评价基础地质编图成果图件及属性库

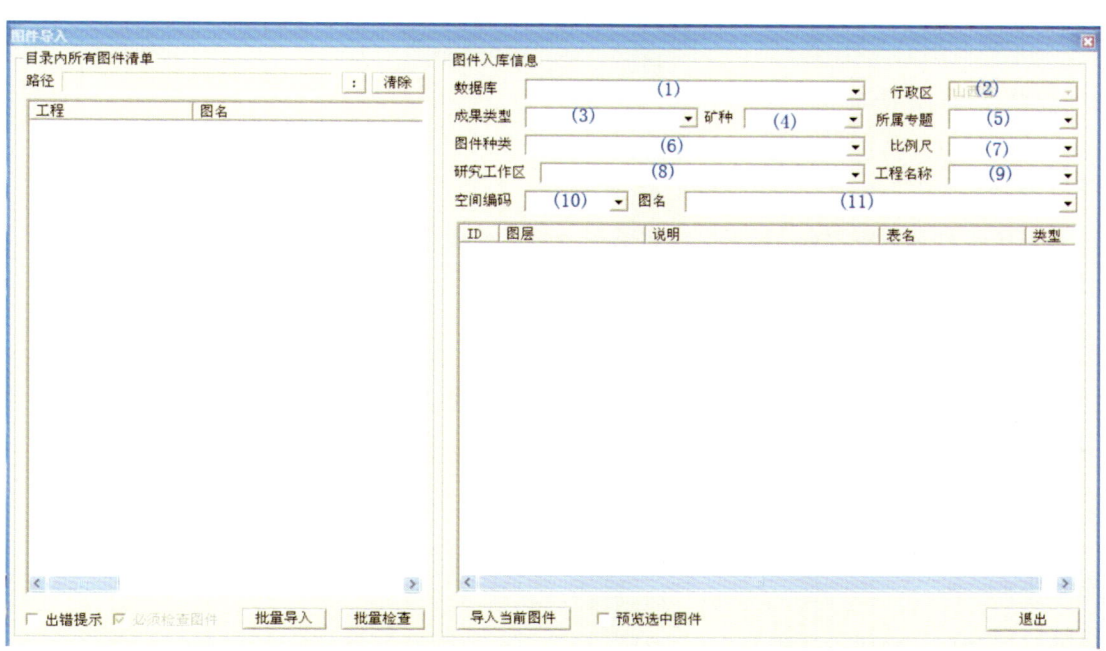

图6-8　检查导入图件信息示意图

(5)所属专题：按"成矿地质背景研究、成矿规律研究、矿产预测研究、重力资料应用、磁测资料应用、化探资料应用、遥感资料应用、自然重砂资料应用、化工矿产资源潜力评价、煤炭资源潜力评价、铀矿资源潜力评价"约定。

①基础地质编图成果图件：划分六类。成矿地质背景研究、磁测资料应用、重力资料应用、化探资料应用、遥感资料应用、自然重砂资料应用。

②矿种（组）成果图件：划分七类。成矿地质背景研究、磁测资料应用、重力资料应用、化探资料应用、遥感资料应用、自然重砂资料应用、成矿规律研究及矿产预测研究。

（6）图件种类：导入图件的种类划分。详见《省级矿产资源潜力评价资料性成果图件及属性库复核汇总技术方案》附表 1～附表 6 中规定。

（7）比例尺：导入图件的比例尺。

（8）预测工作区名称：如果为矿种（组）预测工作区图件，则为矿种（组）预测工作区名称。

（9）工程名称：导入图件的工程名称。

（10）图幅编号：如果为标准分幅，则为导入图件的图幅编号。

（11）图名：导入图件的名称。

（12）附件：包括编图说明书、元数据、质量检查文档。

（三）图件附件导入

图件附件包括编图说明书、元数据、质量检查文档。可以单幅导入，也可以批量更新。

单幅导入：导入单幅图件，设置该图件相应的说明书、元数据、质量检查文档。

批量更新：在文档维护中，可以一次同时配置多个图件的说明书、元数据、质量检查文档进行批量更新。

（四）数据导入出错处理

在导入的过程中，在一幅图件导入一半时如果出现系统发生意外退出，导致导入图幅数据的不完整。可以在图件维护中先删除该幅图后再重新导入。

同样，对导入的文档（编图说明书、元数据、质量检查文档）可以在文档维护中进行删除后重新导入。

三、数据备份

（一）转换后的图件备份

1. 分类备份

系统是直接对打开数据操作，所以在数据操作之前原始数据必须备份。为了防止在导入过程中产生的错误导致数据的损坏，建议将转换后的图件也先备份再导入。

2. 备份清单的检查

为了防止由于用户疏忽而造成的原始数据破坏等情况，建议用户事先做好备份清单，按备份清单来执行数据备份操作。

（二）导入后的数据库备份

1. 分类备份

单个数据库备份的缺点在于恢复数据库后不知道当初的分组方式。为帮助记忆按分组来分类备份数据库，备份按分组名命名。

2. 有效性检查

为了确保当前数据库备份是否成功，对之前备份的数据库执行恢复到系统操作，查看之前备份是否完成。

第七节 集成数据库查询方案

一、基本查询方案

河北省矿产资源潜力评价项目组根据河北省实际情况,确定以下5种查询方案,用于检索成果数据库中的空间信息及空间数据。

(1)河北省行政区划范围图。
(2)1:25万分幅接图表图。
(3)各矿种(组)预测工作区范围边界图。
(4)各矿种(组)典型矿床研究区边界图。
(5)各矿种(组)矿产预测类型范围分布图。

上述5类基本查询方案的图层构成及图层属性字段定义(特征代码、图元编号、专题属性项)与填写内容统一规定见表6-9。

表6-9 查询方案填写内容统一规定表

序号	基本查询方案	图层名称	几何类型	图元属性字段规定(即特征代码\图元编号的定义与数据模型规定相同)		专题属性字段规定			
						属性字段名称	属性类型	属性长度	属性字段填写内容说明
1	省级行政区划范围	省界	区	FEATUREID	CHFCAC	省名	字符	254	省全名
		市界	区	FEATUREID	CHFCAC	市名	字符	254	市全名
		县界	区	FEATUREID	CHFCAC	县名	字符	254	县全名
		居民地	点	FEATUREID	CHFCAC	名称	字符	254	居民地名称
		水系	线	FEATUREID	CHFCAC				
		方里网	点、线	FEATUREID	CHFCAC				
2	矿种(组)预测工作区范围	预测工作区范围	区	FEATUREID	CHFCAC	名称	字符	254	预测工作区名称
				FEATUREID	CHFCAC	预测类型	字符	254	预测工作区预测类型,包括所属预测方法类型、预测矿种所属矿产预测类型
				FEATUREID	CHFCAC	矿种	字符	254	预测工作区矿种
		预测工作区名称	点	FEATUREID	CHFCAC				
		预测工作区类型	点	FEATUREID	CHFCAC				
		居民地	点	FEATUREID	CHFCAC	名称	字符	254	居民地名称
		境界	线	FEATUREID	CHFCAC				
		方里网	点、线	FEATUREID	CHFCAC				
3	1:25万分幅接图表	图幅范围	区	FEATUREID	CHFCAC	编号	字符	254	图幅编号
				FEATUREID	CHFCAC	名称	字符	254	图幅名称
		图幅名称	点	FEATUREID	CHFCAC				
		图幅代码	点	FEATUREID	CHFCAC				
		居民地	点	FEATUREID	CHFCAC	名称	字符	254	居民地名称
		境界	线	FEATUREID	CHFCAC				
		方里网	点、线	FEATUREID	CHFCAC				

续表 6-9

序号	基本查询方案	图层名称	几何类型	图元属性字段规定（即特征代码\图元编号的定义与数据模型规定相同）		专题属性字段规定			
						属性字段名称	属性类型	属性长度	属性字段填写内容说明
4	矿种(组)矿种典型矿床研究区范围	典型矿床研究区范围	区	FEATUREID	CHFCAC	名称	字符	254	典型矿床名称
				FEATUREID	CHFCAC	类型	字符	254	典型矿床所属的矿产预测类型
				FEATUREID	CHFCAC	矿种	字符	254	典型矿床的矿种
		典型矿床名称	点	FEATUREID	CHFCAC				
		典型矿床矿种	点	FEATUREID	CHFCAC				
		典型矿床类型	点	FEATUREID	CHFCAC				
		居民地	点	FEATUREID	CHFCAC	名称	字符	254	居民地名称
		境界	线	FEATUREID	CHFCAC				
		方里网	点、线	FEATUREID	CHFCAC				
5	矿种(组)矿产预测方法类型范围	预测方法类型范围	区	FEATUREID	CHFCAC	名称	字符	254	预测工作区名称
				FEATUREID	CHFCAC	类型	字符	254	预测方法类型
				FEATUREID	CHFCAC	矿种	字符	254	典型矿床的矿种
		预测方法类型名称	点	FEATUREID	CHFCAC				
		预测方法类型矿种	点	FEATUREID	CHFCAC				
		居民地	点	FEATUREID	CHFCAC	名称	字符	254	居民地名称
		境界	线	FEATUREID	CHFCAC				
		方里网	点、线	FEATUREID	CHFCAC				

注：上述查询方案图件的空间坐标系为地理坐标系，单位为度。

二、查询方案命名

查询方案命名见表 6-10。

表 6-10 查询方案命名表

序号	基本查询方案名称	用途描述
1	省级行政区划范围	用于查询省级行政区划范围相应成果
2	1:25 万标准分幅接图表	用于查询省级潜力评价基础分幅编图成果
3	铁矿预测工作区范围	用于查询铁矿潜力评价成果
4	铁矿典型矿床研究区范围	
5	铁矿矿产预测类型分布范围	
6	锰矿预测工作区范围	用于查询锰矿潜力评价成果
7	锰矿典型矿床研究区范围	
8	锰矿矿产预测类型分布范围	
9	铜(钼)矿预测工作区范围	用于查询铜(钼)矿潜力评价成果
10	铜(钼)矿典型矿床研究区范围	
11	铜(钼)矿矿产预测类型分布范围	

续表 6-10

序号	基本查询方案名称	用途描述
12	铅锌矿预测工作区范围	用于查询铅锌矿潜力评价成果
13	铅锌矿典型矿床研究区范围	
14	铅锌矿矿产预测类型分布范围	
15	金矿预测工作区范围	用于查询金矿潜力评价成果
16	金矿典型矿床研究区范围	
17	金矿矿产预测类型分布范围	
18	银矿预测工作区范围	用于查询银矿潜力评价成果
19	银矿典型矿床研究区范围	
20	银矿矿产预测类型分布范围	
21	铝土矿预测工作区范围	用于查询铝土矿潜力评价成果
22	铝土矿典型矿床研究区范围	
23	铝土矿矿产预测类型分布范围	
24	磷矿预测工作区范围	用于查询磷矿潜力评价成果
25	磷矿典型矿床研究区范围	
26	磷矿矿产预测类型分布范围	
27	硫铁矿预测工作区范围	用于查询硫铁矿潜力评价成果
28	硫铁矿典型矿床研究区范围	
29	硫铁矿矿产预测类型分布范围	
30	萤石矿预测工作区范围	用于查询萤石矿潜力评价成果
31	萤石矿典型矿床研究区范围	
32	萤石矿矿产预测类型分布范围	
33	重晶石矿预测工作区范围	用于查询重晶石矿潜力评价成果
34	重晶石矿典型矿床研究区范围	
35	重晶石矿矿产预测类型分布范围	
36	铬铁矿预测工作区范围	用于查询铬铁矿潜力评价成果
37	铬铁矿典型矿床研究区范围	
38	铬铁矿矿产预测类型分布范围	
39	菱镁矿预测工作区范围	用于查询菱镁矿潜力评价成果
40	菱镁矿典型矿床研究区范围	
41	菱镁矿矿产预测类型分布范围	
42	钼矿预测工作区范围	用于查询钼矿潜力评价成果
43	钼矿典型矿床研究区范围	
44	钼矿矿产预测类型分布范围	
45	镍矿预测工作区范围	用于查询镍矿潜力评价成果
46	镍矿典型矿床研究区范围	
47	镍矿矿产预测类型分布范围	
48	钨矿预测工作区范围	用于查询钨矿潜力评价成果
49	钨矿典型矿床研究区范围	
50	钨矿矿产预测类型分布范围	

三、集成数据库查询功能操作

功能1:"检索并浏览指定图件"操作步骤

步骤1:设置粗略属性条件。

在图件查询模块主界面的粗略查询区,点击按钮 ▼ ——查询高级设置(图6-9)。设置如下内容(图6-10)。

(1)指定需要查询的数据源。

(2)设置可查询的图件信息,或图层信息,或图元信息,这些信息是用户所输入关键字需要过滤的范围。

(3)是否勾选"精确查找""关键字提示"和"增强模式"复选框。

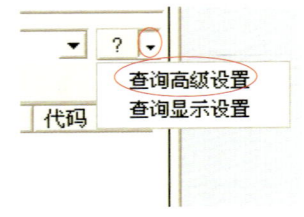

图6-9 图件查询设置图示

其中是否勾选"增强模式"复选框:若勾选"增强模式"复选框,则系统把满足用户输入关键字的图件条目和图件数据立即、全部从数据库提取到 GeoPEX 系统的客户端;若未勾选"增强模式"复选框,则系统只把满足用户输入关键字的图件条目立即从数据库提取到 GeoPEX 系统的客户端,未提取图件数据本身,需要用户进行精细查询,以此提高系统对用户的响应速度。

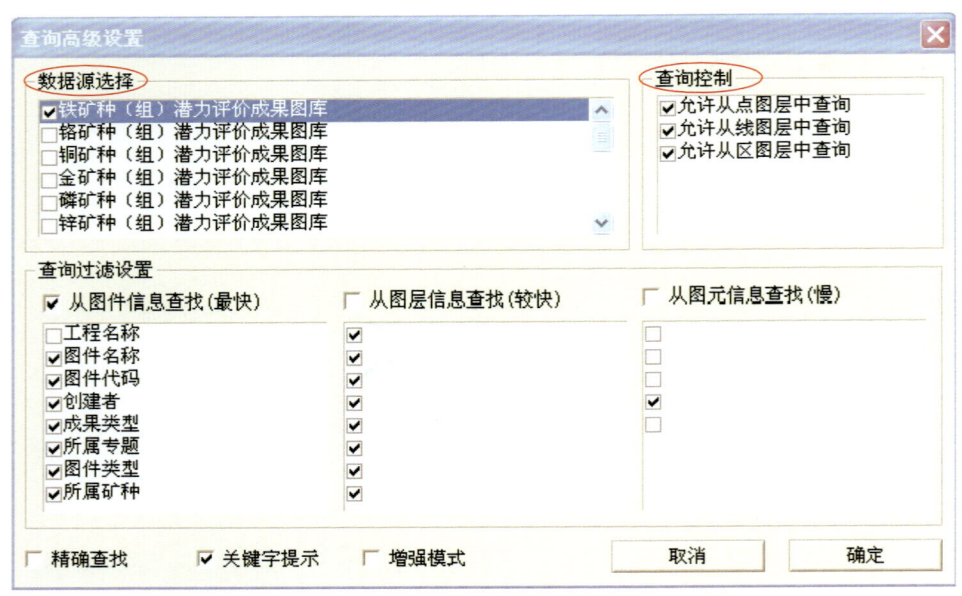

图6-10 图件高级查询设置图示

步骤2:在图件查询模块主界面关键字输入区中,输入图件名称关键字(例如:承德),点击按钮 ? ,查询到满足关键字的图件列表,如图6-11所示。

步骤3:在图件查询模块主界面图件列表(图6-11)上,勾选某个图件(例如:河北省承德县黑山钒钛铁矿区典型矿床预测要素图),点击按钮"图层列表"后,再点击"查询"即可浏览指定的图件(图6-12)。

功能2:"检索满足属性条件的图层"操作步骤

步骤1:在图件查询模块主界面粗略查询区中,设置粗略属性条件为:勾选需要查询的数据库,勾选图件信息、图层信息、图元信息,如图6-13所示。

步骤2:在图件查询模块主界面关键字输入区中,输入图层名称关键字信息[例如:侵入岩(面)],点击按钮 ▼ ,再点击"图层列表"查询到满足关键字的图件列表(图6-14)。

步骤3:在图件查询模块主界面图件列表中,勾选多个图件和图层后,若直接点击"查询"按钮,将查询

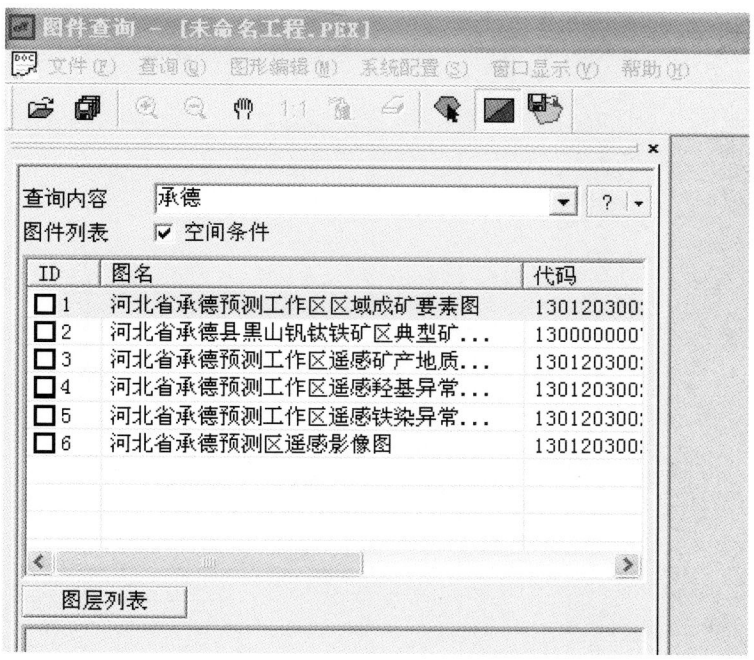

图 6-11 图件查询关键字设置图示

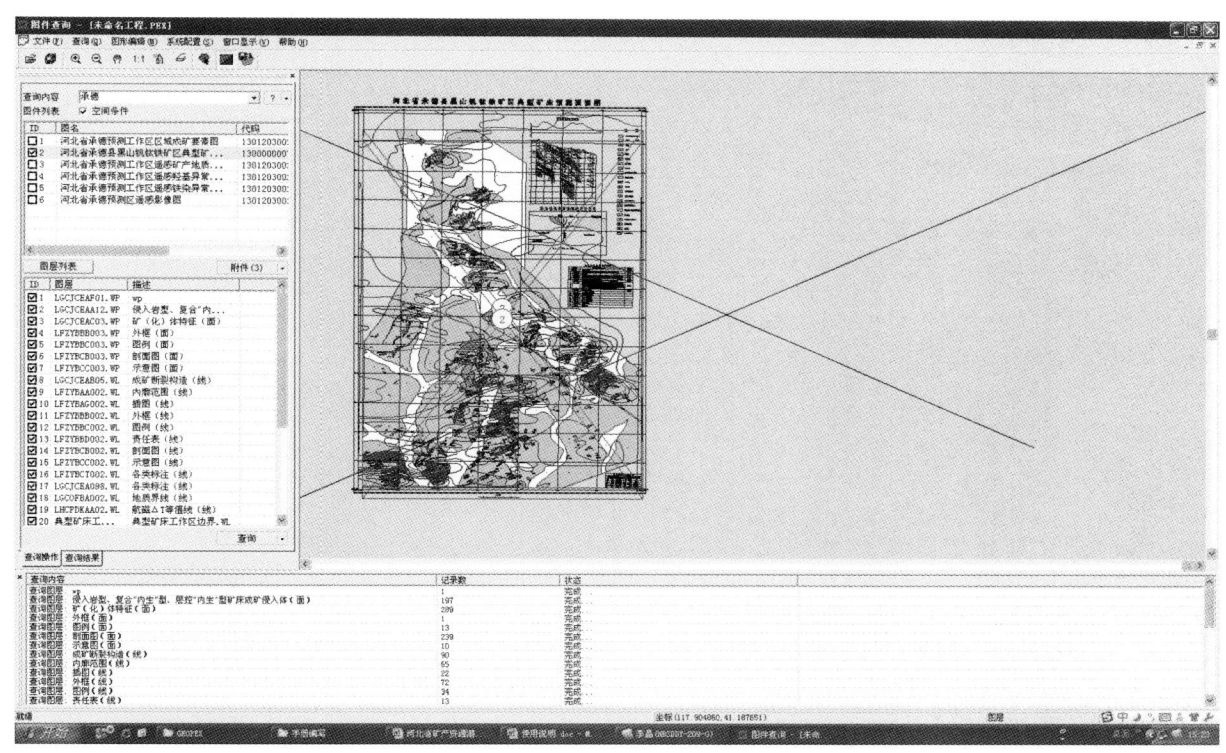

图 6-12 图件查询图层列表图示

出不带属性的图元(图 6-15)。

若需要同时查询图元属性,须点击"查询"后的 ▼ 按钮,点击"设置导出属性"(图 6-16)。

步骤 4:在导出属性设置窗口中,勾选需要导出属性的图层,然后回到上步重新执行查询操作(图 6-17)。

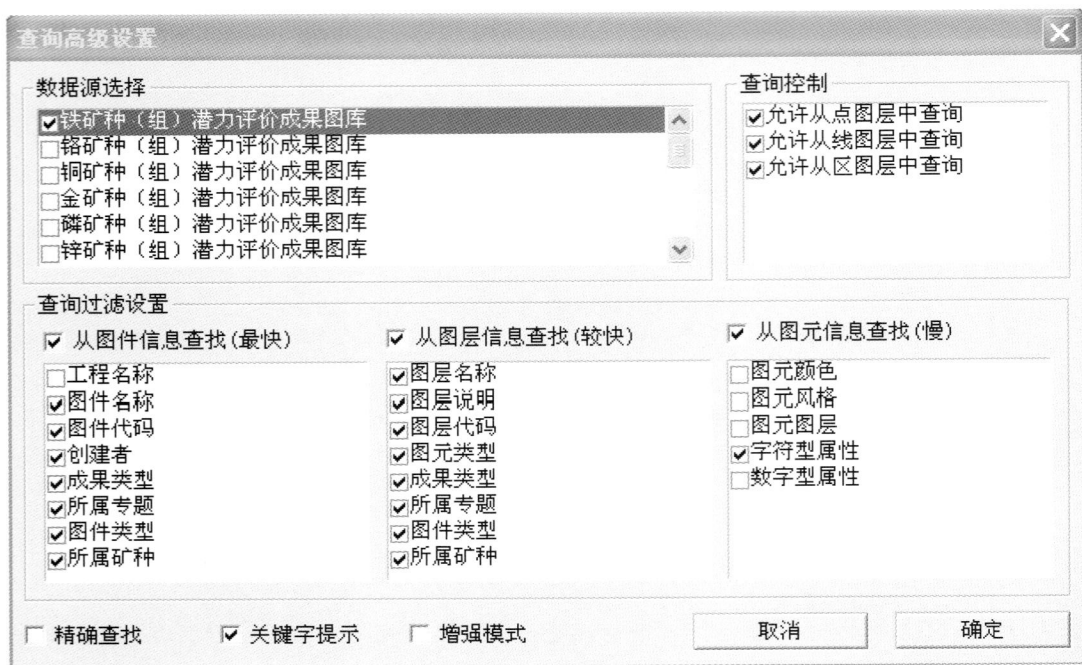

图 6-13　图件属性信息检索图示

图 6-14　图层列表查询图示

第六章 矿产资源潜力评价成果集成数据库建设

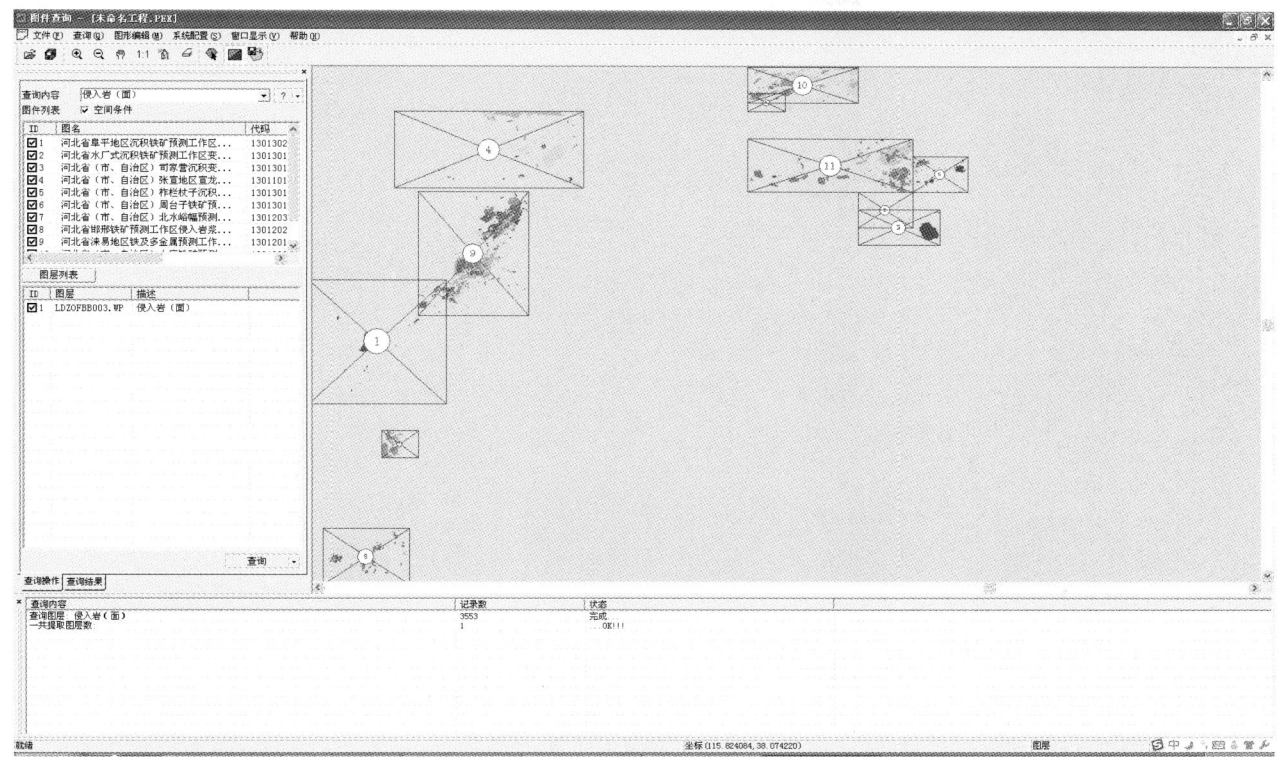

图 6-15 不带属性图元查询图示

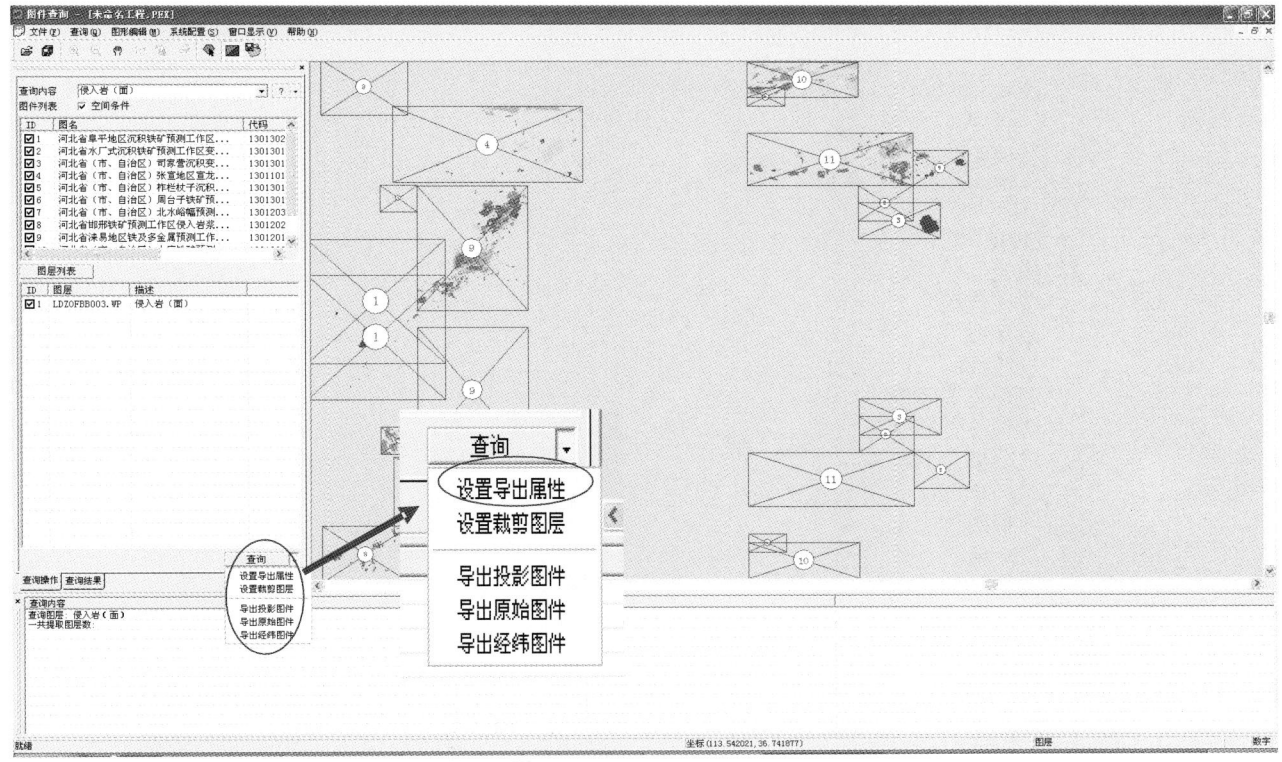

图 6-16 带属性图元查询图示

图 6-17　导出属性图层设置图示

说明：若需查询部分属性（即图件查询辅助功能之一：设置精细属性条件），可双击图层，在弹出的"字段设置"窗口中勾选相应的字段名（例如：形成时代）（图 6-18）。

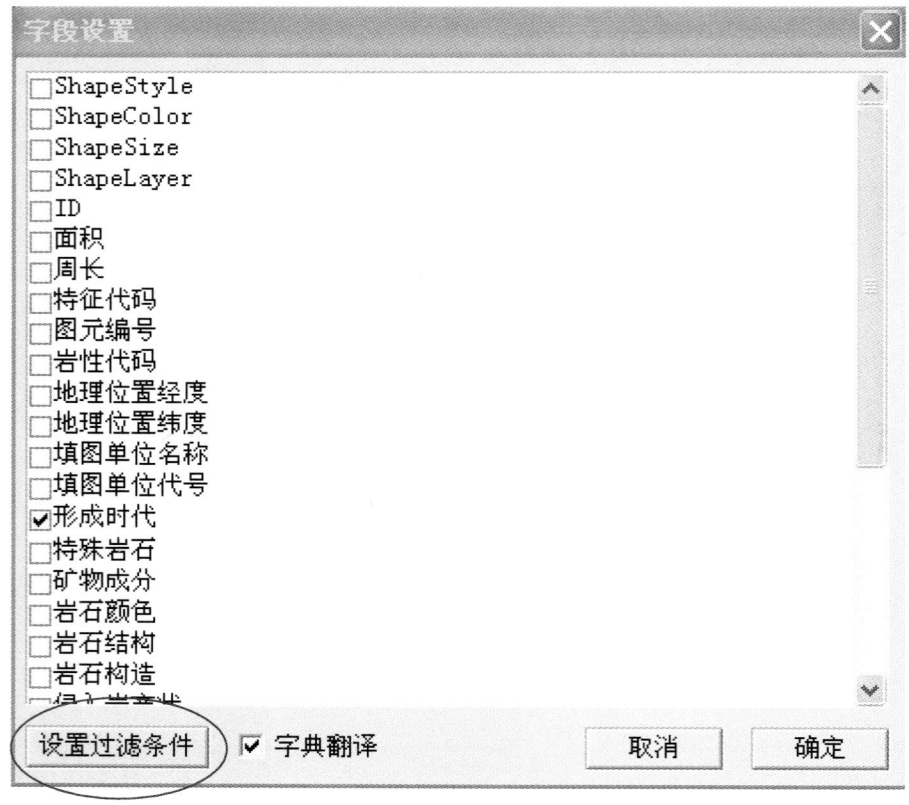

图 6-18　查询部分字段属性设置图示

点击"字段设置"对话框的按钮"设置过滤条件",弹出"设置过滤条件"对话框,如图6-19所示。

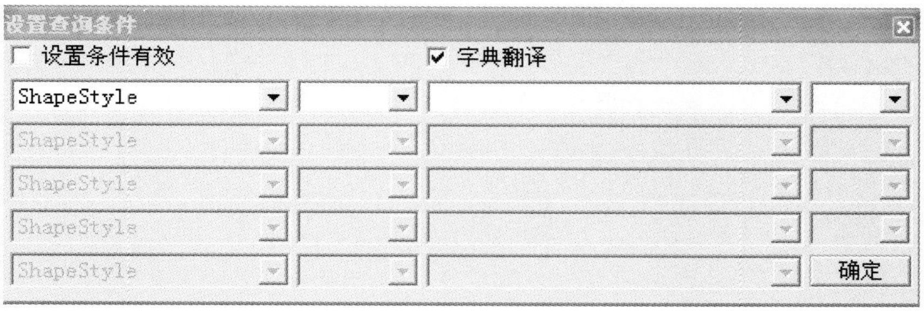

图 6-19　过滤条件字段设置图示

在"设置过滤条件"对话框中,勾选"设置条件有效"复选框,设置字段过滤条件,例如:设置"形成时代＝古元古界(代)",如图 6-20 所示。

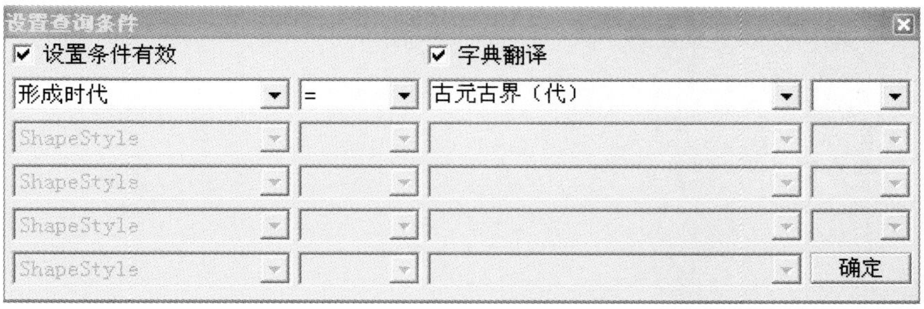

图 6-20　设置条件有效字段图示

在"设置过滤条件"对话框中,点击按钮"确定";返回到"设置过滤条件"对话框,点击按钮"确定";返回到图件查询模块主界面的精细查询区,点击按钮"查询",即精细属性条件已用于查询满足精细属性条件的图元,精细查询结果如图 6-21 所示。

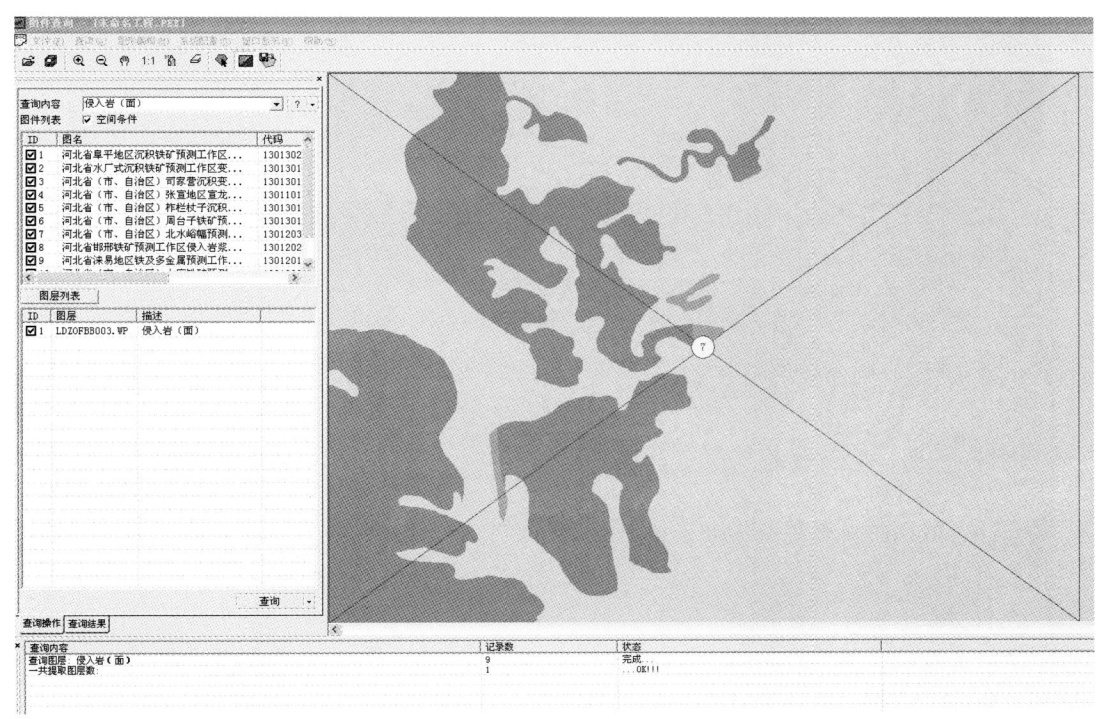

图 6-21　查询结果示意图

步骤 5：在图件查询模块主界面表中，点击按钮"1:1"，显示已检索的多个图件中的满足关键字的图层〔例如：侵入岩（面）〕，见图 6-22。

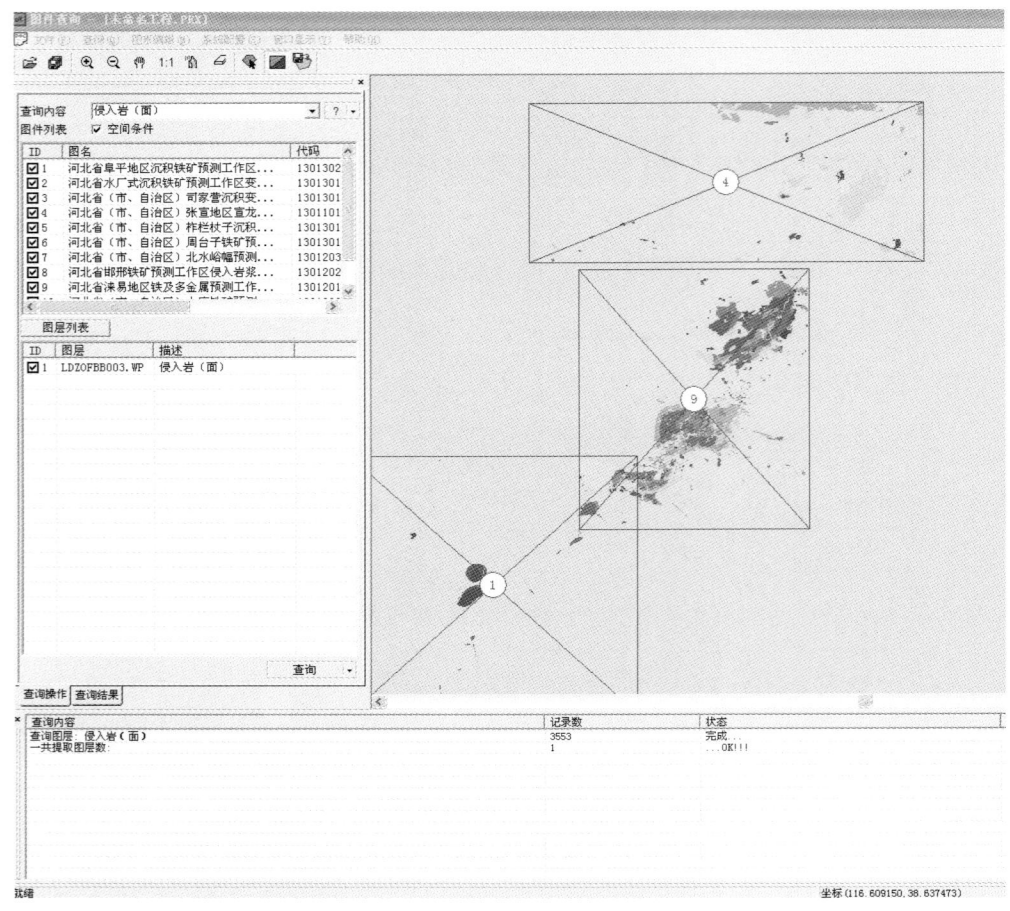

图 6-22　查询结果示意图

功能 3："检索满足属性条件的图元"操作步骤

步骤 1：在图件查询模块主界面粗略查询区中，设置粗略属性条件，见图 6-23。

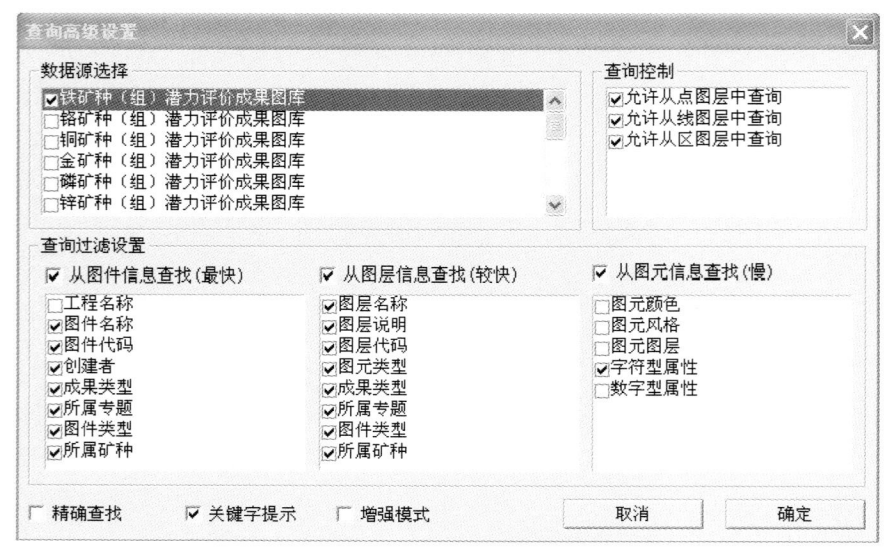

图 6-23　查询设置示意图

步骤 2：在图件查询模块主界面关键字输入区中，输入图层名称关键字信息［例如：侵入岩（面）］，点击按钮 ? ，查询到满足关键字的图件列表（图 6－24）。

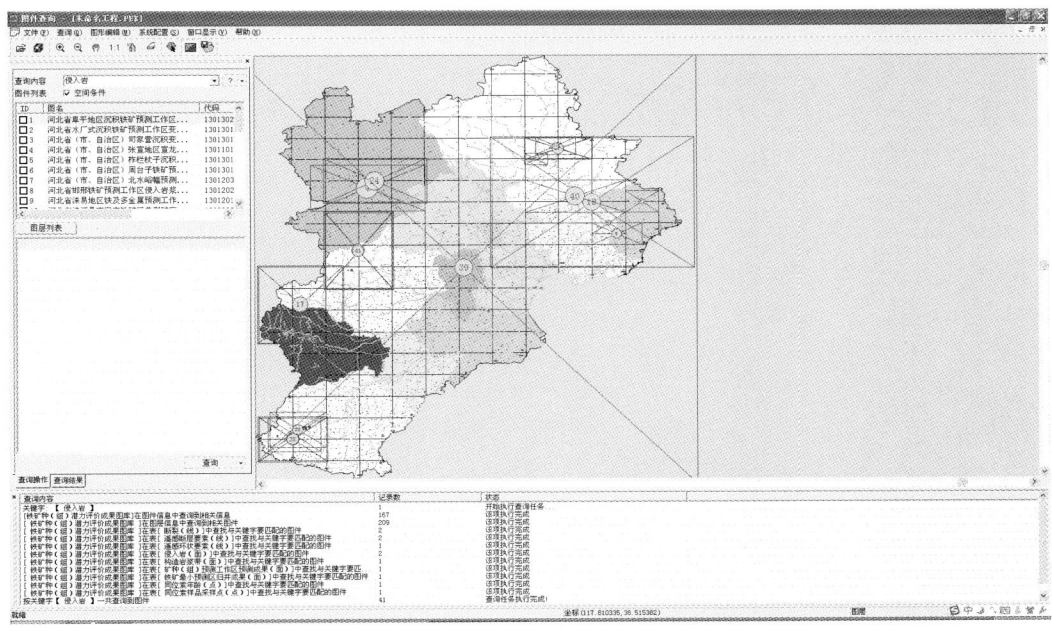

图 6－24　查询结果示意图

步骤 3：在图 6－24 中，先勾选图件，点击"图层列表"，再勾选图层，后点击"查询"，将检索已勾选图件中满足关键字的图层，见图 6－25。

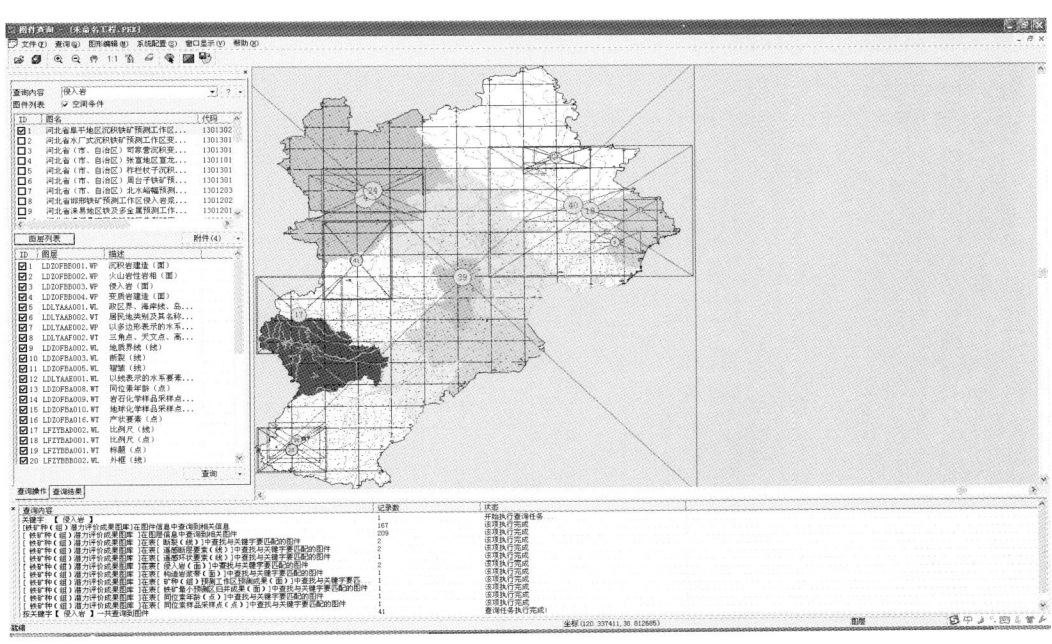

图 6－25　查询结果示意图

步骤 4：点击"查询"弹出菜单中的"导出属性设置"菜单，在属性设置对话框中双击某个图层［例：侵入岩（面）］，弹出"字段设置"对话框，勾选约束字段（例：形成时代），点击按钮"设置过滤条件"，如图 6－26 所示。

设置字段属性逻辑条件（图 6－27）。

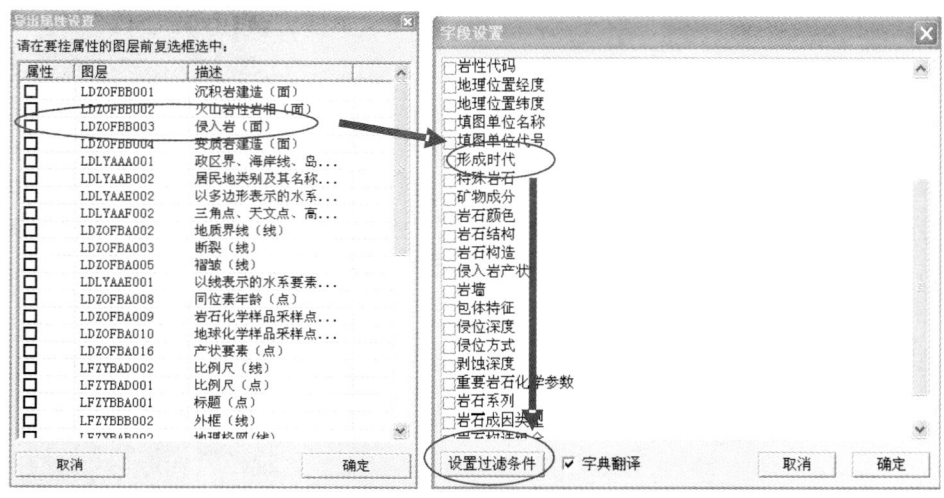

图 6-26 字段设置示意图

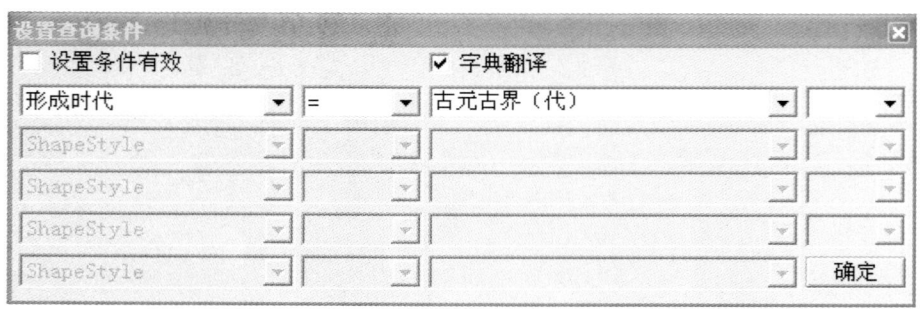

图 6-27 设置查询示意图

步骤 5：在上图对话框中，点击按钮"确定"，返回到"字段设置"对话框，点击按钮"确定"，返回到"导出属性设置"对话框，再点击按钮"确定"，返回到"图件查询"界面。

步骤 6：切换到图形工程，选择已检索的图层，右键弹出浮动菜单，见图 6-28。

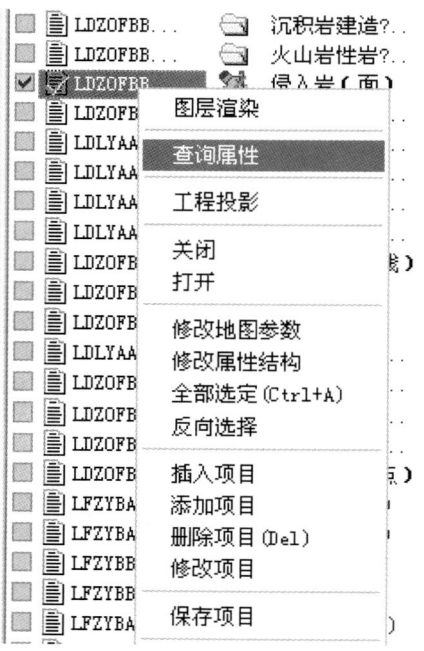

图 6-28 查询属性设置

点击"查询属性",则检索出了满足属性的图元,见图 6-29。

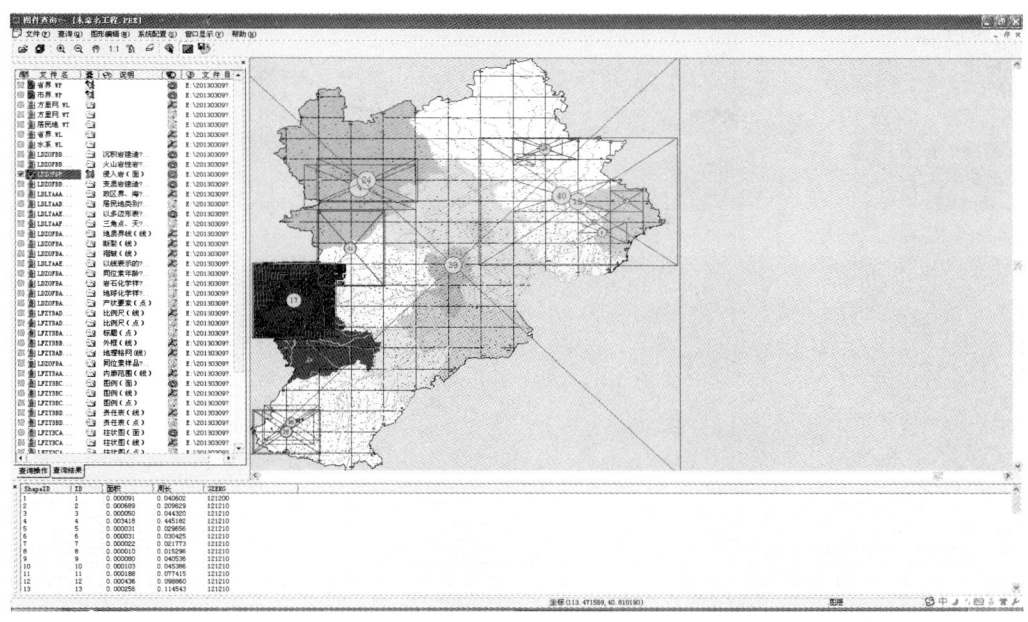

图 6-29 查询结果示意图

功能 4:"检索满足空间条件的图件"操作步骤

步骤 1:在图件查询模块主界面中,装入查询方案。

在图件查询模块主界面的主菜单条区,点击"查询"弹出"装入查询方案"菜单条或直接点击 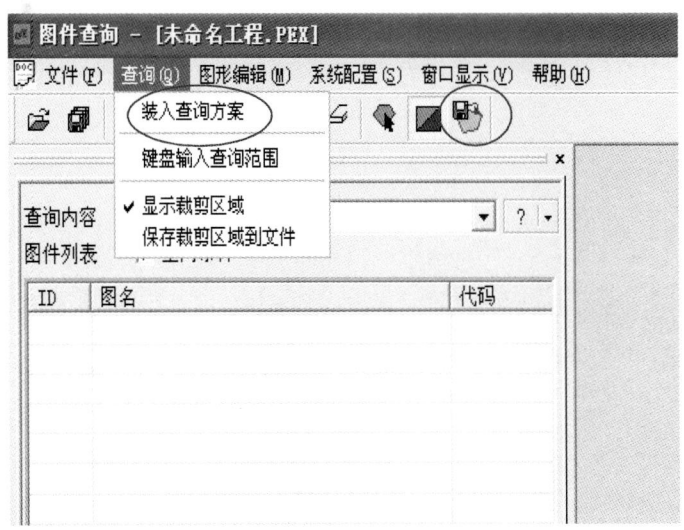 按钮,如图 6-30 所示。

图 6-30 装入查询方案设置

选中一个合适的查询方案(例如:省级行政区划范围),且勾选"装入时清空图形工程",则先清空当前图形工程,然后把查询方案装入到当前图形工程(图 6-31)。

步骤 2:在图件查询模块主界面粗略查询区中,设置粗略属性条件,见图 6-32。

步骤 3:切换到图形工程 tab 的图层列表,勾选可作为空间范围条件的图层,在已勾选空间图层使用

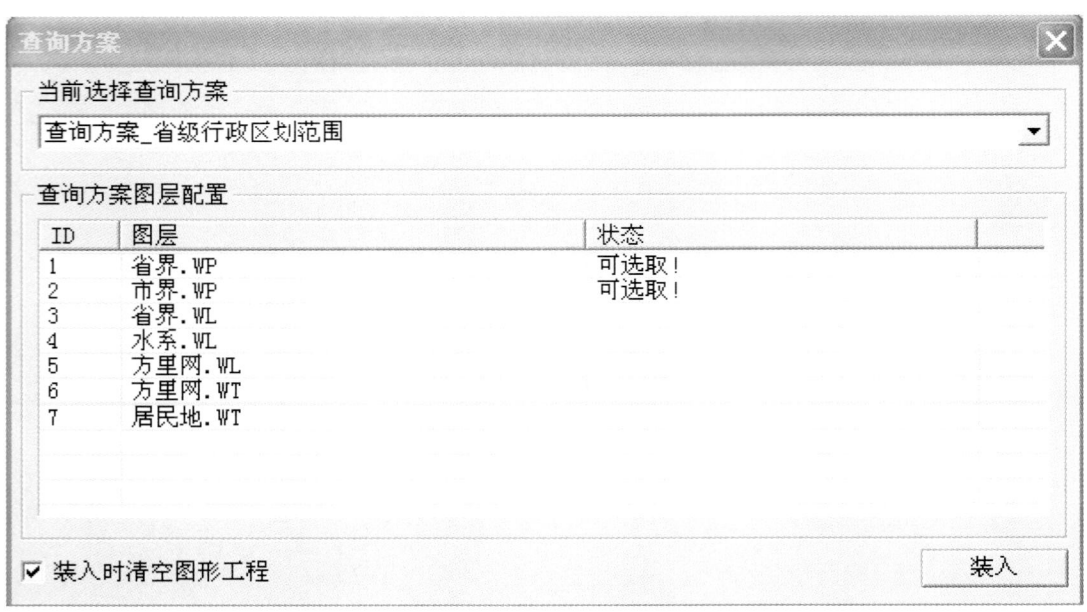

图 6-31 装入查询方案

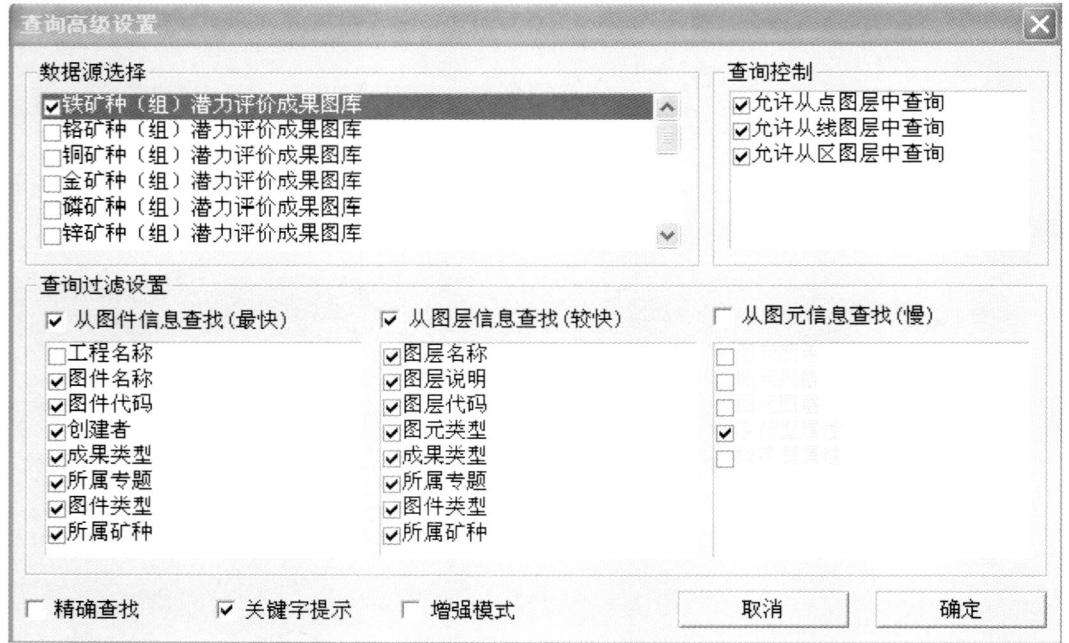

图 6-32 查询高级设置

选择工具选中空间范围;切换到图形查询 tab,勾选"显示每个图件范围"复选框(图 6-33)。

步骤 4:勾选要查询的数据库,点击按钮"?",则检索出落入空间范围内的图件,并裁剪空间之外的内容,勾选满足空间范围的指定图件,点击 查询 按钮,如图 6-34 所示。

步骤 5:默认的是全部图层参与裁剪。若需裁剪部分图层,可在 查询 按钮的弹出菜单中选择"设置裁剪图层"菜单,勾选所需图层再执行查询即可(图 6-35)。

第六章 矿产资源潜力评价成果集成数据库建设

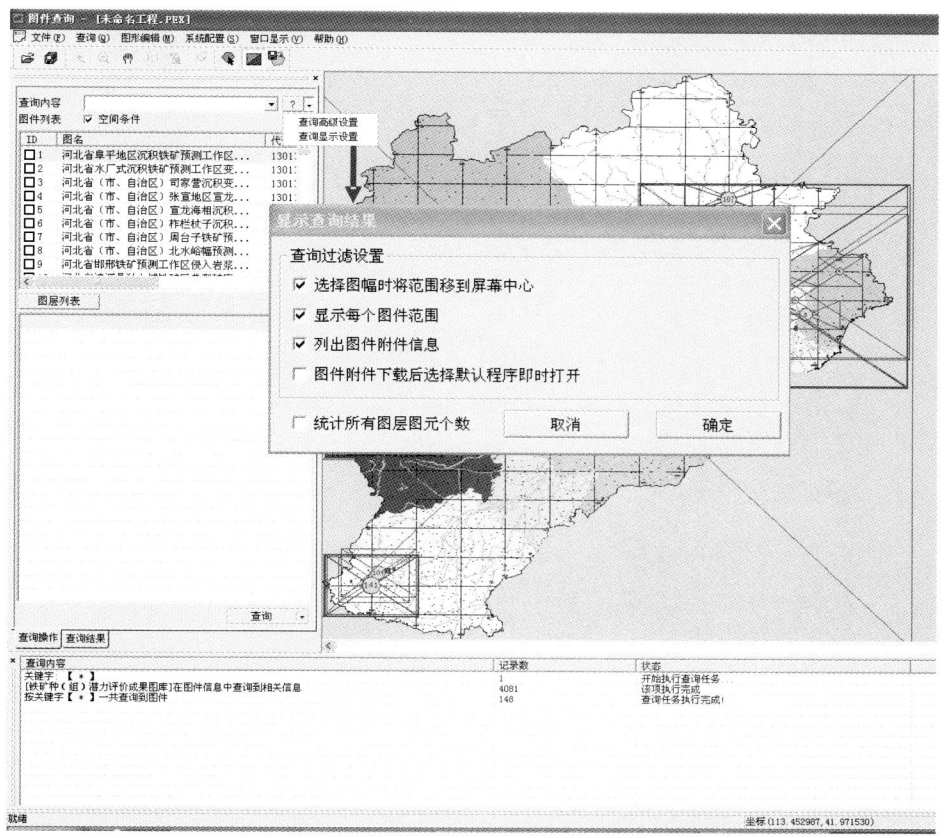

图 6-33 查询结果设置

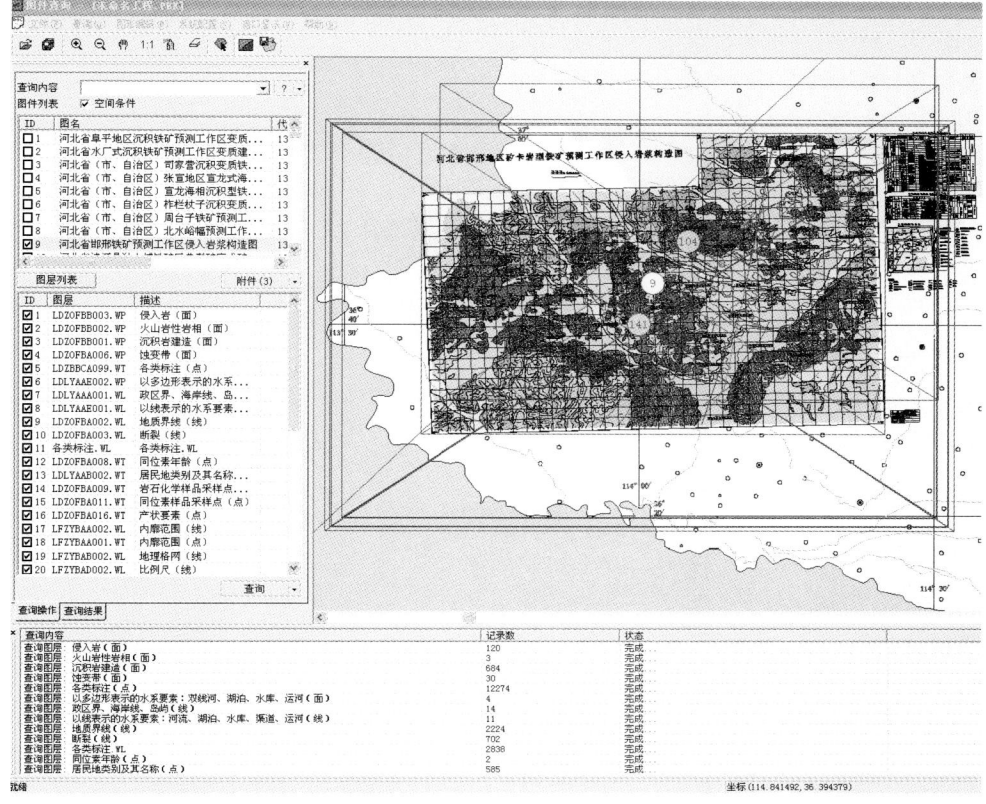

图 6-34 查询空间范围

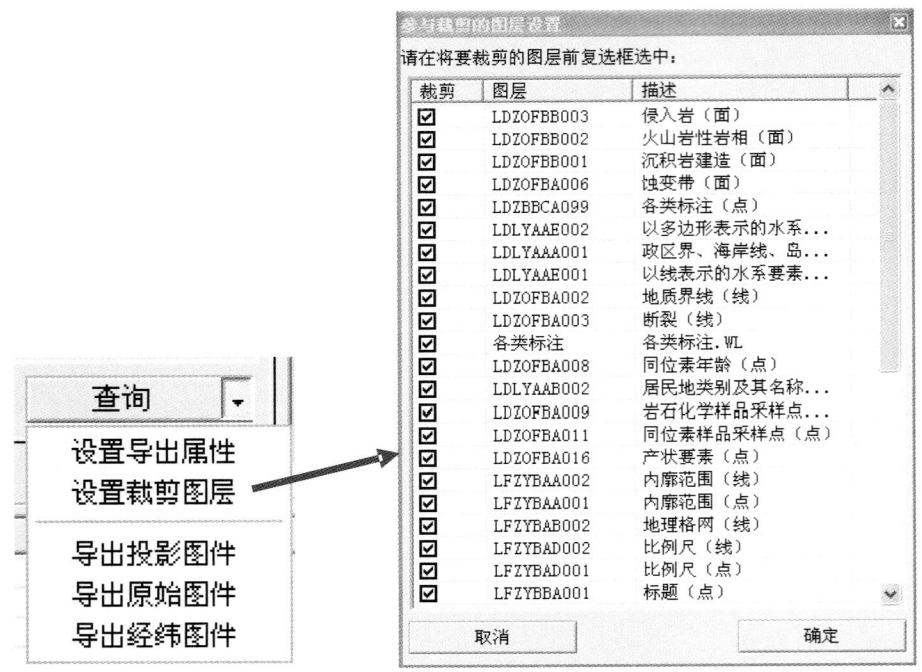

图 6-35 设置裁剪图层

功能 5:"检索满足空间条件的图层"操作步骤

步骤与功能 4 类似,不再赘述。

功能 6:"提取并浏览图元的属性"操作步骤

步骤 1:在图件查询模块主界面粗略查询区中,设置粗略属性条件为:勾选需要查询的数据库,勾选图件信息、图层信息、图元信息,如图 6-36 所示。

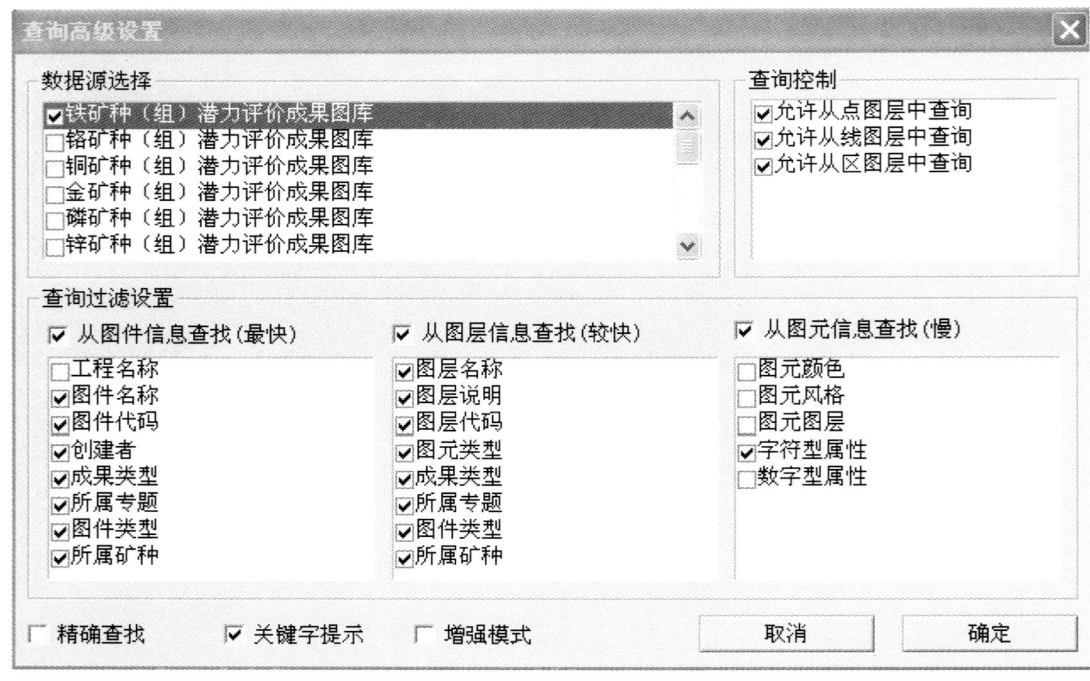

图 6-36 查询设置示意图

步骤 2：在图件查询模块主界面关键字输入区中，输入图层名称关键字信息[例如：侵入岩（面）]，点击按钮"？"，查询到满足关键字的图件列表（图 6-37）。

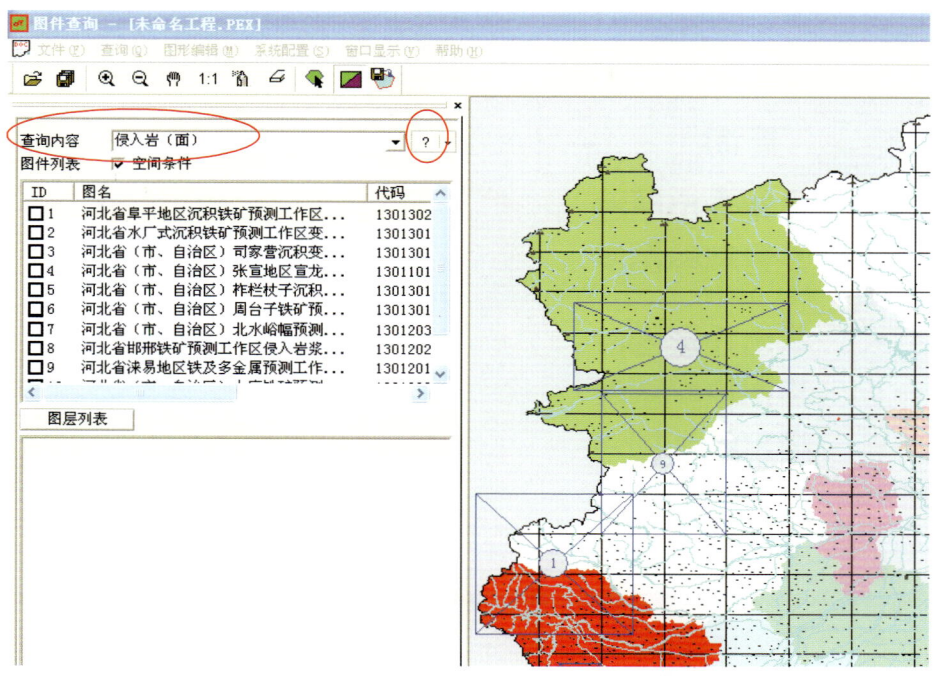

图 6-37　查询结果示意图

步骤 3：在图件查询模块主界面图件列表中，勾选图件，点击 图层列表 按钮，勾选图层（图 6-38）。

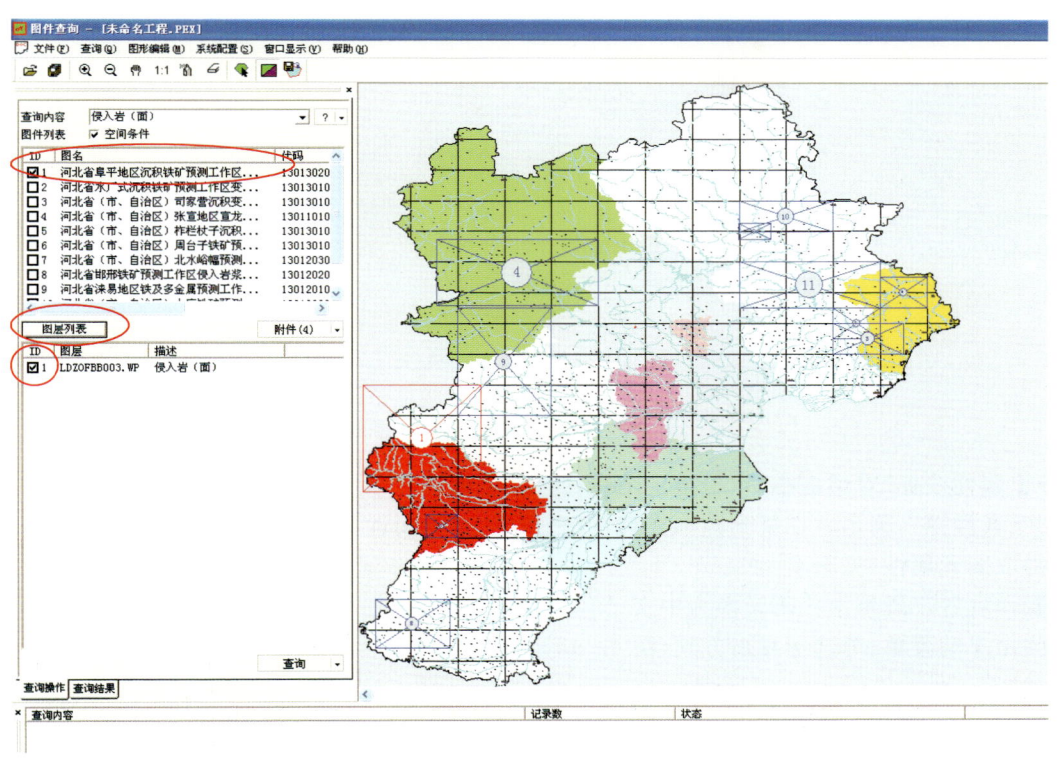

图 6-38　勾选图层

在 [查询] 按钮弹出菜单中选择"设置导出属性",勾选图层即可(默认为全部属性),如图6-39所示。

再点击按钮"查询",将检索已勾选多个图件中的满足关键字的图层(图6-40)。

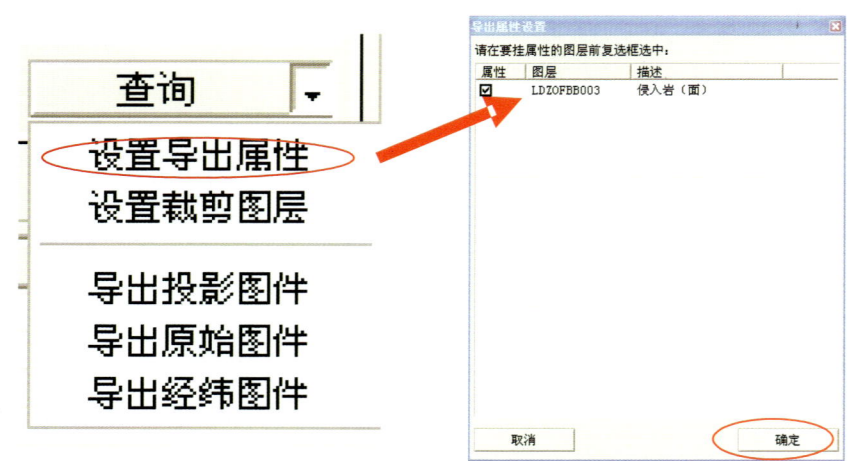

图6-39 导出属性

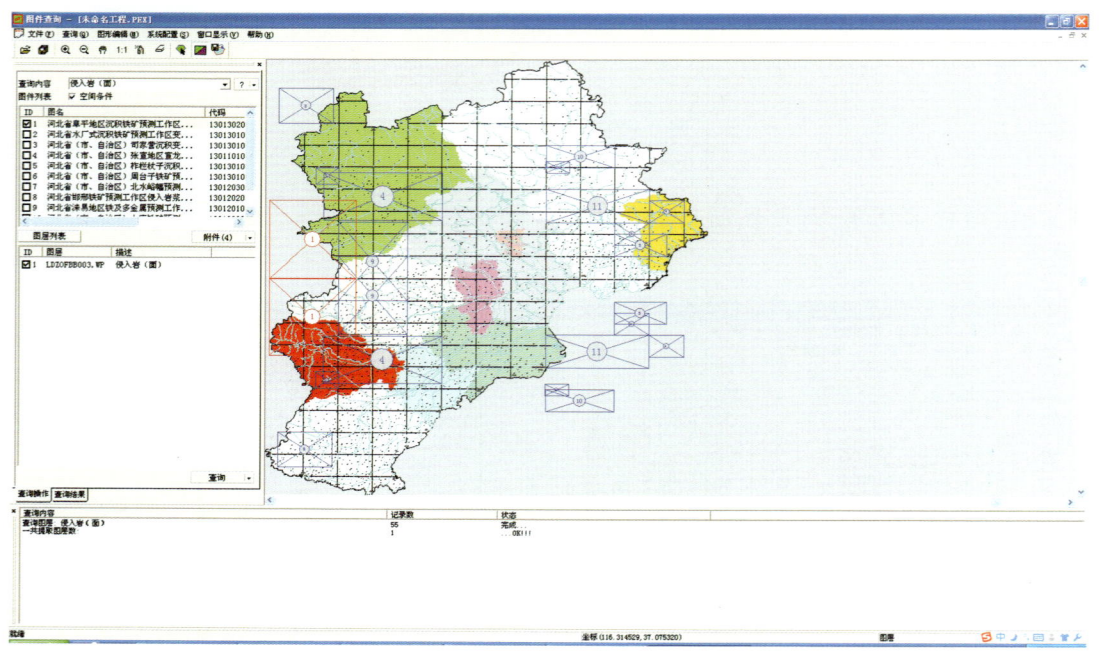

图6-40 查询结果示意图

在"导出属性设置"对话框中,双击指定图层,弹出"字段设置"对话框,如图6-41所示。

勾选"字典翻译",确定。切换到图形查询,点击按钮"查询属性"(图6-42)。

开始提取图元属性,见图6-43。

字典翻译后各字段将由代码转换为中文(图6-44)。

右键弹出浮动菜单,可选择导出方式(图6-45)。

功能7:"浏览图件挂接的附件"操作步骤

在图件列表窗口中单击选择图件时,将在附件后显示当前图件挂接的附件个数。点击附件按钮的按钮,将弹出挂接的附件信息。点击某个附件即可打开浏览(图6-46)。

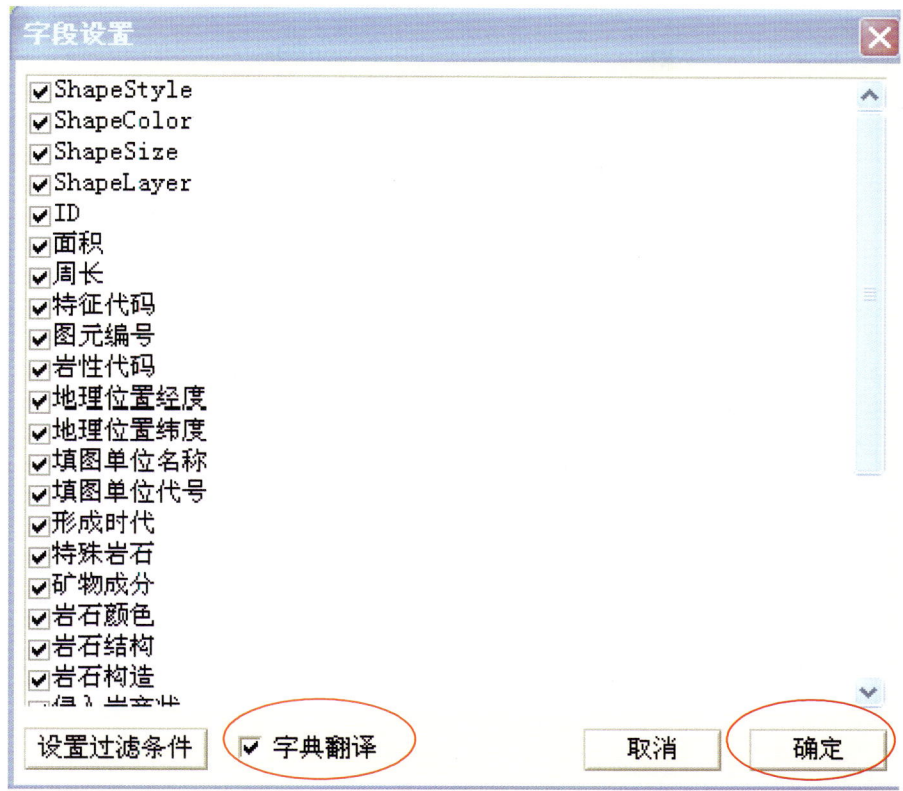

图 6-41 设置字段

图 6-42 查询属性

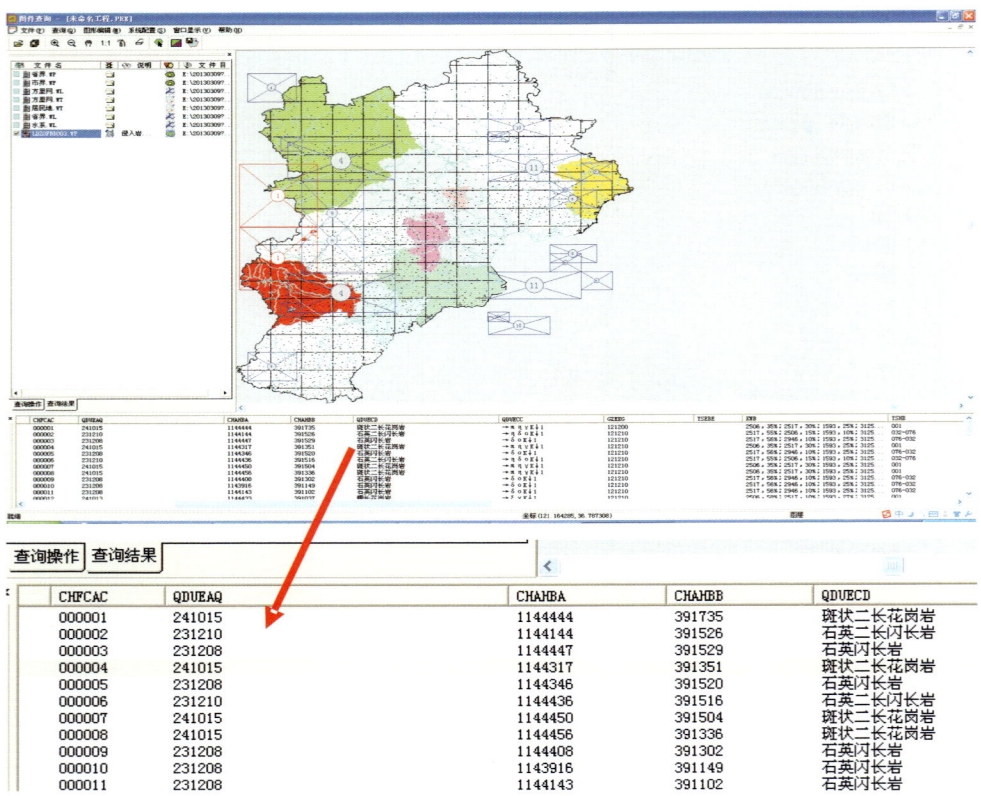

图 6-43 图元属性示意图

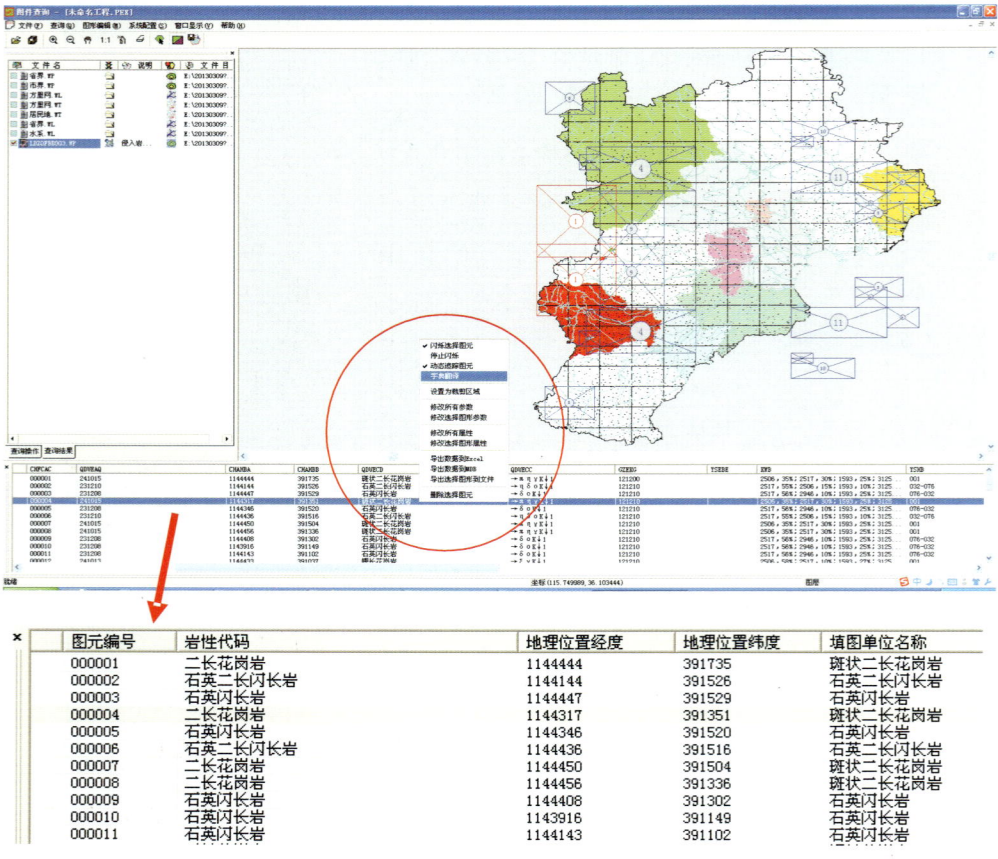

图 6-44 代码转换

第六章 矿产资源潜力评价成果集成数据库建设

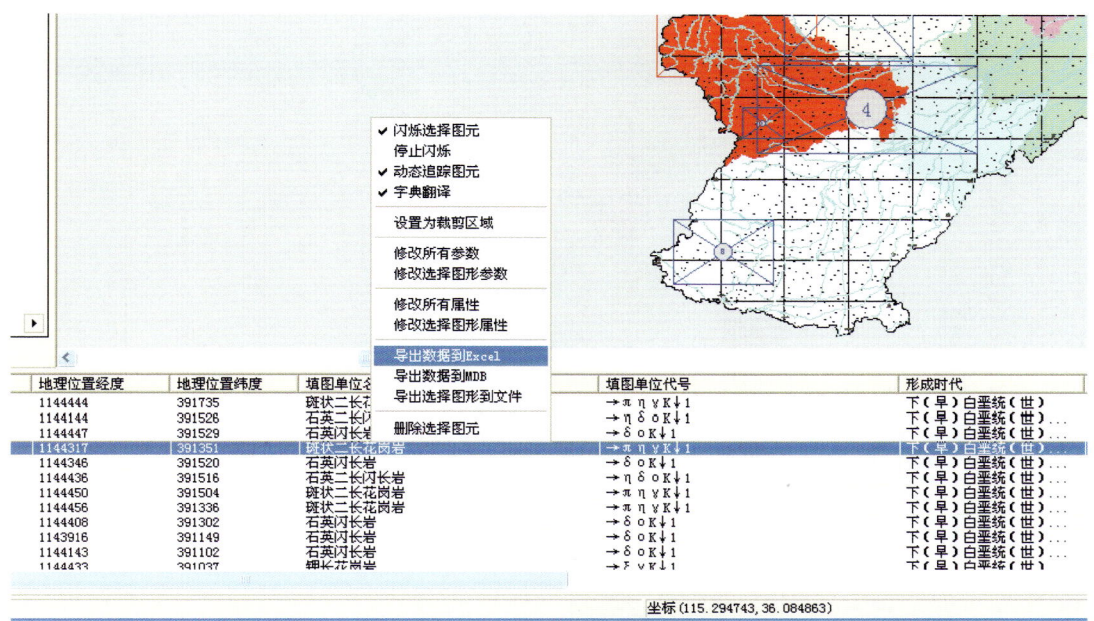

图 6-45　数据导出

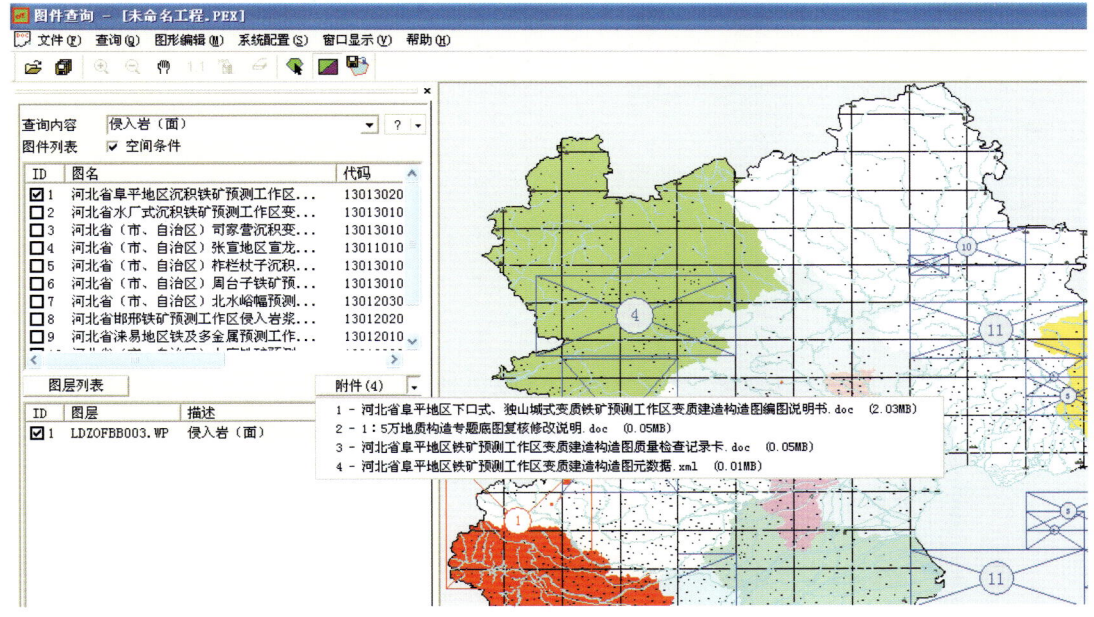

图 6-46　附件浏览

功能 8:"保存 MapGIS 图形工程"操作步骤

步骤 1:在图件查询模块主界面"文件"菜单中,左键"保存 MapGIS 工程"菜单项,弹出"另存为"对话框,如图 6-47 所示。

步骤 2:在"另存为"对话框中,选择存放路径,输入 MapGIS 图形工程文件名,点击按钮"保存",即完成保存 MapGIS 图形工程操作。

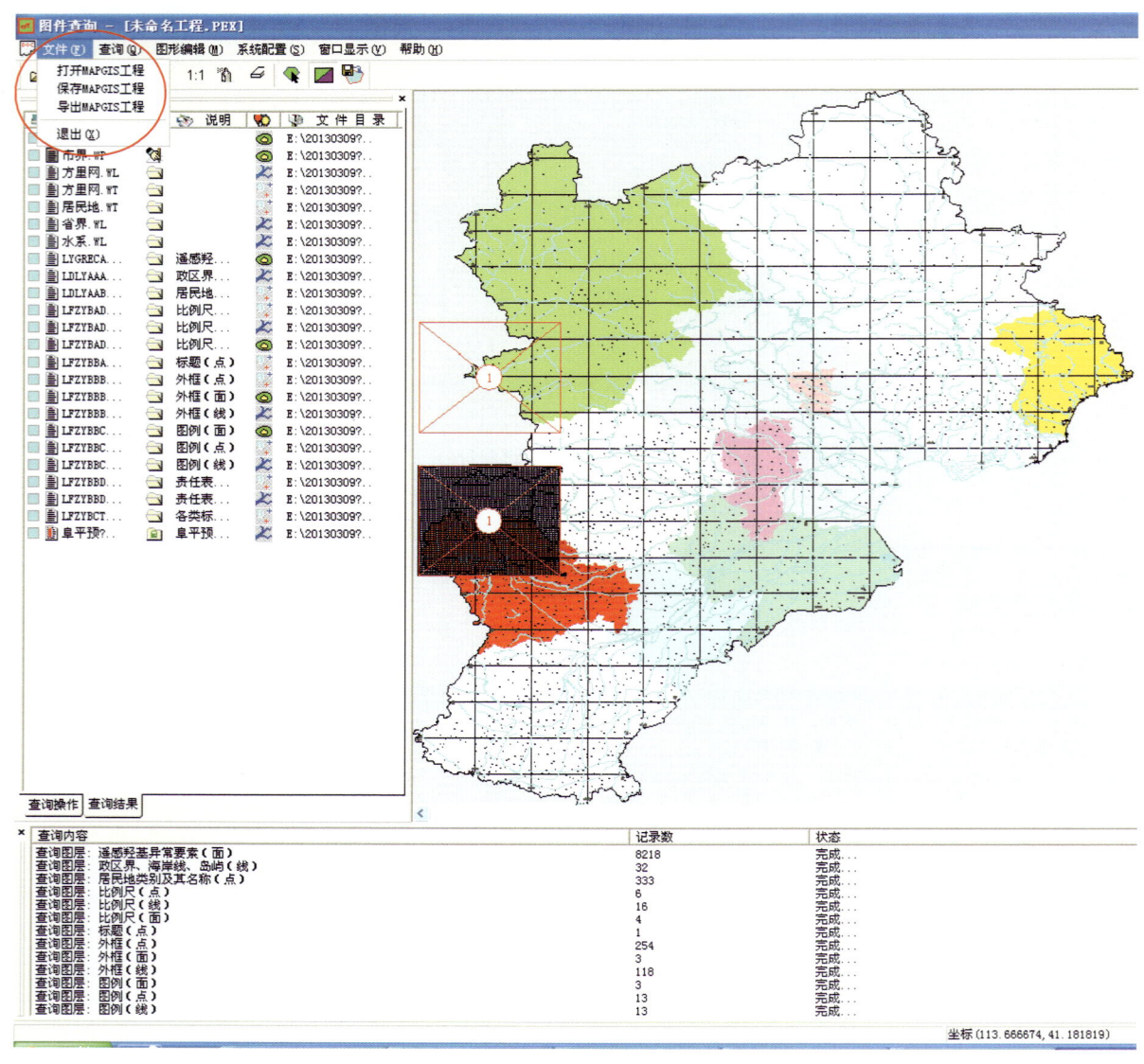

图 6-47　另存工程

第六章 矿产资源潜力评价成果集成数据库建设

功能 9:"图件导出"操作步骤

导出投影图件

在 查询 ▼ 按钮的弹出菜单中选择"导出投影图件",即可打开(图 6-48)图件投影设置对话框。在"输入投影参数"对话框中,设置导出图件投影类型及参数确认即可。

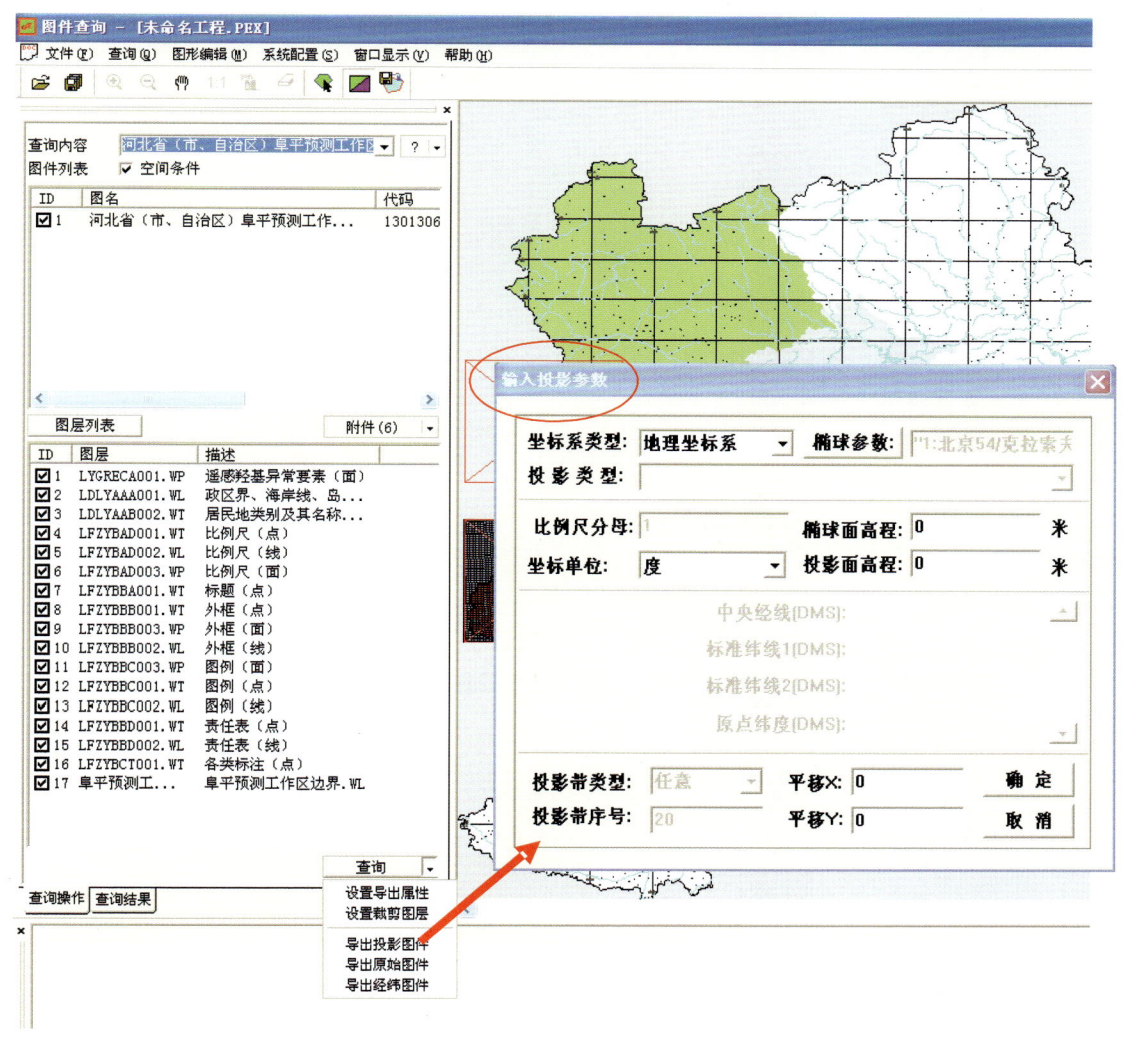

图 6-48　导出投影图件

四、导出原始图件

在 查询 ▼ 按钮的弹出菜单中选择"导出原始图件",即可打开(图 6-49)浏览文件夹对话框。选择存放路径后确定,原始图件即导出。

五、导出经纬图件

在 查询 ▼ 按钮的弹出菜单中选择"导出经纬图件",即可打开(图 6-50)浏览文件夹对话框。选择存放路径后确定,图件将以经纬度投影方式导出。

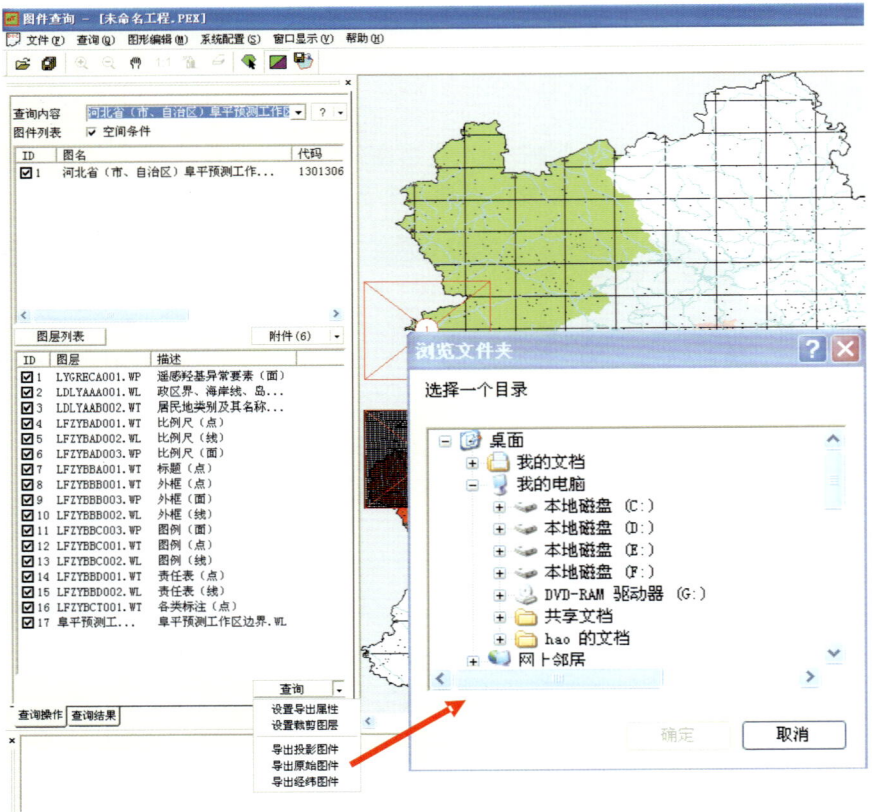

图 6-49 原始图件导出

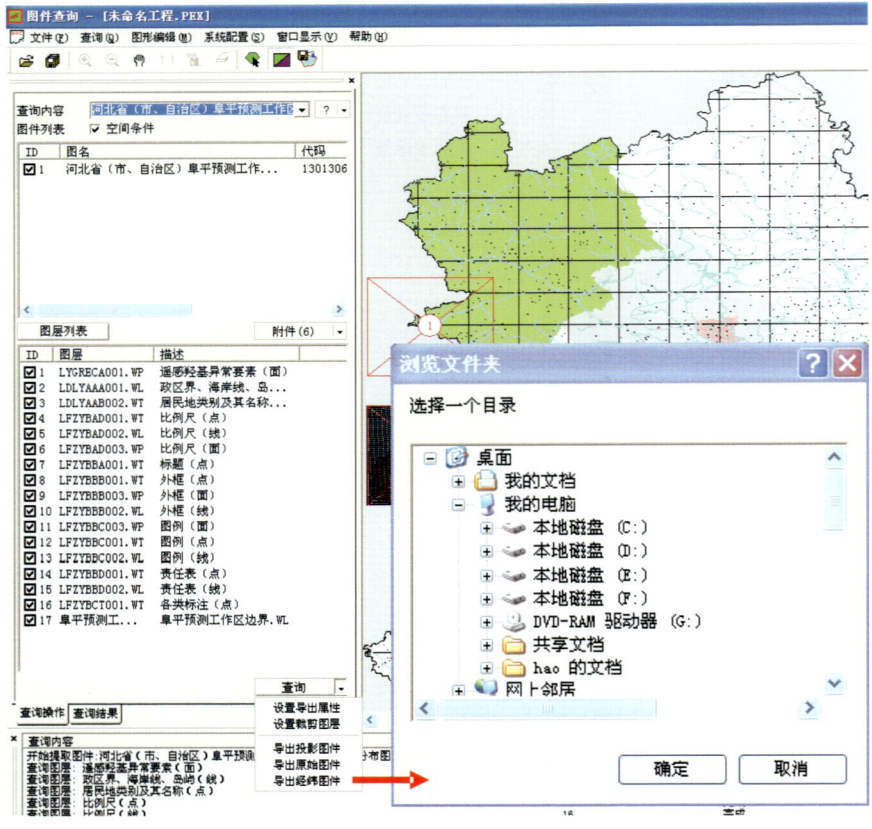

图 6-50 导出经纬图件

第八节 集成数据库成果与质量

一、集成数据库主要成果

河北省矿产资源潜力评价成果资料集成数据库主要完成四部分成果资料集成入库工作。

第一部分为基础地质数据库资料,涉及河北省1:20万数字地质图空间数据库、河北省地质工作程度数据库、河北省矿产地数据库、河北省1:20万自然重砂数据库、河北省区域地球化学数据库,河北省1:20万区域重力调查数据库、河北省航空磁测数据库,河北省遥感影像图数据库等基础地质数据库。

第二部分为属于全国矿产资源潜力评价数据模型规定的成果资料,涉及河北省矿产资源潜力评价项目成矿地质背景、矿产预测、成矿规律、区域重力应用、区域磁测应用、区域地球化学、遥感、自然重砂等专业完成的数据模型规定的基础编图、大地构造相图及铁、铜、铝、铅、锌、锰、钨、锡、金、银、铬、钼、磷、硫、萤石、菱镁矿、重晶石17个矿种的成果资料。

河北省矿产资源潜力评价符合数据模型的资料入库后,各类数据库容量见表6-11。

表6-11 成果集成数据库容量表

序号	数据库分组名称(简称"分组")	数据库物理命名(GEOPEX+DB+3位顺序码)	容量(G)
1	铁矿种(组)潜力评价成果	GEOPEXDB000	12.06
2	铬铁矿种(组)潜力评价成果	GEOPEXDB001	1.26
3	铜矿种(组)潜力评价成果	GEOPEXDB002	2.70
4	金矿种(组)潜力评价成果	GEOPEXDB003	5.41
5	磷矿种(组)潜力评价成果	GEOPEXDB004	1.46
6	锌矿种(组)潜力评价成果	GEOPEXDB005	4.48
7	铅矿种(组)潜力评价成果	GEOPEXDB006	0.07
8	铝土矿种(组)潜力评价成果	GEOPEXDB007	0.65
9	菱镁矿种(组)潜力评价成果	GEOPEXDB008	0.50
10	硫铁矿种(组)潜力评价成果	GEOPEXDB009	2.01
11	锰矿种(组)潜力评价成果	GEOPEXDB010	2
12	钼矿种(组)潜力评价成果	GEOPEXDB011	2.89
13	镍矿种(组)潜力评价成果	GEOPEXDB012	0.53
14	钨矿种(组)潜力评价成果	GEOPEXDB013	0.93
15	银矿种(组)潜力评价成果	GEOPEXDB014	3.35
16	萤石矿种(组)潜力评价成果	GEOPEXDB015	2.37
17	重晶石矿种(组)潜力评价成果	GEOPEXDB016	0.65
18	省级潜力评价基础编图成果	GEOPEXDB017	15.5

第三部分为不属于数据模型规定但需要提交成果,主要涉及全国相应专业专题组需提交但数据模型未列的图件、过渡性图件、引用的地质资料等。

第四部分为河北省矿产资源潜力评价各专业专题组汇总综合研究成果,涉及河北省矿产资源潜力评价各专业专题组(成矿地质背景、矿产预测、成矿规律、区域重力应用、区域磁测应用、区域地球化学、遥感、自然重砂等专题)完成课(专)题成果报告及相应附图或属性数据库。

二、集成数据库质量

河北省矿产资源潜力评价综合集成专题组在成果集成数据库建设的各个环节均采取了相应的质量保障措施和手段,保障了整个数据库的质量。

(一)成果图件质量保障

为确保入库图件质量,综合信息专题组严格按照以下原则执行。

(1)图件及属性库的空间参数:符合《全国矿产资源潜力评价数据模型　空间坐标系统及其参数规定分册》要求。

(2)空间拓扑精度参数规定:结点(裁剪)搜索半径$\leqslant 10^{-9}$、坐标点间最小距离$\leqslant 10^{-6}$。

空间拓扑检查类别规定分为两大类:地质矿产基础图件类和物(重磁)化遥自然重砂专题图件类。地质矿产基础图件类空间拓扑检查参照《地质图空间数据库建设工作指南2.0版》和《1∶5万区域地质图空间数据库建设实施细则》空间拓扑要求;物(重磁)化遥自然重砂等专题图件类则要求比照地质矿产基础图件类空间拓扑检查要求进行空间拓扑处理:无重复点图元等错误;线图元无重复线图元、不合理"Z字线"、自相交线、重叠坐标点;面图元图层内无相交弧无结点、面图元不封闭、重叠弧、弧自相交、弧上重叠坐标点、不合理的"Z字弧"、悬挂弧段、无效微短弧段、无效微小区、重复面图元等错误。面元图层内所有面元建立正确的空间拓扑关系。

局部拓扑一致性检查:对于图层未整体参与拓扑的图元,只是部分引用了其他图层要素,则要求引用的内容与被引用内容之间具有拓扑一致性。

整体拓扑一致性检查:对于图元整体参与了拓扑的面图层、线图层,应进行图层之间空间拓扑一致性检查,要求保持各图层间拓扑一致性。

(3)图件及属性库的结构:成果图件及属性库的特征分类、要素分层、图层计算机名称与图层代码、图层属性表结构(包括属性项中文名、属性项代码、数据类型、长度、小数位、填写单位及填写约束)、下属词(下属词代码、下属词名称或符号)以及图件计算机名称与图件代码等结构代码,符合《全国矿产资源潜力评价数据模型》相应专业分册要求。图件内的引用专业图层也符合《全国矿产资源潜力评价数据模型》相应专业分册要求。图件内的地理图层的特征分类、要素分层、图层计算机名称与图层代码符合《全国矿产资源潜力评价数据模型》内《地理信息分册》要求。

(4)专业属性质量:各专业图层属性录入,严格按照《全国矿产资源潜力评价数据模型》执行,保证专业属性项数据的时效性、可靠性、正(准)确性、完整性、一致性,判断的依据主要为图面表达内容、编图所用资料、采集属性数据所用资料、报告或文献等。专业属性项数据质量检查的辅助工具采用GeoMAG软件,可以使用它提供的"浏览图元属性""检查属性值域"(主要针对下属词或具有约束条件的专业属性项)、"转出图元属性"等功能。

(二)数据入库质量保障

在这一环节中,主要是通过建立工作日志、数据转换检查、数据录入的自检和互检等措施加以保障。

1. 建立工作日志

在成果图件汇总入库的过程中,要求实施汇总建库人员在日常的工作中随时将工作进展、所遇问题、解决方法等填在数据库建库工作日志表中,以备在今后数据检查和核对时回查有关内容。

2. 数据转换检查

在图件导入到数据库之前,认真检查了图件投影的正确性、图形参数正确性,在转换前对所有图层状态及图层顺序进行检查,保证与纸质图件的一致性。

利用 GeoPEX 软件的投影转换模块,成功完成从投影平面直角坐标到地理经纬坐标的转换并使用该软件系统的投影转换模块,检查图件投影类型是否全部转化为地理坐标。经检查全部数据合格后,方能导入数据库。

3. 入库内容复核

对于入库的成果图件、说明书、元数据、文字报告、数据表格等成果进行100%自检与互检,最后安排专人进行30%~40%的抽检,对发现的错误及时进行改正,并填入自(互、抽)检表中。

第九节 编写集成数据库使用说明

河北省矿产资源潜力评价成果集成数据库建立后,专题组编制了《河北省矿产资源潜力评价成果数据库集成汇总使用说明报告》,以便用户根据使用说明报告查阅和使用河北省矿产资源潜力评价成果数据库,为成果资料的应用与服务奠定坚实的基础。数据库说明摘要如下。

集成数据库系统支持基于本地、局域网、广域网分布式管理,实现省级矿产资源潜力评价图件、报告、编图说明书、元数据等一体化管理,可按专业、矿种、图件类型、图层分类、空间范围、图元属性等多种方式浏览、查询、检索图件、图层、图元、属性及相关文档,对检索结果进行方便导出、辅助综合编图等应用。主要功能包括数据维护、数据查询、系统维护等。

1. 数据维护

数据维护包括图件维护及文档维护。

已入库的图件,其图件信息、图层信息可能存在错误,应用"图件维护"功能,可以更新已入库的图件信息、图层信息。在单幅图导入的过程中,因系统发生意外而退出,导致导入图幅数据的不完整,可以在图件维护中先删除该幅图后再重新导入。

已入库的图件相关文档可能存在与图件不匹配或其他错误,需要进行更新或替换等处理,利用"文档维护"功能,更新或替换已入库的图件相关文档。

2. 数据查询

数据查询包括图件查询及文档查询。

"图件查询"功能能够完成检索并浏览指定图件,检索满足属性条件、空间条件的图层或图层,提取并浏览图件的属性,浏览图件挂接的附件,并具图件的导出等功能。

"文档查询"功能能够查询图件的相关文档,并显示文档的相关信息。

3. 系统维护

系统维护包括数据库备份、恢复、迁移、优化等。

数据库备份、恢复可对网络数据库和本地数据库进行备份及恢复。

数据库迁移可将一个数据库中的图件迁移到另一个数据库。

数据库优化分为导入优化和查询优化,导入优化是在图件导入时删除和停止部分关键字段的索引,查询优化是将导入优化时删除和停止的索引重新恢复和创建。

第七章 成果应用与服务简介

本章节简要介绍了在矿产资源潜力评价项目建设过程中,针对省内不同的需求,开展的矿产资源潜力评价成果应用服务情况,并在今后成果应用上提出了方向。

河北省矿产资源潜力评价工作是对河北省矿产资源领域的一次重要省情调查,通过系统地总结地质调查和矿产勘查成果,全面掌握了河北省矿产资源现状,使用规范而有效的资源评价方法、技术和各类基础数据为支撑,科学评价了未查明矿产资源潜力,形成了大量的地质背景、成矿规律及矿产预测、重力、磁测、遥感、化探及重砂成果资料,建立了真实准确的矿产资源潜力评价成果数据库,满足了矿产资源规划、管理、保护和合理利用的需要,对省内重要矿产资源勘查、开发、利用以及矿产的规划、部署,保障矿产资源的可持续性利用等具有十分重要的意义。在项目建设过程中,充分发挥河北省矿产资源潜力评价数据的优势,项目阶段成果在省内整装勘查和找矿行动突破部署、矿产资源规划、区域地质调查、矿产资源远景调查、科研等多个方面相关项目中得到了应用,并取得了较好的效果。

第一节 基础地质数据库应用与服务

在 2008 年矿产资源潜力评价项目中开展完成的基础地质数据库更新与维护工作,将历年来完成的基础地质数据库进行了较详细的维护工作,广泛应用到了省级矿产资源潜力评价项目中,同时也便于其他地质项目在工作中应用。服务于各类地质项目的数据库主要有:河北省 1:50 万、1:25 万、1:20 万、1:5 万数字地质图空间数据库,河北省地质工作程度数据库,河北省矿产地数据库,河北省 1:20 万自然重砂数据库,河北省区域地球化学数据库,河北省 1:20 万区域重力调查数据库,河北省航空磁测数据库,河北省遥感影像图数据库,河北省 1:50 万、1:25 万、1:5 万地理底图数据库等。

基础地质数据库服务应用方面涉及地质工作的各个方面,大到矿政管理,小到某个具体的地质项目,均可通过基础地质数据库为其服务。

矿政管理服务方面:河北省为了便于更好地应用地质资料为矿政管理服务,开发了河北省矿产资料数字化工程系统,不仅可以管理和应用已汇交的各类地质成果报告资料,而且针对 9 类地质数据库的特点开发了应用系统,便于矿政管理人员和地质工作人员对基础地质数据库进行分析和应用,最大程度地服务于地质找矿项目,更好地管理矿产资源。

地质项目应用情况:以河北省矿产资源潜力评价项目应用最为广泛,基础地质数据库维护完成之后,成矿地质背景、矿产预测、成矿规律、重力、航磁、地球化学、遥感、自然重砂等各个专业领域均不同程度地使用了基础地质数据库,综合信息集成专题组根据不同专业、不同预测工作区、不同矿种的要求,将省级基础地质数据库进行检索、查询、投影、整理等工作后提供于各专业组使用,为河北省矿产资源潜力评价提供了基础数据资料。如综合信息集成专题组为成矿地质背景组提供了不同比例尺的基础地质数据库,为物探组提供了不同比例尺的重力数据库、磁测数据库,为化探组提供了不同比例尺的地球化学数据库,为遥感组提供了遥感数据库,为矿产预测组提供了不同矿种的矿产地数据库,为各专业组均提供了地质工作程度数据库等。其他地质项目应用基础地质数据库资料也较多,如矿产项目一般要收集相应工作区的地质图数据库、地质工作程度数据库、矿产地数据库等,物探项目要收集相应的地质工作程度数据库、区域地质数据库、矿产数据库、磁测数据库、重力数据库等。

第二节　矿产资源潜力评价成果资料应用情况

河北省矿产资源潜力评价项目收集了几乎所有前人完成的地质成果资料，通过资料整理与分析，按全国矿产资源潜力评价数据模型完成了河北省省级基础编图、大地构造相图、河北省重要矿产潜力评价成果图件及数据库、图件说明书、元数据、成果报告等资料，涉及成矿地质背景、矿产预测、成矿规律、重力、航磁、地球化学、遥感、自然重砂等各个专业领域，此次工作涉及专业全、资料广、应用细、要求严、人员多，河北省矿产资源潜力评价成果资料的应用比较广泛，目前研究成果已应用服务在河北省"十二五"地质勘查规划、"三五八"工程、"全国重点找矿突破行动方案"、河北省国土厅2011—2014年矿产勘查立项指南、全省矿权设置方案等多个项目中。

一、成果资料应用于河北省"十二五"地质勘查规划项目情况

为了加大矿产资源勘查力度，河北省开展了"十二五"地质勘查规划项目，以实现地质找矿新突破、提高重要矿产资源保障能力为目的，全力推进"358"地质找矿行动。加强煤、铁、金等重要矿产勘查，实施"攻深找盲"计划，加大深部找矿力度。推进整装勘查，实现地质找矿重大突破，形成一批重要矿产资源接续基地。

河北省"十二五"地质勘查规划子专题地质勘查需求预测研究、重要矿产资源勘查区选区研究，利用了河北省铁、金、铜、铅锌等矿产资源潜力评价预测靶区成果数据。该项目从地质勘查工作面临的形势和任务、社会经济发展对地质勘查需求分析、矿产资源现状及存在问题、矿产资源可供性论证、区域成矿条件、区域成矿规律、重要矿种工作部署建议等方面进行了论述。通过对区域地质背景、区域地球物理地球化学特征的分析以及对主要矿产概况、成矿区带成矿系列的研究，对煤炭、铁矿、金矿、铅锌铜矿等重要矿种作出了工作部署建议。项目涉及的矿产资源潜力评价资料包括：成矿地质背景专题建造构造图、实际材料图、岩相古地理图等，矿产及其预测专题预测类型分布图、成矿要素图、预测要素图等，重力、磁法、化探、遥感等专题图件，以及相关的其他资料。大大节省了项目资金和时间，提高了效率。

二、成果资料在河北省找矿突破战略行动实施方案项目的应用情况

"河北省找矿突破战略行动实施方案（2011—2020年）"是由河北省国土资源厅2012年组织开展的一项河北省重要的矿产勘查部署工作。该项目的总体目标是，用8~10年时间，完成河北省重要成矿区带区域地质调查、战略性矿产远景调查、物化探等基础地质工作，实现主要成矿远景区和老矿山深部、外围找矿重大突破，形成一系列重要矿产勘查接续基地，使铁、煤、金等主要矿种储量下降的局面得到彻底扭转，矿产资源勘查开发新格局得以形成，矿产资源对经济社会发展的保障程度得到提高。建立和完善与河北省经济社会发展相适应、富有活力的地质矿产勘查工作新机制，地质矿产勘查多元化投资格局基本形成，地质矿产勘查工作更加紧密地与经济社会发展相结合。

在方案编制过程中，利用本次潜力评价成果数据开展了煤、铁、贵金属及有色金属的成矿地质背景及潜力评价分析研究，划定成矿远景区和勘查区，统筹部署地质勘查项目，全面推进"公益先行、商业跟进、基金衔接、整装勘查、快速突破"的地质找矿新机制。同时利用潜力评价数据编制了勘查矿种的工作部署图及区调、化探等基础工作部署图，编制了部署表等。为方案的圆满完成提供了基础支撑。

（1）地质背景成果应用情况。应用资料涉及河北省建造构造图及其属性库，河北省大地构造单元划分图及其属性库，河北省基岩地质图及其属性库，河北省大地构造相图及其属性库。采录内容包括：位置信息、矿产地编号、矿种、交通位置、矿床成因类型、共生矿、伴生矿、地貌与地质、地质构造、新构造、活动构造、矿床规模、成矿时代、三级成矿带、四级成矿带、地质工作程度、开采情况等。

（2）成矿规律及预测成果应用情况。应用内容包括河北省各矿产地详细信息：矿产地编号、矿种、交通位置、矿床成因类型、共生矿、伴生矿、矿床规模、成矿时代、地质工作程度、开采情况；河北省成矿区带划分

图及其属性库,对各矿种的成矿系列(组)、亚系列和矿床式进行汇总整理;河北省铁矿种预测类型分布图;河北省铁矿种成矿规律图;河北省铁矿种勘察部署图及其属性库;河北省铁矿种预测成果图及其属性库。

通过资料的利用,提高了项目工作效率,提升了技术水平和含量,使潜力评价成果资料得到了充分共享。

三、河北省2011—2014年矿产勘查立项指南方面的应用

根据潜力评价圈定的预测靶区等成果数据,河北省国土资源厅在此基础上编制了矿产勘查年度立项指南,利用有关矿种预测资料圈定了各勘查矿种的重点勘查区、一般勘查区和风险勘查区,为矿产勘查立项工作划定了工作范围和指明了具体方向。

四、矿权设置方案等其他方面的应用

矿业权设置方案是按照国土资源部文件要求,对矿产勘查进一步细化和完善分类的基础上,确定的探矿权、采矿权设置布局。在编制过程中,根据河北省矿产资源潜力评价划定的最小预测区及其找矿前景潜力,进行矿权时空的合理安排,矿产资源潜力评价成果作为重要矿种矿业权设置方案编制的主要依据之一,其成果资料为科学编制矿业权设置方案打下了坚实的基础,大大提高了矿业权设置的科学性,起到了重要的辅助作用。

随着河北省矿产资源潜力评价成果的高度集成,同时进一步加强利用网络进行数据开发应用、扩展推广、不断完善等工作,该成果将会逐渐在地质成矿、找矿理论、立项研究、规划实施、工作部署研究、矿产开发利用保护等各个方面起到应有的辅助支撑作用,满足各方面工作要求,进一步发挥矿产资源潜力评价工作成果的应用服务地位。

第八章 结 语

本章概括性地总结了本专题取得的主要成果,针对项目过程中存在的主要问题,提出了下一步工作及应用建议。

第一节 主要成果

河北省矿产资源潜力评价综合信息集成专题是河北省矿产资源潜力评价项目的子专题之一,经过6年的工作,在省级矿产资源潜力评价项目实施中有以下几个方面的成果。

(1)河北省基础地质数据库调研:根据矿产资源潜力评价工作及数据库综合信息集成的需要,对河北省已建的12个各类基础地学数据库进行系统调研,摸清了河北省基础地质数据库家底,而且全面、深入地总结了河北省各类基础地质数据库的成果,提高了数据的透明度和准确性,为河北省矿产资源潜力评价提供了详细的数据基础,提高了评价效率,精准了评价过程,也为今后数据的广泛应用,奠定了扎实的数据基础。

(2)基础地质数据库维护工作:对河北省8个相关基础地质数据库进行了系统更新维护工作,为河北省矿产资源潜力评价项目提供了数据基础。完成了河北省矿产地数据库、河北省地质工作程度数据库、河北省1:20万自然重砂数据库、河北省区域地球化学数据库、河北省1:20万区域重力调查数据库、河北省航空磁测数据库、河北省遥感影像图数据库及河北省1:20万区域地质图数据库8个基础地质数据库的维护。为河北省成矿地质背景研究专题组1:25万实际材料图等图件的编制、建库,成矿规律与矿产预测专题组以及物探、化探、遥感、自然重砂综合信息评价专题组图件的编制及建库等任务的顺利完成提供了良好的基础数据支撑。是河北省各基础地质数据库建成以来首次进行的集中式维护。

(3)专题属性数据库建设工作:为河北省矿产资源潜力评价各专业专题提供了数据模型和数据库建设等技术支持,开展并完成了河北省矿产资源潜力评价项目各专题数据库建设成果。通过综合信息集成专题组数据模型、建库方法及流程、元数据编写方法及其专业组应用过程中软件的培训,完成了河北省矿产资源基础编图及各矿种的成矿地质背景、矿产预测、成矿规律、区域重力、区域磁测、遥感、地球化学、自然重砂等专业成果数据库。

(4)属性数据库检查复核工作:对省内各专题成果数据库按统一要求进行了检查和复核,为提交的各类数据库提供了质量保证。河北省潜力评价各专业专题组完成数据库成果后,需经省项目办初审后提交全国项目办验收,综合信息集成专题组协助省项目办按全国矿产资源潜力评价数据模型和相关要求对各专业组成果数据库进行了检查,提高了成果资料的正确性和规范性。

(5)资料性成果汇总:对河北省已完成的矿产资源潜力评价各专业成果资料,按全国矿产资源潜力评价项目办要求开展了资料性成果汇总,提供全国项目办进行审查。在向全国项目办提交资料之前,综合信息集成专题组按全国项目办相关要求对省内各专业专题组完成的成果资料进行资料性汇总,通过全国项目办验收并汇交。

(6)集成数据库建设:对河北省完成的各类专题数据库按总项目办要求进行了数据库集成工作,为河北省矿产资源潜力评价数据库资料的应用提供了方便。按全国矿产资源潜力评价要求,河北省综合信息集成专题组对河北省完成的矿产资源各专题组成果资料进行数据库集成,涉及已建库及未建库的各类图件、成果报告、元数据、编图说明书、二类资料、其他所有相关资料及各专业组汇总资料等。

（7）数据库主要成果内容：通过对河北省矿产资源潜力评价各专题组的支持，完成了河北省基础地质编图、大地构造相图及铁、铝、铜、金、铅锌、磷、铬铁、菱镁、硫铁、锰、钼、镍、钨、银、萤石、重晶石等矿种的潜力评价成果图件、属性数据库、元数据、编图说明书及成果报告等。

一、基础地质数据库维护成果

河北省纳入正常维护的基础地学数据库共包括8个：1∶20万区域地质图空间数据库、1∶20万自然重砂数据库、区域重力数据库、航磁数据库、区域地球化学数据库、矿产地数据库、地质工作程度数据库、1∶25万河北省遥感影像数据库。

（1）1∶20万区域地质图空间数据库维护。统一了河北省26个图幅的系统库。

（2）1∶20万自然重砂数据库维护。对原库数据进行了整理、检查工作。

（3）区域重力数据库维护。对原来的数据进行基点改算和正常场改算，收集补充全省资料。

（4）区域地球化学数据库维护。对1∶20万及1∶5万水系沉积物化探数据库均进行更新维护。

（5）航磁数据库维护。对收集的各种航磁、地磁资料，进行必要的数据处理。

（6）矿产地数据库维护。对原数据库1025条记录进行了检查修正，增加了截至2011年底的矿产地并补充入库，维护后的矿产地数据库中矿产地数量合计为1452个。

（7）地质工作程度数据库维护。对原库进行了核检，增加了截至2012年底的地质资料并补充入库，维护后的地质工作程度数据记录4183个，矿产地1979个。

（8）1∶25万河北省遥感影像数据库维护。无新影像数据维护，只对原数据进行影像校正。

二、专题属性数据库建设主要成果

河北省矿产资源潜力评价综合信息集成对各专业各专题数据库建设提供GIS技术支持，主要是成果库的建设、质量检查等。

综合信息集成专题按照《全国矿产资源潜力评价数据模型》要求，辅助各专题完成了16个矿种图库建设工作。其中铁矿种编制图件164张，需建库图件143张。铝土矿种编制图件67张，需建库图件56张。铜矿种编制图件111张，需建库图件99张。金矿种编制图件253张，需建库图件225张。铅锌矿种编制图件220张，需建库图件193张。磷矿种编制图件97张，需建库图件81张。铬铁矿编制图件71张，需建库图件60张。菱镁矿编制图件32张，需建库图件26张。硫铁矿编制图件161张，需建库图件135张。锰矿种编制图件137张，需建库图件119张。钼矿种编制图件190张，需建库图件167张。镍矿种编制图件37张，需建库图件31张。钨矿种编制图件118张，需建库图件102张。银矿种编制图件435张，需建库图件379张。萤石矿编制图件157张，需建库图件136张。重晶石矿编制图件81张，需建库图件70张。河北省资料性成果汇总数据库共2228个。

三、资料性成果集成建库主要成果

按全国重要矿产资源潜力评价综合信息集成项目组下发的《省级矿产资源潜力评价资料性成果集成建库技术指南》，使用正式发布的建库软件系统GeoPEX，完成了河北省矿产资源潜力评价资料性成果集成数据库建设工作。河北省矿产资源潜力评价集成汇总成果按照是否属于全国矿产资源潜力评价数据模型规定和省级汇总综合研究成果的划分原则，分为三部分。

第一部分为属于全国矿产资源潜力评价数据模型规定成果。

第二部分为不属于全国矿产资源潜力评价数据模型规定但属于各专业需要提交成果。

第三部分为属于省级项目组汇总综合研究成果。

河北省集成数据库共汇总入库2228个图件数据库，入库成果大小114G。各矿种各专题数据库图件清单见附表册。

第二节 存在问题和建议

一、存在问题

(1)在对基础地学数据库进行更新维护时采取了集中式的维护方式,工作时间紧,工作量大,给资料收集带来很大的困难。部分数据库存在资料收集不甚全面的问题,如航磁数据库原始结果数据、最新的遥感影像数据等。

(2)由于资料原因,属性数据库中部分属性项存在部分填写不完整情况,虽然大多为选填项内容,但在数据库使用过程中会造成不便。

(3)本次潜力评价资源储量数据利用2007—2009年底的储量平衡表数据和部分储量利用调查数据,可能与实际的情况有一定差距,需要在使用时进行修正。本次资源潜力评价利用资料原则上截止日期为2010年底,由于河北省近几年矿产资源勘查力度较大,因此,统计的各种勘查成果数据,可能与目前的勘查程度有所不同,使用时应以最新成果数据为准。

(4)在数据库集成过程中,不属于全国矿产资源潜力评价数据模型规定但属于各专业需要提交成果的数据及煤炭等图库数据暂时无法通过集成软件GeoPEX正常导入,影响了这部分数据未来的空间数据查询、检索及集成利用。

(5)已有基础地质数据库目前仍未建立统一的数据库集成管理系统,各数据库仍以分散式单独存放,影响了各类基础地质数据库的统一平台综合使用。

(6)集成数据库的推广应用有待管理系统平台的功能开发。

(7)矿产资源潜力评价成果转化、数据库成果应用与服务存在着一定问题,成果转化缺乏长期有效的机制。

二、建议

(一)基础地质数据库维护

本次数据库维护,基准日是2006年底,2006年以后的资料只应用了极少部分。数据库维护工作应随着时间的推移,坚持实行年度维护制度,只有这样才能保持数据的实时性和权威性。

(二)加强专题属性成果数据库的维护

河北省矿产资源潜力评价各专题组应用的数据资料大部分为2007年以前的资料,在这以后河北省进行了一些国土资源大调查、资源补偿费矿产勘查、商业性地质勘查工作。地质工作是一项长期连续性工作,成果数据库也应随着时间推移。建议加强数据的更新维护,需要注重近期新成果的收集,特别是物化探数据更新,及时修正最小预测靶区,以利于指导找矿工作。

通过本专题的顺利开展和成功完成,实现河北省地质资料从纸介质的时代进入到全面计算机电子时代,为今后地质工作的全面规范化、现代化、科学化、信息化奠定良好基础,便于今后地质数据的全面检索、查询、补充和修改。同时本次工作GIS技术的广泛应用,各种地质专业软件的学习和使用也为今后地质工作科学有效地开展奠定了良好的技术基础。

因此建议把全国矿产资源潜力评价工作纳入数据库建设经常性计划中,保证一定经费和人员组织,落实维护工作的计划安排,保证矿产资源潜力评价成果数据库的实时性、权威性。

(三)加强数据成果的深层次推广应用研究

建议根据河北省矿产资源潜力评价成果数据的现有特点,开展成果的扩展应用研究工作。充分利用地理信息技术手段、网络技术手段,对现有的集成数据库进行功能开发,如建立各类应用的服务系统,充分体现系统的自动化、智能化、高效性、实用性,通过系统充分发挥各类数据库的基础性作用。如:通过系统方便快捷地自动加工形成所需要地区、范围的成矿规律、预测或基础数据图件,供找矿利用研究等,方便地满足用户需求。另外系统的建立要着重考虑为今后地质工作的全面规范化、现代化、科学化、信息化奠定良好基础,便于今后地质数据的全面检索、查询、补充和修改。

(四)加强常态化的更新维护机制研究

矿产资源潜力评价工作创新了方法体系,培养了人才,建立了一套潜力评价工作机制,为今后实现潜力评价常态化奠定了良好的基础。同时建立了矿床模型综合地质信息预测理论与方法,在最小预测区圈定、区域综合编图解释模型、建模器方法、地质参数体积法等方面取得了一批创新型成果。但是,由于本项工作存在专业全、专业性强、资料广、应用细、要求严、各类人员多的工作特点,在常态化工作上需要一定的技术、人力、财力等支持,尤其是组织保障上不能长期固定的问题也很突出。

建议建立并不断完善能够满足国家和河北省动态资源评价工作需要的数据库和固体矿产区域评价系统。在数据固定更新机制上下功夫,研究更新维护的范围、内容。利用程式化、规范化、标准化的数据更新和维护最新数据,需要进行深入实践和研究。

主要参考文献

劳晓光,王庆民,李晓敏,等.河北省矿产资源潜力评价综合信息集成专题总体设计[R].石家庄:河北省地质调查院,2008.

任树祥,贾正海,张崇山,等.河北省矿产资源潜力评价工作实施方案[R].河北省矿产资源潜力评价项目办公室,2007.

叶天竺,陈毓川,张洪涛,等.全国矿产资源潜力评价总体实施方案[R].全国矿产资源潜力评价项目办公室,2006.

左群超,杨东来,陈郑辉,等.矿产资源潜力评价数据模型丛书:成矿规律研究数据模型[M].北京:地质出版社,2011.

左群超,杨东来.矿产资源潜力评价数据模型丛书:通用代码规定[M].北京:地质出版社,2012.

左群超,杨东来.矿产资源潜力评价数据模型相关文档:编图说明书提纲[R].全国重要矿产资源潜力评价综合信息集成项目组,2008.

左群超,杨东来.矿产资源潜力评价数据模型相关文档:成矿区带分区代码规定[R].全国重要矿产资源潜力评价综合信息集成项目组,2008.

左群超,杨东来.矿产资源潜力评价数据模型相关文档:大地构造分区代码规定[R].全国重要矿产资源潜力评价综合信息集成项目组,2008.

左群超,杨东来.矿产资源潜力评价数据模型相关文档:地理信息规定[R].全国重要矿产资源潜力评价综合信息集成项目组,2008.

左群超,杨东来.矿产资源潜力评价数据模型相关文档:空间坐标系统及其参数规定[R].全国重要矿产资源潜力评价综合信息集成项目组,2008.

左群超,杨东来.矿产资源潜力评价数据模型相关文档:统一图例规定[R].全国重要矿产资源潜力评价综合信息集成项目组,2008.

左群超,杨东来.矿产资源潜力评价数据模型相关文档:统一图式规定[R].全国重要矿产资源潜力评价综合信息集成项目组,2008.

左群超,杨东来.矿产资源潜力评价数据模型相关文档:元数据规定[R].全国重要矿产资源潜力评价综合信息集成项目组,2008.

左群超,杨东来.矿产资源潜力评价数据模型相关文档:总体说明[R].全国重要矿产资源潜力评价综合信息集成项目组,2008.

左群超,杨东来.全国矿产资源潜力评价省级矿产资源潜力评价资料性成果图件及属性库复核汇总技术方案[R].全国重要矿产资源潜力评价综合信息集成项目组,2010.

左群超,杨东来.省级矿产资源潜力评价资料性成果集成建库实施技术指南[R].全国重要矿产资源潜力评价综合信息集成项目组,2012.

左群超,杨东来.省级矿产资源潜力评价综合信息集成专题汇总技术要求[R].全国重要矿产资源潜力评价综合信息集成项目组,2012.

左群超,杨东来,冯艳芳,等.矿产资源潜力评价数据模型丛书:成矿地质背景研究数据模型[M].北京:地质出版社,2011.

左群超,杨东来,冯艳芳,等.矿产资源潜力评价数据模型丛书:数据项下属词规定(上、下册)[M].北京:地质出版社,2012.

左群超,杨东来,黄旭钊,等.矿产资源潜力评价数据模型丛书:磁测资料应用数据模型[M].北京:地质出版社,2011.

左群超,杨东来,李景朝,等.矿产资源潜力评价数据模型丛书:自然重砂资料应用数据模型[M].北京:地质出版社,2013.

左群超,杨东来,吴轩,等.矿产资源潜力评价数据模型丛书:化探资料应用数据模型[M].北京:地质出版社,2011.

左群超,杨东来,于学政,等.矿产资源潜力评价数据模型丛书:遥感资料应用数据模型[M].北京:地质出版社,2011.

左群超,杨东来,张明华,等.矿产资源潜力评价数据模型丛书:重力资料应用数据模型[M].北京:地质出版社,2011.

左群超,杨东来,赵汀,等.矿产资源潜力评价数据模型丛书:矿产预测研究数据模型[M].北京:地质出版社,2011.